Giulietta Saconney Cerruti

MANUALE PRATICO DELL'ESPATRIO
come sopravvivere in giro per il mondo

Copyright © 2016
Giulietta Saconney
Tutti i diritti riservati

ISBN-10: 0-692-70040-4
ISBN-13: 978-0-692-70040-2

A te che sono sicura continui a seguirci anche da lassù...

Alle mie ragazze splendido risultato del nostro girovagare

A Paolo che seguirei anche sulla luna

PREFAZIONE
La vita da nomade.

Conciliare una vita nomade con le nostre radici: cultura, amici, famiglia.
Prepararsi a partire in un Paese in cui non si è mai vissuto, di cui non si conosce la lingua. Integrarsi in una nuova realtà.
Affrontare le difficoltà ed approfittare delle opportunità che ci vengono offerte.
Imparare a riscoprire il gusto delle piccole cose che cambiano la qualità della vita e che abbiamo sempre dato per scontate.
Vivere un'esperienza di vita lontano da dove si è diventati adulti, lontano dalla propria cultura-madre, parallelo con la madre lingua in cui siamo cresciuti.
I figli e la scuola.
Questi ed altri temi sono l'oggetto di un progetto che Giulietta ha maturato negli ultimi anni e che l'ho incoraggiata a rendere concreto.
L'esperienza non le manca e non è un'esperienza accademica, ma è il frutto di una vita trascorsa in gran parte in giro per il mondo. Dall'Italia, alla Francia, dal Giappone all'India, e infine gli Stati Uniti. La capacità di adattamento non è innata, la si acquisisce grazie all'esperienza, all'attenzione ai dettagli che fanno la differenza nella qualità della vita di tutti i giorni. Devo ammettere che non sarei potuto andare molto lontano nella mia vita professionale senza al mio fianco una persona che ha sviluppato un'abilità unica nel ricreare casa, lontano da casa, e reinventarsi una professione diversa in ogni Paese in cui siamo andati. Giulietta ha saputo trasmettere alle nostre figlie la nostra cultura, la cultura di un Paese in cui non hanno mai vissuto ma che sentono come un punto costante nella loro vita. Questa abilità, Giulietta, l'ha acquisita con un processo da autodidatta, senza una guida o un metodo. Sono gli errori che hanno guidato le riflessioni. L'osservazione delle persone che abbiamo incontrato sul nostro cammino ha stimolato nuove idee, ha rotto o rinforzato paradigmi che facevano parte della cultura in cui siamo cresciuti.
Questo tesoro di esperienza e saggezza è passato attraverso un primo filtro: il tempo. Successivamente ha subito un processo di sedimentazione e si è organizzato nella mente.

Il tutto poi è continuato con il confronto, le interviste, le collaborazioni esterne per fare sì che l'intuizione che viene dall'esperienza personale sia corroborata da ciò che altre persone, di culture ed esperienze diverse, hanno vissuto.

La formalizzazione e la trasmissione di questo tribal knowledge è l'obiettivo di questo manuale, affinché altre generazioni di nomadi possano decidere se questa vita fa' per loro e, se decidono di lanciarsi nell'esperienza, avere una guida a cui riferirsi per incominciare con il piede giusto.

Per natura si è refrattari al cambiamento. Quando si è confrontati ad una realtà che ci è estranea, si tende ad immaginarla più complessa, incominciare con piccoli successi è quello che infonde fiducia in noi e nelle nostre decisioni e che genera un circolo virtuoso in cui tutto diventa più facile.

La vostra futura esperienza di espatrio vi appartiene, solo voi potrete renderla un successo o un fallimento, ma se questo volume vi fornirà una guida per dei primi passi che renderanno la vostra avventura positiva, il suo fine sarà compiuto.

Paolo
Los Altos, California, settembre 2016

CAPITOLO 1

Prepararsi alla partenza: primi passi verso un nuovo Paese

Nella vita si può scegliere di essere stanziali, di radicarsi in un posto e di farvi crescere i propri figli, oppure si può decidere di essere nomadi, di spostarsi da un posto all'altro, rimettendosi ogni volta in gioco.
La vita da espatriati, fuori dal proprio Paese, immersi in culture diverse, ci pone, ad ogni partenza, di fronte ad una serie di decisioni pratiche da una parte e di sentimenti contrastanti dall'altra.
La prima partenza può essere la più difficile. Non è facile dire addio al mondo sicuro e tuffarsi nell'incognita del nuovo. Tutti i punti di riferimento saranno rimessi in gioco e ci si troverà, molto spesso, completamente soli, o chiusi nel proprio piccolo nucleo familiare, ad affrontare tutte le novità.
Le partenze successive possono essere più semplici perché il primo salto nel vuoto è già stato fatto e si diventa possessori di un "libretto d'istruzioni per l'uso" che ci darà gli strumenti di base per riadattarci in fretta.
La prima partenza non la si dimentica mai. Nel mio caso, incinta di 4 mesi prendevo il volo per Parigi, con quel misto di entusiasmo e paura tipico dell'inizio di una nuova avventura, ma anche convinta che fosse la scelta giusta. Avevo avuto il tempo di meditarla a lungo e mi sono preparata al salto pian piano. L'arrivo di un bambino voleva veramente dire proiettarmi in qualcosa di nuovo, un'avventura nell'avventura. Il fatto

CAPITOLO 1

di muoverci all'inizio non come famiglia ma come coppia ha semplificato tutti i passaggi legati all'installarsi altrove con dei bambini più o meno piccoli. Così è il caso di molti espatriati al primo spostamento, tutto è più semplice come dice Claude S. *"la prima partenza è stata rapidissima, eravamo giovani, abbiamo improvvisato il tutto una volta arrivati e tra decisione e partenza sono passate solo due settimane!".*

Con dei bambini, che sia la prima partenza o le successive, le cose si complicano. Non ci si muove più solo come adulti, con un progetto professionale, ma il progetto diventa più ampio e coinvolge i figli e, di conseguenza, la loro vita. Gli elementi da valutare sono molti.

Non credo nei colpi di testa quando si parte in espatrio, e penso che anche quando si stia facendo un vero e proprio salto nel vuoto, valutare il benessere della famiglia e le conseguenze che un nuovo spostamento o un primo spostamento possano avere sui nostri figli, sia fondamentale. Partire senza pesare i pro e contro come adulti è una cosa, con i bambini al seguito è più delicato. Coinvolgendoli nelle nostre scelte, imponiamo loro un modo di vita completamente diverso da quello che avrebbero avuto crescendo sempre nello stesso posto con affetti solidi e non da ricostruire. La prima cosa da fare nel momento in cui si cerca una nuova destinazione lavorativa o si accetta, o si studia una proposta, **è valutare bene gli aspetti positivi e negativi del posto in cui si andrà a vivere.**[1]

Informarsi, raccogliere testimonianze, contattare gente che vive in loco è fondamentale.

Molto spesso la rete di espatriati che ci si costruisce dopo il primo espatrio è fondamentale. Ovviamente quando si parte per la prima volta questo sostegno manca e allora ci si deve rimboccare le maniche cercando in rete tutte le informazioni possibili, contattando associazioni locali, partecipando a forum su siti di espatrio.[2]

Un Paese non è mai uguale ad un altro e anche i momenti in cui si espatria

---

1. Interessante il sito della Comunità Europea, The European Job Mobility portal. Nella sezione Living & Working si possono trovare informazioni sui diversi Paesi europei, costo della vita, scuola, tasse, salute, oltre che informazioni relative al mercato del lavoro per settori di attività.
2. www.expatclic.com è la risorsa per tutti coloro che vogliono partire o che sono già in viaggio. Uno dei primi siti creato ad uso e consumo degli espatriati, una vera fonte di informazioni.
http://www.italiansonline.net/ il portale degli italiani nel mondo
http://www.italiansinfuga.com/
http://www.expat-blog.com/

possono essere diversi: *"La mia prima partenza è stata nel 1989 (se si esclude la puntata a Londra addirittura nel 1985) per il Sudan, e l'ultima nel 2014 per Jakarta. Internet ha fatto tutta la differenza. Non mi ricordo nemmeno come reperivamo le informazioni prima di Internet. Probabilmente chiedevamo a gente che era già stata nei posti, o forse l'organismo per cui partivamo ci aiutava di più? Di fatto mi ricordo che sia per il Sudan che per l'Angola avevo messo in valigia un sacco di medicinali, di shampoo e di libri, cose che sicuramente non avrei trovato in loco. Mi ricordo anche che ero scossa da moltissimi dubbi sul vestire, non sapevo proprio cosa portare, in Sudan per via della cultura musulmana, in Angola perché non sapevo che clima aspettarmi. Con Internet tutto diverso. E con l'esperienza accumulata, naturalmente. Quindi quello che faccio adesso è chiedere il necessario prima di spostarmi, man mano che faccio i bagagli, se ho dubbi o devo chiarire cose importanti, e poi crearmi una o due persone di riferimento in loco a cui rivolgermi durante i primi giorni se ho bisogno di qualcosa."* Claudia L.[3]

Il contatto con chi vive o ha vissuto nel Paese in cui ci si deve trasferire è sempre molto importante. Avere risposte da chi ha realmente vissuto quella specifica realtà è utilissimo. Ogni Paese, ed ogni città, ha le sue peculiarità: vivere a Tokyo o a Osaka, non è la stessa cosa, benché la cultura sia la stessa, così come vivere a Detroit non ha nulla a che fare con il vivere a San Francisco.

Avere contatti con i futuri colleghi di lavoro è sempre utilissimo. C'è sempre una moglie o un marito disponibile a rispondere alle nostre domande, ci sono sempre dei genitori che hanno affrontato scelte prima di noi e che possono raccontarci la loro esperienza.

"Attraverso dei colleghi abbiamo saputo dell'esistenza del Lycée International de Saint Germain e immediatamente ci siamo convinti che quella era la zona più giusta per cercare casa." racconta Sabrina C., la cui scelta della scuola è stata guidata da esperienze precedenti e fondamentali, usufruendo in pieno di questo sistema d'appoggio fornito da chi è passato prima di noi per la stessa strada.

Attenzione comunque al fatto che non tutti reagiamo nei confronti di un Paese nello stesso modo, e che non tutti vivono l'espatrio come un'esperienza entusiasmante. Preparando la nostra partenza per Tokyo

---

3. Claudia Landini è la fondatrice del sito www.expatclic.com, utile strumento di ricerca e sostegno per chi parte in espatrio. Vive a Jakarta e si occupa di coaching.

CAPITOLO 1

mi sono trovata di fronte ad una famiglia di colleghi di mio marito che anziché trasmettermi immagini positive della mia futura vita in Giappone, mi ha tracciato un quadro abbastanza spaventoso: loro contavano i giorni per arrivare alla fine dei tre anni, come fosse una colpa da espiare. Per fortuna ho saputo relativizzare e ho poi compensato la mancanza di entusiasmo trasmessami con la passione di altri conoscenti che vivevano anch'essi a Tokyo, sommando il tutto con lo slancio che di primo acchito avevamo già.

Il primo punto importante quando si decide di dire SI ad una proposta è, quindi, un'attenta **valutazione del nuovo Paese, della nuova città, per rendersi conto se realmente questo mondo potrà corrispondere a quello che stiamo cercando.**

Scoprire il tutto una volta arrivati a destinazione, lo si può fare soprattutto quando ci si sposta da soli o in coppia. In famiglia è più complicato, ci sono troppe variabili e troppi tasselli da rimettere al loro posto.

"Un nuovo mondo, una nuova lingua, l'incontro con un'altra cultura erano un eccitante corollario, tutto da scoprire. Ricordo che mi portai la guida dell'Olanda ma la aprii una volta giunta in loco. Le altre partenze ci hanno sempre colti di sorpresa. Una volta stabilita sulla cartina geografica la posizione della nuova destinazione mi sono sempre concentrata sul trasloco, sul presente più che sul futuro che vedevo come qualcosa che avrei scoperto sulla pelle e non tanto su un libro, in anticipo." Alessandra G.

La valutazione successiva, una volta raccolti tutti gli elementi importanti ai nostri occhi per avere un quadro della vita locale, è quella degli **eventuali benefici che l'azienda propone e dell'insieme del "pacchetto espatrio"** di cui usufruiremo. Questo non solo se si è inviati all'estero nel quadro di un trasferimento interno alla stessa azienda, tipico caso di espatrio, ma anche se siamo noi stessi a trovare un lavoro in un Paese diverso dal nostro. Valutare i benefit di un trasferimento è importante, anche se i motivi che spingono ad accettare un'offerta all'estero devono andare al di là del puro interesse economico. *"Non ho mai pensato all'espatrio come ad una fonte di arricchimento. L'importante è non perderci dei soldi, ma la base del mio credo è la scoperta del nuovo, la conoscenza di una nuova cultura."* Marie Pierre S. Importantissimo partire con questo spirito, che dovrebbe essere il motore primario che ci spinge verso una vita lavorativa all'estero. Valutare i costi della vita nel nostro nuovo Paese e confrontarli con quello che ci viene proposto per viverci, è, anch'esso, estremamente importante.

Ogni Paese avrà una scala di valutazione propria. Ogni azienda considererà importanti certi aspetti e non altri. I pacchetti espatrio non saranno mai gli stessi, tra le aziende, anche nello stesso Paese. L'attenta analisi di ogni aspetto ci aiuterà a capire meglio quello che potremo fare o non fare, in quale tipo di casa abitare, che tipo di scuola scegliere o anche se potremmo o no permetterci di rientrare più o meno spesso nel nostro Paese d'origine.

Le aziende utilizzano sovente un indice che si chiama **COLA** (Cost of Living Allowance) edito dal gruppo Mercer che serve ad adeguare gli stipendi dei propri espatriati.[4] Non sempre però queste scale corrispondono alla vita reale. Ci sono siti sui quali si possono trovare informazioni analoghe **sul costo della vita nei diversi Paesi**.[5] È importante tener presente che ci sono Paesi, come ad esempio l'India, in cui il costo della vita aumenta in modo vertiginoso, anno dopo anno, a volte anche per la stessa presenza di aziende straniere che vi si installano. Non sempre le società si adeguano alla stessa velocità, o non è facile trovare informazioni aggiornate. In alcuni Paesi, inoltre, il costo della vita varia da una zona all'altra: affittare o comprare casa in Silicon Valley non ha gli stessi costi della Florida. Ci sono posti in cui si deve optare per un sistema scolastico privato, quindi lo si deve mettere in conto, oppure non esiste un sistema sanitario pubblico e l'assicurazione sanitaria potrebbe risultare un costo aggiuntivo, qualora la società per cui si lavora non se ne facesse carico.[6]

Per toccare con mano la nuova destinazione **un viaggio di ricognizione** è importantissimo. Non tutti lo fanno e non tutte le aziende lo propongono. Per me è stato molto importante scoprire in anteprima le città in cui mi sarei trasferita, percorrerne le strade e capirne un pochino il funzionamento. Un viaggio di preparazione, nella maggior parte dei casi, non aiuta a scegliere, ma aiuta a preparare meglio l'arrivo, a proiettarsi nel

---

4. Il COLA aiuta ad adeguare gli stipendi degli espatriati al costo della vita del Paese in cui sono inviati, tenendo conto di diverse variabili. Per il 2014 la classifica delle dieci città più care vede: Luanda, Angola; N'Djamena, Chad; Hong Kong, Singapore; Zurigo, Svizzera; Ginevra, Svizzera; Tokyo, Giappone; Berna, Svizzera; Mosca, Russia; Shangai, Cina. Per dare un'idea la prima città italiana è Milano al 30esimo posto, seguita da Roma al 31esimo.
5. http://www.numbeo.com/common/ sito dettagliatissimo sul costo della vita in circa 5000 città, regolarmente aggiornato.
6. Interessante lo studio annuale condotto da **HSBC Expat Explorer** che prende in considerazione diversi criteri, da quelli nettamente di natura economica, a criteri che vanno dall'ambiente lavorativo, al buon equilibrio lavoro-tempo libero, dall'offerta culturale alla qualità dell'insegnamento, dalla presenza di strutture per l'infanzia al sistema sanitario. Cina, Germania e Singapore guidano la classifica (base 2013) l'Italia si posiziona al 23esimo posto.

CAPITOLO 1

nuovo con meno traumi e maggiori certezze.
"Nella società di mio marito - dice Anne S. - *il viaggio di preparazione è a discrezione delle risorse umane. Noi su 9 Paesi l'abbiamo richiesto in tre casi per motivi diversi. Il primo per l'Indonesia, era dopo gli attentati di Bali e avevamo bisogno di renderci conto personalmente della situazione. Il secondo per l'Ungheria: i bambini avevano allora 2 e 4 anni, e ci siamo resi conto che la città non offriva strutture adeguate per i piccolissimi; abbiamo deciso allora di rifiutare l'offerta. Nel terzo caso abbiamo richiesto un viaggio di preparazione per il Vietnam. Dovevamo traslocare a metà anno scolastico e abbiamo deciso di andare personalmente a fare un giro e visitare le scuole. I nostri figli hanno potuto passare due ore nella loro futura scuola, e si sono sentiti rassicurati e pronti a fare il salto."*

Il viaggio è un buon momento per prendere contatto con le agenzie di relocation, gli agenti immobiliari, visitare le scuole. Permette di valutare le distanze, ad esempio, tra futura zona in cui abitare e lavoro, tra la scuola o le diverse scuole se si hanno più figli in strutture diverse, di scoprire cosa c'è e non c'è, quali sono le strutture presenti, cosa si può comprare nei negozi.

Quando ero a Tokyo nel mio viaggio di preparazione ho fatto diversi giri nei supermercati per capire cosa avrei trovato o no, utilissimo per decidere cosa portare con me nel trasloco. Dal Giappone all'India ho traslocato tantissima pasta, caffè e olio d'oliva, proprio perché durante il nostro viaggio di ricognizione mi ero resa conto che erano prodotti "rari".

Alcune società offrono oltre al viaggio di ricognizione anche un piccolo **corso-guida interculturale** che permette di capire dove ci si sta tuffando. In certi casi è molto utile e, se viene proposto, l'occasione è da cogliere al volo. In qualche ora si può avere un quadro del nostro nuovo mondo: sarà tracciato a grandi linee, ma permetterà di averne un'idea. Partendo per Tokyo, abbiamo avuto una lezione sul Giappone. Una giornata in cui hanno cercato di darci le chiavi di lettura, soprattutto a livello dei rapporti interpersonali, usi e costumi diversi da assimilare, meccanismi nuovi da capire. È stato poi utile negli anni giapponesi ritornare indietro con la memoria a certe cose spiegate durante il corso.
Durante il viaggio di ricognizione ci si può dedicare alla **ricerca della casa**, rassicurante trovarla prima di arrivare con armi e bagagli per installarsi. La

scelta della casa è estremamente importante. Trovare un posto nel quale ci sentiremo bene, un luogo che ci corrisponde, ci aiuterà a meglio attutire l'impatto. *"Per la casa mi affido sempre al cuore, quando sento che è la casa giusta, scelgo! Finora mi è andata bene."* Piera B.
In una casa ci dobbiamo sentire bene e l'ambiente circostante deve piacerci. Il quartiere è importante, così come lo sono l'aria che si respira e i servizi presenti. Noi abbiamo sempre privilegiato la vicinanza di casa e scuola, era fondamentale che le bambine avessero dei punti di riferimento nel giro di qualche isolato e non fossero obbligate a compiere tragitti lunghissimi per andare a scuola o a giocare dagli amichetti. *"Abbiamo scelto la scuola -* dice Sabrina *- per poi avere un raggio d'azione in cui cercare casa. Devo dire che mio marito ha sempre messo in secondo piano la distanza dal luogo di lavoro dando priorità ai figli e a me di essere nelle migliori condizioni. Questo potrebbe sembrare poco importante ma ho conosciuto famiglie costrette, dalla scelta leggermente egoistica del capofamiglia, a sobbarcarsi ore di macchina con bimbi piccoli, mogli costrette ad aspettare per ore le varie coincidenze tra attività e scuola senza possibilità di rientrare a casa perché lontana dalla scuola per favorire il marito. In genere alla lunga questo pesa talmente sulla famiglia che l'espatrio si rivela un disastro... sarebbe invece bastato cercare casa pro bimbi e tutto si sarebbe rivelato un successo."*

Certo una casa in affitto la si può sempre cambiare, ma non in tutti i Paesi è facile sciogliere un contratto, oltre al fatto che cambiare casa vuol dire un nuovo trasloco e un nuovo cambiamento. Dedicare del tempo alla ricerca è essenziale, così come lo è essere chiari su quello che si sta cercando e definire, nel caso non fosse la società a farlo, un budget preciso. Inutile passare tre giorni a visitare case stupende se poi ci si accorge che non corrispondono al budget che ci è attribuito o che ci siamo attribuiti. Quando cercavamo casa in India, l'agenzia ha incominciato con il farci visitare degli appartamenti angusti e tristissimi, in zone della città scomode sia per la scuola che per il lavoro. Non avevamo le idee chiare sul budget attribuito e sul mercato immobiliare locale. All'inizio ci siamo fatti prendere un po' dal panico, soprattutto consci che avremmo lasciato dietro di noi il nostro modernissimo appartamento tokyoita, in una zona stupenda della città. Per fortuna eravamo in contatto con un paio di famiglie expat che vivevano in loco, una delle quali inviata lì dalla nostra stessa azienda. Andando a casa loro ci siamo resi conto del tipo di casa che

CAPITOLO 1

la società avrebbe dovuto proporci e abbiamo, di conseguenza, rifiutato le visite di appartamentini tipo i precedenti. Come d'incanto le belle case sono venute fuori.

In un Paese come l'India, di per sé duro per tanti aspetti, la scelta di una casa piacevole da vivere e nella quale sentirsi bene, è ancora più essenziale che in altri posti. Tornare a casa ed essere in un ambiente accogliente aiuta ad accettare meglio i lati più difficili dell'espatriazione. Sempre in India, proprio cercando un posto in cui vivere, abbiamo imparato a prendere con le pinze molti consigli che erano arrivati da altri espatriati, relativi alla scelta della casa. Ci era stato detto di puntare soprattutto su case nuovissime, addirittura mai abitate prima. Così la nostra scelta è caduta su una casa, splendida, di cui saremo stati i primi occupanti. Stavano togliendo le impalcature il giorno della nostra visita. L'errore è stato enorme. La casa era certo bella, ma nessuno aveva mai fatto la messa a punto, quindi è toccato a noi renderci conto dei vari problemi che venivano fuori pian piano. Fu, nel mio salotto di 100 m^2 completamente allagato, con l'acqua che scendeva a cascata giù dalla scala, che mi sono detta che forse fossimo stati i secondi abitanti, sarebbe stato meglio.

Ci sono casi in cui è difficile trovare casa prima della partenza, o in cui la casa non è disponibile prima di un certo periodo. La transizione può essere complicata. Si deve cercare un alloggio provvisorio, possibilmente nella stessa zona in cui si cerca casa, e cercare di vivere positivamente il momento di passaggio. Una fase di transizione di questo tipo può rendere l'arrivo nel nuovo ambiente più complicato da gestire. Ritrovarsi per dei mesi in un posto provvisorio non è facile per tutti. Noi abbiamo vissuto per tre mesi in un gîte, quando siamo rientrati in Francia, in attesa che i lavori nella nostra casa fossero finiti. Dire che non è stato semplice da gestire sarebbe un eufemismo. All'inizio l'abbiamo vissuto come un prolungamento delle vacanze, rapidamente però la ripresa dei ritmi di lavoro e di scuola, ci hanno aperto gli occhi su questa situazione precaria. È stata dura. Eravamo in un posto piccolo, senza le nostre cose, ognuno a dover gestire un cambiamento enorme (dall'India alla Francia).
Per fortuna dopo tre mesi tutto è rientrato nell'ordine, abbiamo recuperato casa e mobili e anche il sorriso, con l'entusiasmo necessario

per vivere la nuova avventura.

la casa

Nel scegliere casa è importante tener presente un certo numero di fattori;
- **Conformità con le nostre aspettative**, fondamentale per evitare di non sentirsi a proprio agio proprio nel posto nel quale dovremmo poter tirare il fiato e sentirci veramente bene!
- **Comodità rispetto al lavoro e alla scuola.** A volte non è facile accontentare i due fattori, privilegiare il secondo è il miglior modo di semplificarsi la vita. I bambini contenti e inseriti nell'ambiente giusto ci aiuteranno a prendere il resto con filosofia.
- **Quartiere.** Anche il quartiere in cui andiamo ad abitare deve piacerci, percorrerlo a piedi, scoprirne gli angoli nascosti e i servizi annessi e connessi, prima di scegliere di installarcisi è estremamente utile.

Ci sono città con aree in cui il tasso di espatriati è particolarmente elevato, spesso le zone intorno alle scuole internazionali. Scegliere una zona con molti espatriati può aiutare all'inizio a creare delle relazioni con chi è passato o sta passando attraverso il nostro percorso. Scegliere una zona con molti stranieri può però anche tagliarci un po' fuori dalla vera vita del Paese in cui si espatria.

Quando siamo arrivati in Giappone dalla Francia non volevamo abitare nel quartiere francese, intorno alla scuola francese che le nostre bambine avrebbero frequentato, ma non volevamo neanche essere lontani da scuola. L'idea era di poter andare a scuola in bicicletta. Abbiamo scelto un quartiere più misto, con molti giapponesi e tanti stranieri, le nostre bambine potevano così fare delle attività con dei bambini giapponesi e immergersi nel loro mondo. Abbiamo scelto un condominio al 100% abitato da giapponesi, avevamo voglia di integrarci. Siamo stati benissimo nella nostra casa e nel nostro quartiere, anche se subito ci siamo resi conto che l'integrazione non sarebbe stata così semplice, soprattutto nel condominio, dove per tre anni siamo stati guardati come i rumorosi gaijin[7], cosa che effettivamente eravamo rispetto agli altri condomini. Anche a livello di vita di quartiere e nelle varie attività ogni tanto sentivo la mancanza di una mamma straniera con le mie stesse abitudini, e questo soprattutto all'inizio.

Non tutti i Paesi in cui si espatria sono uguali e i meccanismi di socializzazione con i locali variano molto.

≈

La storia di Francesca

Quando Luca è rientrato a casa quella sera d'inverno, con il sorriso che faceva due giri della faccia, mi sono detta che forse c'era qualcosa di nuovo. Era da mesi che parlavamo di un possibile trasferimento. Sapevamo che la sua società cercava gente da mandare all'estero, diverse le possibili destinazioni. Da subito gli ho detto che sarei stata felicissima se avessero scelto lui. In cuor mio sognavo l'America, New York, le luci di Manhattan. In cuor mio speravo che non ci fossero altre scelte. Il suo sorriso quella sera voleva dire molto. Mi ha guardata dritta negli occhi e mi ha detto: è fatta sai, mi hanno proposto di partire. Mi sentivo felice, mi immaginavo già a passeggiare spingendo il passeggino a Central Park. Quando ha aggiunto: so già che forse avresti sperato altrove, mi sono sentita morire. New York è sparita di colpo e per una manciata di secondi ho immaginato i posti peggiori al mondo. Ma vedrai che ti piacerà lo stesso. Bombay, due anni a Bombay e poi si vedrà, dai ci piacerà... e su questo ci piacerà mi sono bloccata, come facevo di colpo a dirgli che io di partire non ne avevo più voglia, che l'India mi spaventava, che non era quello il posto in cui avrei voluto trascinare quei due marmocchi che dormivano beatamente nella stanza accanto.

Ho sorriso dicendo, beh dai bello, sicuramente sarà un grande cambiamento. Al momento non avevo altro da dire, non sapevo che dire. Avevamo atteso tanto la conferma di questa partenza, la nostra prima vera in famiglia, Erasmus non conta, no? E mi ritrovavo con di colpo una destinazione che non mi faceva per nulla sognare, anzi mi buttava addosso un senso forte di angoscia. Ho cercato di non pensarci per qualche giorno, l'idea era meno ci penso meno sarà vero, pur rendendomi conto che non era l'atteggiamento giusto, o ero chiara che lì io non ci sarei andata o avrei cercato di capire se fosse possibile per noi trovarvi una nostra dimensione. Mi sono attaccata al computer e ho fatto per giorni minuziose ricerche. Ho letteralmente divorato blog di chi

---

7. Gaijin è lo straniero in lingua giapponese.

Prepararsi alla partenza: primi passi verso un nuovo Paese

prima di me aveva scelto di andare a vivere in un Paese non facile. Ho comprato guide sull'India per cercare il lato bello e vacanziero del tutto. Ho cercato gruppi d'expat a Bombay che potessero darmi le informazioni giuste: noi non saremmo andati lì come turisti, avevo bisogno di vedere il lato vero della vita in loco, capire se la nostra famigliola avrebbe potuto trovarvi una sua dimensione. Navigando in rete, giorno dopo giorno, mi sentivo più serena, quasi eccitata. Mi dicevo che alla fine la nostra esperienza all'estero sarebbe stata ancora più completa e intensa. In America sopravvivono tutti, forse in posti così un po' meno!

Intanto pian piano l'offerta si è concretizzata, abbiamo incominciato a parlare di date possibili per il trasferimento. Il tempo sembra scorrere molto più in fretta quando ci si avvicina ad un cambiamento di vita così importante. Io non mi ero mai mossa più di tanto, due mini traslochi a meno di una manciata di chilometri di distanza. La famiglia e gli amici di sempre intorno. Tutti lì a chiedersi se eravamo un po' matti a trascinare i bambini in un posto così. Forse proprio le paure degli altri hanno di colpo cancellato le mie. Tutte le informazioni raccolte e i contatti recuperati qua e là mi avevano dato le ali e preparata al meglio a questa partenza alla cieca. Non conoscevo né il Paese né la città, ma avevo già recuperato un paio di nuove amiche che mi avrebbero accolta in loco e presa per mano i primi giorni.

Effettivamente è stato fondamentale. Tutto mi è sembrato un po' più semplice una volta atterrata. Avevo tutto da ricostruire ma il fatto di aver creato quei due piccoli contatti prima di arrivare ha fatto la differenza. Chi è già sul posto è passato ad un certo punto attraverso i nostri stessi dubbi, ha cercato le stesse risposte. Non è questione di voler ritrovarsi la strada spianata, ma un po' meno in salita, perché il resto del lavoro dobbiamo farlo noi, come persone e come famiglia. Mi chiedo sempre come sarebbero stati i miei primi mesi a Mumbai se non avessi fatto quel lavoro preparatorio alla partenza, questa ricerca minuziosa di rassicurazioni. Non è sempre possibile farlo, ovviamente, e non si trova sempre la risposta a tutto, ma almeno per me è stato fondamentale non arrivare alla cieca. Non posso dire che tutto sia stato semplicissimo, ma forse anche in una città più facile sarebbe stata la stessa cosa. Al di là dell'ambiente circostante il fatto di partire serena e convinta mi ha aiutato tantissimo. Ho spesso pensato allo shock di quell'annuncio, quando di colpo avevo messo in dubbio il fatto stesso di partire. Adesso alla vigilia di un nostro possibile rientro mi chiedo come avrei fatto a dire di no ad un'esperienza del genere ed in cuor mio spero che dietro l'angolo spunti un nuovo biglietto di sola andata per un posto anche più esotico!

≈

CAPITOLO 1

Traslocare è sicuramente la parte meno piacevole della partenza per un'avventura all'estero, ma è anche una parte necessaria e da considerare con attenzione. Non tutti gli espatriati traslocano, ci sono quelli che cambiano Paese trascinandosi dietro poche valigie. Molti invece si portano dietro tutto, caricano il loro mondo dentro enormi container, che spesso navigano per settimane per raggiungere la destinazione finale.

Decidere cosa portare e se traslocare in toto o in parte è una scelta molto personale e legata anche al tempo che si pensa di trascorrere all'estero. Partire per un anno o per 10 anni ha implicazioni diverse. Se si parte per poco e si mantiene una casa nella propria città, le proprie cose possono rimanere lì e durante il periodo limitato dell'espatrio si può ricomprare il minimo necessario. È stata la scelta di Armelle T. quando è partita per il Giappone *"Abbiamo deciso di tenere casa nostra e di mantenerla com'era, traslocando solo il minimo indispensabile"*. Diversa invece quella di Pascale V.: *"Eravamo in affitto e non avevamo un posto in cui lasciare le nostre cose. Inoltre i bambini erano piccoli e avevo voglia al nostro arrivo di ricreare un ambiente familiare. Non solo abbiamo portato tutto, ma abbiamo anche comprato qualche mobile da aggiungere al trasloco, senza sapere cosa avremmo trovato in loco. Fu un errore, arrivati sul posto ci siamo resi conto che avremmo trovato tutto"*.

Molte società danno un contributo all'acquisto delle cose, per i piccoli elettrodomestici e per un po' di mobili. Ovviamente il tutto varia da azienda ad azienda. E se si parte da soli senza un sostegno aziendale si dovranno fare bene i conti su cosa conviene fare.

Il costo di **un trasloco internazionale**, indipendentemente dal mezzo di trasporto utilizzato (nave o aereo), dipende da due fattori: la quantità e il valore della merce e la distanza da percorrere.[8] Traslocare 10 casse di giocattoli o lo stesso volume in mobili antichi non avrà lo stesso prezzo.

Dal punto di vista prettamente logistico per **scegliere un traslocatore** è importante mettere in evidenza una serie di elementi. Per prima cosa avere in mano almeno tre stime da parte di tre compagnie diverse (cosa solitamente richiesta quando sono le aziende a prendere a carico il trasloco). Diffidare del preventivo a prezzo stracciato, cercare di capire

---

8. È sempre importante verificare che la ditta alla quale ci si rivolge sia riconosciuta da almeno uno degli Organismi Statali di Rimozione della Rete (ad esempio l'AMSA, American Moving and Storage Association). Tale verifica sarà essenziale per poter presentare ricorso in caso di danneggiamento dei vostri beni.

il perché della differenza con gli altri. Su una stessa tratta e a pari volume non dovrebbero esserci enormi differenze, a meno che la compagnia risparmi sull'imballaggio. Un mobile ben imballato arriverà, solitamente, a destinazione intatto. Un pianoforte in una cassa apposita farà un viaggio assolutamente sicuro, anche se dovrà attraversare un oceano.

Tutto deve essere messo nero su bianco, la lista dettagliata dei vostri beni e il valore di ciascuno. È una cosa lunga da fare, ma necessaria in caso di danni all'arrivo. Prevedete di far imballare e sballare tutto ciò che è fragile. Le cose imballate dal traslocatore sono rimborsate senza problemi in caso di danni, imballate da voi il rimborso potrebbe essere meno automatico.

Bisogna evitare di mettere nel trasloco oggetti di valore, gioielli, macchine fotografiche, documenti importanti. Noi mettiamo sempre in valigia un hard disk con la copia di tutto ciò che c'è sul computer e ci portiamo dietro anelli, orecchini e cose varie, oltre che un dossier con dentro i documenti più importanti.

Certo chiudere il proprio mondo dentro un container e recuperarlo dopo 6/8 settimane, ti lascia un po' con il fiato sospeso. Molte volte mi sono chiesta cosa sarebbe successo se tutto fosse andato perso con un bel tuffo nell'oceano. Una vita racchiusa in 45 m^3 che potrebbe svanire in un soffio, è raro, ma capita. Nonostante il rischio, seppur minimo, la nostra scelta è stata sempre quella di portarci dietro tutto.

Per noi sarebbe impossibile vivere all'estero senza le nostre cose, senza portarci dietro quello che rende casa la futura casa, senza quel piccolo accumularsi di ricordi che anche gli oggetti trasmettono. Un trasloco non è mai uguale al precedente, si può partire con poco all'inizio e poi, man mano che la famiglia cresce o che il tempo di vita all'estero previsto si allunga, decidere di portarsi dietro la maggior parte delle cose.

"Ho appreso via via nel corso del tempo come gestire il trasloco. All'inizio non eravamo ancora sicuri di quanto tempo saremmo stati via, i nostri ritorni a casa erano abbastanza frequenti... avevamo un piede in due scarpe, con la nostra roba disseminata ovunque. Ricordo che lasciammo l'Olanda con un container che partiva per Milano ed un secondo per Dubai! Poi le nostre destinazioni sono sempre state più lontane, i rientri sempre più sporadici ed i nostri traslochi sempre più impegnativi, complice la famiglia che nel frattempo era aumentata e le decisione di portare con noi più "quotidianità" possibile."
Alessandra G.

Qualsiasi sia la scelta, quello che è fondamentale è portarsi dietro le cose

CAPITOLO 1

necessarie a **ricreare rapidamente il nostro ambiente casalingo**, foto, quadri, qualche oggetto di decorazione. **L'impatto sarà più dolce in una nuova casa se qualcosa ci ricorda quella passata.**
È comunque più semplice portarsi dietro tante cose e ritrovarle altrove... almeno c'è un problema in meno, quello di dover selezionare cose e ricordi ad ogni partenza! Ci sono oggetti che fanno casa anche in un posto nuovo e la fanno prima degli altri, cose stupide a volte, ma importanti per sentirsi bene in fretta dove si è scelto di andare a posare le valigie. Per me fanno casa le foto appese sul frigorifero, quelle foto sempre uguali negli anni che metto religiosamente in una scatola di latta perché vengano imballate per una nuova destinazione e che quando le tiro fuori e le rimetto al loro posto mi fanno dire *"ci siamo, siamo a casa"*.

Portarsi dietro dei ricordi della propria vita precedente aiuta a meglio attutire il colpo del vivere in un nuovo ambiente.
"La nostra società non paga per i mobili. Abbiamo un container la cui dimensione è direttamente proporzionale al numero di persone che compongono la famiglia. Il trasporto di certe cose è vietato, tipo il pianoforte o l'automobile. Non potendo tenere tutto e lasciarlo da qualche parte, ogni trasloco è l'occasione per fare una selezione delle cose. Ogni bambino ha la sua scatola dei ricordi, con oggetti e vestiti legati ai diversi Paesi in cui ha vissuto. Cerchiamo di tenere la maggior parte dei lavoretti fatti a scuola e molti disegni, ma non è semplice." Anne S.
Nel trasloco ho sempre messo un paio di casse di prodotti alimentari, il massimo tollerato. Cercando di rendere dolce il nostro arrivo portandoci dietro un po' di prodotti che magari all'inizio avrei faticato a trovare, o semplicemente cose alle quali eravamo abituati. Ho sempre dovuto un po' insistere con i traslocatori che storcono il naso all'idea di problemi che potrebbero sorgere in dogana. Nell'ultimo trasloco non volevano caricare nel container le 4 grosse latte d'olio d'oliva che mi ero, a fatica, procurata in Italia. Temevano che il trasloco rimanesse bloccato in dogana e fosse perquisito, aumentando così costi e tempi di sdoganamento. Ho insistito e abbiamo caricato l'olio come ultima cosa, in modo tale che se, dopo il passaggio allo scanner, la dogana statunitense avesse voluto meglio capire l'origine di quel liquido, non avrebbero dovuto svuotare la metà del container. È andato tutto bene e ne abbiamo approfittato per condire ottime insalate per un paio d'anni. Certe cose non hanno prezzo

e vale la pena insistere un po'. Ho un'amica che nel trasloco ha sempre messo una bottiglia del suo solito detersivo, per il timore di non trovarlo subito. All'epoca quando me lo raccontava, mi aveva spiegato che anche il profumo che ritrovi nella biancheria appena lavata ti può riportare con la memoria al passato e rendere più dolce l'atterraggio nel futuro. Inutile precipitarsi a cercare quel detersivo quando, appena arrivato, avrai sicuramente mille cose diverse da fare. Basta poco per rendersi la vita più facile e piacevole dall'inizio.

È piacevole anche mettere nel trasloco qualche oggetto nuovo, magari un nuovo servizio di piatti che potrà stare bene nel nuovo giardino, o degli asciugamani che ben si intoneranno con le piastrelle del nuovo bagno. Non si tratta di esser frivoli, ma semplicemente di darsi dei punti di riferimento che, una volta arrivati in un terreno tutto da scoprire, faranno bene al morale. Immancabile nei nostri numerosi traslochi una cassa di libri nuovi da tirar fuori pian piano, mese dopo mese, utile anche nel caso nel nuovo Paese ci fossero solo in vendita libri in una lingua semisconosciuta.

"Per me la prima cosa sono i libri, e questo non è cambiato con l'avvento del Kindle, primo perché leggere i libri cartacei è una cosa che mi piace da matti, e secondo perché quando arrivo in una nuova casa, ho un bisogno quasi fisico di vedere esposti i miei libri, è un po' come se non mi sentissi davvero arrivata finché non li vedo su uno scaffale. Poi naturalmente le piccole cose da mangiare che so che non troverò all'arrivo, e che in certi momenti fa veramente piacere avere (ad esempio i Dadi Star, che per me sono imprescindibili per una buona pastina dal sapore di casa) o il parmigiano." Claudia L.

Tante piccole cose ci danno il **sentimento di casa**, ci aiutano a ricrearla per rendere l'arrivo più dolce: anche quando si è abituati, perché lo si è fatto mille volte, il cambiamento non è mai semplice. Chiudere la porta di una casa e aprirne un'altra non è un atto facile, schiude sentimenti forti e richiama alla memoria momenti passati, sovrapponendoli ai futuri. *"Ogni porta chiusa la ricordo bene ma con la mente già nelle mille cose da fare quando ne aprirò un'altra di porta"* Sabrina C. *"Impacchettare la tua vita negli scatoloni e dire addio ad una casa vuota lascia un marchio notevole. Mi basta chiudere gli occhi e ricordare stanze, colori, odori della case che ho abitato."* Alessandra G. I ricordi si sovrappongono, i momenti di vita, che dobbiamo per forza lasciare dietro di noi, ci accompagnano, farlo serenamente aiuta, farlo contenti della scelta successiva è una buona base sulla quale costruire un futuro sereno.

CAPITOLO 1

Ogni partenza porta con sé miscugli di sentimenti, come dice Anne G. *"Eccitazione, paura, gioia, tristezza, si fondono tra loro. Quando i traslocatori arrivano sono sempre triste, e la tristezza rimane quando chiudo la porta per l'ultima volta".* **Eccitazione per una nuova avventura e paura di come sarà il futuro, si sposano perfettamente e sono i sentimenti tipici da prepartenza.** La gioia di aprire un nuovo capitolo della nostra vita alla scoperta di qualcosa, che può anche essere un ritorno nel proprio Paese, insieme con la tristezza del dire addio a persone e luoghi.

"Tutte le volte un pezzetto di cuore rimane dove chiudi la porta. Ed è triste. Ma mi piace pensare che così spostandomi spesso riesco ad avere tanti fili che mi legano indissolubilmente con posti ed amici e che quando penso a loro o al posto dove vivevo, i fili si accendono e ci colleghiamo energeticamente. Invece quando sono stanca o depressa mi dico: la prossima volta non mi rimetto in gioco, non ho più voglia di imbastire relazioni che so finiranno, a cosa serve? E poi, invece, lo faccio sempre. Come dico alla mia maestra di yoga: in questa vita mi sa che devo imparare il distacco, da posti, cose e persone, questo è il mio karma." Piera B.

È anche vero che quello che alla fine è rilevante sono i legami che si creano con le persone, i luoghi che hanno fatto da sfondo alla nostra esperienza in espatrio, e queste sono cose che non verranno mai chiuse al chiudersi di una porta. *"Dopo tanti traslochi non sono più legata alla casa in sé, ma alle persone che devo lasciare."* Claude S.

Esprimere quello che si prova prima di partire è utile: parlarne con chi ci sta intorno, e salutare i luoghi in cui abbiamo vissuto, possono aiutare a partire serenamente.

È tipica negli espatriati a qualche mese dalla partenza la voglia quasi bulimica di vivere la città in cui sono, di approfittare di tutto, di visitare posti nuovi ai quali non si era prestata attenzione prima, fare il pieno di immagini, odori, colori. Questo è importante.

Quando si parte all'improvviso è molto più difficile superare la fase di "lutto". **Se non si ha il tempo di soffermarsi a salutare, un sentimento di qualcosa di incompiuto rimarrà nell'aria.** Ho visto amici partire rapidamente dopo il terremoto di Tokyo del 2011 e i problemi con la centrale di Fukushima, si sono lasciati tutto alle spalle, senza avere il tempo di salutare. Il distacco è stato brutale e ci è voluto un ritorno in Giappone, dopo diversi mesi, per veramente chiudere il cerchio e poter affrontare serenamente la nuova destinazione.

il trasloco

Per **preparare al meglio il trasloco** e l'arrivo nella nuova casa
- Fare una **selezione** delle cose importanti da portare, se non si può traslocare tutto. Il trasloco è comunque una buona occasione per fare una selezione, inutile spostare di 8000 Km oggetti inutili che rimarranno chiusi in uno scatolone per anni (parlo per esperienza...)
- Fare una lista in ordine di importanza, se qualcosa dovrà rimanere fuori dal container sarà un qualcosa al fondo della lista.
- Portare gli **oggetti ai quali siamo affezionati**, foto, quadri, ninnoli che danno il senso di casa dal primo minuto.

Se si parte con dei bambini, traslocare giochi e quello che servirà a ricreare l'ambiente al quale sono abituati, cuscini, lenzuola, tappeti. Per mia figlia treenne ritrovare nella sua nuova cameretta in Giappone il castello dei Playmobil che troneggiava qualche mese prima nella stanza dei giochi in Normandia, è stato un vero arrivo a casa.

Per semplificarsi la vita all'arrivo, quando avremo bisogno in fretta di ricreare un ambiente gradevole, è importante ordinare le cose e i vestiti, in modo che al momento in cui gli scatoloni si svuotano ogni cosa sia con i suoi simili e più facile da sistemare.

Storia di Carole o come dire arrivederci agli amici

Dopo vent'anni all'estero ogni nuova partenza mi fa rivivere le stesse sensazioni forti, ho una gran voglia che il tempo si dilati di colpo per poter godere ancora di tutto quello che mi sta intorno e che ho amato nel mio Paese d'espatrio, luoghi, persone, oggetti.
Gli ultimi mesi sono tutti proiettati a dire addio, o meglio arrivederci, a chi mi sta

CAPITOLO 1

intorno in un itinerare continuo. Mi accorgo sempre alla fine che ci sono cose che non ho fatto e che ho sempre rimandato, che di colpo mi sembrano imperdibili, così come persone con le quali il tempo non sembra mai sufficiente e ne vorrei ancora e ancora. Quello che faccio è un diario in foto dei miei ultimi mesi, un diario dove cerco di cogliere tutto ciò che so che nei primi tempi in un nuovo Paese mi mancherà. Giro macchina fotografica alla mano costruendomi una memoria tangibile di ricordi. Solo immagini, tante, a volte senza significato per gli altri ma estremamente importanti per me. È un processo ormai necessario perché il distacco avvenga in modo dolce e non troppo doloroso. Poi organizzo una bella festa e lascio che i miei invitati scrivano la fine di questo mio diario fotografico e lo facciano con frasi che ricordano la nostra vita insieme. È molto bello rileggere parole e emozioni a distanza di anni. È anche bello Paese dopo Paese vedere cosa traspare dalle parole scritte, come chi ha vissuto con noi ci ha percepiti.

Per me sarebbe impossibile chiudere una porta senza portarmi dietro questa memoria tangibile. Certo ci sono i ricordi dei momenti vissuti, ma questo è qualcosa di più. Sicuramente questa mia abitudine ormai rituale è diventata una forma di protezione dalla sofferenza del distacco, mi permette di non separarmi mai completamente e di non chiudere mai una porta in modo definitivo. Forse un giorno dovrò farlo, chissà.

Non si deve dimenticare che in tutto questo cambiare, muoversi, espatriare, il motore è sempre e solo uno: un cambiamento dal punto di vista professionale.

Che si sia inviati all'estero dalla propria azienda o che si decida di cercare lavoro fuori dal proprio Paese, alla base c'è un grosso cambiamento, e questo anche se si continua a fare tecnicamente lo stesso lavoro. Cambia il contesto, cambiano i meccanismi che lo regolano, cambiano le dinamiche aziendali, legate ad usi e costumi locali.

Quando si è abituati ad un certo ambiente lavorativo, questo può essere difficile. In poco tempo ci si deve adeguare a meccanismi professionali nuovi e contemporaneamente si deve gestire il grosso cambiamento di vita, potenziato se si ha una famiglia al seguito.

Partendo da soli ci si potrà concentrare sul lavoro, partendo in coppia o in famiglia le energie andranno comunque suddivise tra nuovo impegno professionale e sostegno familiare.

Cercare e trovare un buon equilibrio non è semplice.

A questo punto quando si è in coppia il ruolo di quello al seguito, che temporaneamente ha messo tra parentesi la carriera, per seguire il compagno o la compagna, è un ruolo fondamentale. Se la persona che lavora dovrà concentrarsi al 100% sul mondo nuovo in cui si trova ad evolvere, per capirne i meccanismi, quello che non lavora avrà il " peso" di occuparsi del resto, di ricreare equilibri andati persi, di ricostruire nuove relazioni, di fare in modo che tutti i tasselli del cambiar vita, città, Paese, vadano ognuno al proprio posto.[9]

Quando ci sono dei figli il tutto poi si complica. La ricerca dei nuovi equilibri va moltiplicata per tutti i membri della famiglia. Dopo le prime settimane, l'entusiasmo iniziale può lasciare il posto ad un sentimento di sconforto, alla paura di non gestire tutto, all'ansia da performance tanto per intenderci. Si sente forte il peso di questa grande rivoluzione nelle nostre vite, quando si passa dai primi momenti eccitanti ad un tentativo di routine. Qui tutto diventa più difficile.[10]

Quando sono arrivata a Tokyo, i primi giorni sono volati via con molto entusiasmo, tutto era nuovo intorno a noi, tutto era eccitante, tutto da scoprire. Pian piano poi con l'inizio della scuola la vita ha preso un ritmo diverso ed è stato in quel momento che ho sentito forte il peso della nostra scelta. Eravamo a 10.000 km dal mondo conosciuto, dovevamo ricostruire una parvenza di vita normale, nonostante i ritmi di lavoro giapponesi ci imponessero dei grossi cambiamenti. Mi ritrovavo ancora più sola a gestire tre bambine piccole e a cercare di ridar loro gli stessi equilibri che avevano in Francia. Sapevo che mio marito doveva concentrarsi sul suo nuovo lavoro e benché fosse un sostegno psicologico enorme, non poteva esserci in senso pratico.

Ho guardato avanti in modo positivo e dopo qualche settimana avevo l'impressione di aver pian piano ricostruito un nostro piccolo mondo, con delle persone sulle quali poter contare. Ho imparato poi negli spostamenti successivi l'importanza, per chi si sposta con il challenge di un nuovo lavoro, di essere "risparmiato" il più possibile nella ricostruzione di tutto il resto. Da noi i ruoli sono sempre stati abbastanza ben definiti in questo

---

9. L'argomento sarà trattato in modo approfondito nel capitolo 9.
10. Nel libro di Sandra Albright, *Moving and Living Abroad*, Hippocrene Books, 1993, ben sono descritte le tre fasi cicliche dell'emotività in espatrio: una prima fase, definita come la luna di miele, dove predominano entusiasmo, eccitazione, gioia. Una seconda fase in cui lo shock culturale prende il sopravvento. Una terza in cui ci si integra al nuovo.

CAPITOLO 1

senso, ognuno aveva un compito preciso, il mio, prima di ricostruirmi un mio impegno professionale, era quello di ridare un ritmo alla nostra vita familiare, il suo quello di concentrarsi sul suo nuovo lavoro.

Tutto si complica quando ci si sposta in famiglia e sono entrambi i genitori che contemporaneamente riprendono un'attività professionale, ancora più delicato e difficile creare un equilibrio con i figli che dall'inizio devono adeguarsi alla presenza di persone nuove.

≈

Storia di Elena e Peter: due carriere e tre figli

Dopo anni a fare avanti indietro tra il mio Paese, l'Italia e il suo, la Germania, riuscendo bene o male a gestire le nostre due carriere, grazie alla presenza delle nostre famiglie rispettive, solidi punti di equilibrio e fantastici punti d'appoggio per aiutarci nella gestione dei bambini, è arrivata una partenza in una Paese nuovo per entrambi, la Francia, dove non avremmo più potuto contare sull'aiuto di nessuno, ma solo di noi stessi. Partivamo tutti e due con due allettanti offerte di lavoro e nessuno di noi era disposto a fare compromessi per privilegiare la carriera dell'altro, pur consci che sarebbe stata dura gestire contemporaneamente i nostri tre bambini che fino lì avevano potuto approfittare della presenza costante dei nonni. Ci siamo detti che la logistica non avrebbe dovuto frenarci dall'accettare quella che era una possibilità di crescita per entrambi. Siamo partiti portandoci dietro i primi tempi una delle nonne, tanto per non dover subito precipitarci a cercare la Mary Poppins che avrebbe fatto al caso nostro. Per i bambini all'inizio non è stato difficile, per noi durissimo. Dovevamo tutti e due adeguarci ad un nuovo ambiente professionale, con una nuova lingua e senza poter trovare nell'altro il supporto necessario. Era troppo chiederci reciprocamente aiuto, ognuno di noi si concentrava su se stesso e limitava il dispendio delle poche energie rimaste ai bambini. Tutto è comunque filato liscio finché alla nonna non è subentrata una nounou (bambinaia tutto fare) che pur essendo bravissima ha mandato i bambini in tilt. L'unico punto di riferimento fisso dei primi tempi era stata la nonna, serena e sorridente, mentre noi per loro eravamo diventati ombre che cercavano alla meno peggio di recuperare un po' di serenità durante i fine settimana. Ovvio che partita la nonna e subentrata una pur gentile sconosciuta, i bambini cercavano noi, era con noi che avevano voglia di parlare delle difficoltà che anche loro, poverini, affrontavano nella nostra nuova vita. Siamo andati avanti per qualche mese prima di renderci conto che uno di noi due avrebbe dovuto rassegnarci ad alzare il piede dall'accelleratore, ad andare ogni tanto all'uscita di scuola o alla partita di pallacanestro. Abbiamo cercato di rimanere in sella professionalmente, concedendoci però delle pause, prima uno e poi l'altra. Abbiamo capito sulla nostra pelle che cambiare Paese in famiglia e lavoro in due, è fattibile ma va veramente preparato bene, lo stress rischia altrimenti di mandare a pallino tutto e tutti. Dovesse succedere di nuovo rifarei diversamente, forse mi prenderei sei mesi sabbatici, o li prenderebbe mio marito, per poterci installare nel nuovo senza ansie, anche perché se la famiglia è serena si lavora molto meglio. L'importante è rendersi conto dei limiti e cercare di non andare oltre quello che riusciamo ragionevolmente a gestire.

Altra fase delicata del pre-partenza, soprattutto se si fa il salto per la prima volta, è **l'annuncio alla famiglia e agli amici**. Se i secondi reagiscono globalmente con entusiasmo, ammirazione, curiosità, per la prima la situazione può essere più complessa. Non è mai facile annunciare ai propri genitori che si parte lontano, non è mai semplice dire a dei nonni che il quotidiano con i propri nipotini non sarà più tale. Ancora più difficile quando si parte non più giovanissimi e ci si lascia alle spalle genitori anziani che forse egoisticamente contavano su di noi per una presenza costante negli anni della vecchia.

Molti i fattori psicologici che entrano i gioco. Personalmente penso che si debba per prima cosa sottolineare come la scelta sia stata fatta e non verrà rimessa in discussione. Se si è chiari dall'inizio sul fatto che il progetto sia concreto e definito e non in nuce, probabile ma non sicuro, allora sarà tutto più semplice. Ci sarà una fase forse di rifiuto, con qualche tentativo di inculcare dei sensi di colpa, ma poi tutto verrà accettato se ci si mostra pieni di entusiasmo e si coinvolge in questo la propria famiglia d'origine.

"Solo il primo grande salto, quello dall'Italia verso la Francia ha creato delle tensioni in famiglia, la mia mamma mi ha tenuto "il muso" per un mese! Devo anche dire che sono figlia unica e che le sembrava già di avermi lontana visto che da Trento mi ero trasferita a Milano (2 ore e mezza di auto!) Credo che la destinazione, Parigi, abbia aiutato un pochino a digerire la pillola. Abbiamo cercato sempre di rendere le famiglie di entrambi molto informate e partecipi di ogni nostra decisione e cambiamento." Sabrina C.

In alcuni casi ci si deve ingegnare a far mandar giù l'idea di avere dei figli lontani. Coinvolgerli nella scelta, parlare con loro del nuovo Paese, organizzare eventualmente già una visita nei mesi successivi al nostro arrivo, può essere un modo per addolcire il tutto. Come con i figli, anche

CAPITOLO 1

con i genitori, se ci si mostra pieni di entusiasmo si riuscirà ad essere coinvolgenti e a trascinare tutti nella nuova avventura con il sorriso sulle labbra.

Le reazioni all'annuncio di una partenza possono essere diverse con il passare degli anni, e, nel tempo, dei genitori entusiasti di vedere i figli partire possono cambiare idea agli annunci successivi. E anche per noi può essere più difficile trovare le parole giuste e sbarazzarci dei sensi di colpa che possono nascere. Per me è stato facile dire ai miei che avevo deciso di partire, e allo stesso tempo, per loro accettare con entusiasmo questa mia prima partenza, pur consci che avrebbero avuto un'altra figlia lontano (ne avevano già una all'estero) e un ennesimo nipotino da vedere a sprazzi (era la terza nipotina, la mia piccola che sarebbe nata dopo qualche mese dal nostro trasferimento). Successivamente è stato più difficile, ma soprattutto per me. Dopo la perdita di mio padre l'idea di partire ancora più lontano mi spaventava, parlarne con mia mamma alla fine era stata la cosa più semplice, ha accolto subito con entusiasmo la partenza in Giappone, anzi l'ha vista come l'occasione per rifare un viaggio a Tokyo dove era stata moltissimi anni prima.

"Quando ho annunciato la mia prima partenza la situazione era completamente diversa. Non ero mai partita prima, e mi lasciavo alle spalle una madre ancora giovane e che viveva con una sorella. Credo che la mia famiglia si aspettasse in qualche modo che non avrei fatto una vita convenzionale, e non hanno fatto drammi, anzi, mi sono sembrati incuriositi e anche un po' orgogliosi. Ora ogni volta che annuncio una nuova destinazione è piuttosto difficile perché mia sorella non è più al fianco di mia madre, la quale peraltro diventa vecchia ed è di salute cagionevole. Per me è molto difficile in questo momento stare lontana, a causa di mia madre, e annunciare la destinazione, soprattutto se, nel caso dell'ultima, è così distante, è molto difficile. Da una parte però, ormai la famiglia sa che questa è la mia vita e anche che faccio tutto quello che posso per mantenere l'equilibrio tra la mia "nuova" famiglia e quella d'origine." Claudia L.

Con il passare degli anni ogni annuncio di una nuova destinazione prende un sapore diverso.

"La prima partenza è stata ben accettata dalle nostre famiglie, ma 13 anni e mezzo più tardi l'ennesimo spostamento non è stato vissuto allo stesso modo. La reazione è fondamentalmente dettata dall'egoismo, perché non rientriamo vicino alle nostre famiglie? Abbiamo evitato di affrontare il dibattito, in ogni modo sono sulle loro posizioni e non capiscono quello che stiamo vivendo." Anne S.

Annunciare un trasferimento all'estero in un Paese lontano rimane comunque un peso, anche quando siamo convinti che stiamo facendo la scelta giusta. I sensi di colpa ci sono, inutile negarlo, ma è fondamentale mantenere chiara l'idea che espatriamo per noi, per la nostra famiglia, per costruire la nostra vita e né la nostra famiglia d'origine né i nostri amici più stretti possono impedire questo processo naturale di crescita.

L'incomprensione della vita d'expat è spesso alla base della difficoltà di capire le motivazioni che ci spingono a partire. Difficile spiegarle a chi non ne conosce i meccanismi e non ne vive la quotidianità. Chi non vive o non ha vissuto una vita da espatriato può non capire questo bisogno di cambiamento che anima e ritma le nostre vite.

"Ho percepito un cambiamento negli altri e non sempre positivo. Alcuni ti parlano e chiedono dettagli come se tu stessi per partire per la Legione Straniera e ogni volta mi viene da sorridere. Altri ti fanno i complimenti per poi subito sottolineare quanto sarà difficile, anzi difficilissimo per i tuoi anziani genitori vivere lontani dall'unica e amatissima figlia e chiedere con noncuranza: come faranno se succede qualcosa? Ma la categoria più buffa sono quelli che immediatamente ti dicono: Ah mi sarebbe piaciuto moltissimo ma... in questo MA ci sono centinaia di intoppi veri o presunti che vengono elencati con dovizia di particolari, in genere sono persone che non traslocherebbero nemmeno in un altro quartiere! Parlando seriamente molte persone ti "dimenticano" perché per loro la lontananza chilometrica è sinonimo di lontananza affettiva e semplicemente non avendo più la quotidianità non c'è più una relazione. È la parte più difficile dell'espatrio ma la si sperimenta dopo..." Sabrina C.

Le reazioni comunque possono anche essere entusiaste sempre ed in qualsiasi circostanza, la prima volta e le successive.

"Le nostre rispettive famiglie ci hanno sempre supportato ad andare, esplorare il mondo e vivere la nostra vita." Alessandra G. E ovviamente con questo spirito si parte più sereni, ci si sente appoggiati e si fa meno fatica anche a gestire i primi momenti in un nuovo Paese. Sarebbe dura combattere su più fronti, da un lato le difficoltà connesse con l'arrivo, dall'altro le difficoltà imposte dallo scontento di chi è rimasto a casa!

Un'altra cosa della quale si deve essere consci decidendo di partire è il fatto che questa scelta provocherà comunque un grosso cambiamento, in noi e in chi ci sta intorno. Si creeranno, volenti o nolenti, due mondi, chi parte e vive esperienze diverse e chi resta a vivere in una stessa realtà.

Lo sguardo degli altri su di noi, sulla nostra famiglia, sulle nostre scelte

CAPITOLO 1

sarà diverso, così come muterà il nostro modo di vedere gli altri e il loro modo di vivere. La percezione che si ha del mondo è legata a quello che si vive quotidianamente.

Partire essendo consci di tutto ciò potrà aiutare a meglio gestire le relazioni. **Non ci si deve aspettare che tutti siano incuriositi o attratti dalla nostra vita d'espatriati. Non ci deve colpire la mancanza di curiosità, dobbiamo metterla in conto.** Non tutti hanno interesse nello scoprire le nostre vite più o meno esotiche, pur mantenendo solide relazioni e legami affettivi forti.

"Ho percepito diversi sentimenti: invidia da parte di alcuni, incredulità mista a compatimento in altri, visto che da figlia unica, stavo lasciando mia madre, già vedova, sola. Molti rami sono stati recisi nel corso di questi anni, ma con gli amici che hanno sempre sostenuto le mie scelte nonostante la tristezza della lontananza e la mancanza del quotidiano, i legami sono rimasti solidi." Alessandra G.

Incredulità, compatimento, lo penso anch'io, oltre ad un sentimento di sollievo da parte di certe persone, come per dire: "se ci andate voi all'estero non dovremo farlo noi", quasi fosse la partenza in trincea. Può far sorridere ma è comprensibile. Per chi è immerso nell'espatrio o è pronto a partire la visione della vita all'estero ha molte più sfumature che per chi rimane in patria.

Quando siamo partiti per l'India c'era un misto di ammirazione e di sconcerto, c'era chi si chiedeva come potessimo partire in un Paese così poco organizzato e relativamente poco sicuro con tre bambine, e chi invece ci riteneva, tutto sommato, in gamba perché eravamo pronti a farlo. Negli altri i sentimenti si mescolano, esattamente come avviene in noi.

"Io ho sentito che la gente mi ammira molto di più da quando sono in giro per il mondo, e più giro e accumulo esperienze e Paesi, più la gente è in ammirazione. Forse un tempo pensavano che fossi mezza svitata, ma non me l'hanno mai fatto percepire. Quello che sento intorno a me è più che altro genuina ammirazione." Claudia L.

Ma partendo non è solo la percezione degli altri su di noi che cambia, si modifica soprattutto il nostro modo di guardare al nostro Paese, alla nostra vita prima della partenza, alle relazioni interpersonali. Questo avviene perché le nuove esperienze modificano certi nostri atteggiamenti e modi di pensare e ci fanno vedere il tutto in modo diverso attraverso un nuovo filtro, che è quello di una nuova esperienza di vita.

"Ho piuttosto l'impressione che il mio sguardo sulla gente e le cose sia cambiato.

Prepararsi alla partenza: primi passi verso un nuovo Paese

Andando a vivere altrove e in modo diverso, le nostre abitudini e i nostri punti di riferimento cambiano." Armelle T.

Diventa naturale il confronto tra vecchia e nuova realtà, tra vecchi e nuovi modi di pensare, reagire, vivere.

Tenendo presente tutto questo, dopo aver deciso, coinvolto, accettato e fatto accettare, è il momento di preparare le valigie e di partire all'avventura!

Giulietta e Chiara: ultima gita scolastica prima della partenza per il Giappone.

Federica festeggia la fine della 3ème a Saint Germain en Laye, prima del trasloco in California.

CAPITOLO 1

India, nuova partenza.

Pic-nic tra gli scatoloni: come rendere divertente la partenza.

CAPITOLO 2

Arrivati a destinazione

"Viaggiare mi esaltava, mi ricaricava, mi dava da pensare, mi faceva vivere. L'arrivo in un Paese nuovo, in un posto lontano era ogni volta una fiammata, un innamoramento; mi riempiva di emozioni."

Tiziano Terzani, Un altro giro di giostra.

L'aereo è ancora sulla pista, fuori dagli oblò sfilano le luci dell'aeroporto, dodici ore per preparami a questo atterraggio, dodici ore per convincermi che tutto sarà facile.
C'è l'aria umida, la stanchezza palpabile, le bambine iper-eccitate, tutti hanno gli occhi a mandorla e l'aria gentile, si vede lontano un miglio che sono arrivata dall'altra parte del mondo. Per me Tokyo è stato il primo vero arrivo, Parigi e la Francia e i miei primi sette anni di vita all'estero sono state le prove tecniche che mi hanno portato qui. È nella capitale nipponica che per la prima volta con un nodo allo stomaco sono atterrata per un nuovo inizio che durerà tre anni.

L'arrivo eccitante, stancante, coinvolgente lo vivono tutti gli espatriati e lo possono rivivere più volte.

Ogni nuovo Paese rimette a zero il contatore e ci porta a ripartire per un nuovo avventuroso giro. Non è necessario andare dall'altra parte del mondo, a volte bastano 500 chilometri in macchina, per farci vivere le emozioni forti che solo i primi giorni possono dare.

I primi giorni in un Paese nuovo sono come i primi passi incerti di un bambino, c'è molta eccitazione, c'è tanta euforia, ma si avanza barcollanti, quasi ubriachi per tutto il nuovo che ci circonda.

Non sono facili i primi giorni, ma sono anche quelli che passano più in fretta sulla scia della scoperta del mondo che ci circonda. Si parla di una prima fase, all'inizio dell'espatrio, di **entusiasmo**, quella in cui l'adrenalina messa in circolo dalla novità, ci fa sentire dei leoni pronti ad affrontare tutto. La cosa migliore è approfittarne. Verrà poi il momento dello **sconforto** (la seconda fase), quando ci si rende conto che mille cose ci mancano, che la famiglia è lontana, che per comprare del pane degno di questo nome si deve attraversare la città.

Poi pian piano, nella maggior parte degli espatriati, si arriverà alla fase di **accettazione** del nuovo, a quella dell'integrazione e il distacco con il mondo precedente sarà ultimato.

I primi giorni però, entusiasmo o non entusiasmo, sono quelli che scandiscono il ritmo per il seguito della storia.

Come si dice, chi ben comincia è a metà dell'opera. Mantenere uno spirito positivo e una grande voglia di adattarsi al nuovo sono un'ottima base di partenza.

Le prime sensazioni sono quelle che contano, quelle che rimarranno impresse per sempre e se già dai primi momenti storciamo il naso per tutto quello che è diverso, il percorso sarà lungo e in salita.

Per l'arrivo e la gestione dei primi giorni, l'esperienza conta. Non si vive allo stesso modo il primo arrivo legato al primo espatrio, rispetto ai successivi. Dopo la prima volta si farà tesoro delle esperienze precedenti, faticando sicuramente meno a crearsi dei punti di riferimento, benché ogni Paese abbia le sue caratteristiche e l'approccio non sarà mai esattamente lo stesso.

I primi giorni possiamo concederci il lusso di viverli quasi da turisti. Se ci sono dei bambini e delle scadenze scolastiche all'orizzonte, la cosa migliore è sempre lasciarsi un piccolo margine di tempo tra l'arrivo e l'inizio della scuola, cosa possibile soprattutto se si cambia in coincidenza con l'inizio dell'anno scolastico o dopo un periodo di vacanza.

"Abbiamo sempre speso molte energie iniziali per cercare di avere nel più breve tempo possibile la casa in ordine e vivibile perché così ci sembrava di facilitare a noi e ai

Arrivati a destinazione

ragazzi la sensazione di essere "a casa". Cerchiamo sempre di essere sistemati con qualche giorno di anticipo rispetto all'inizio dell'anno scolastico per non accumulare stress al già difficile cambio scuola e poter essere concentrati su scelta di attività extrascolastiche, acquisti, visite mediche." Sabrina C.

Anche se si è da soli o in coppia, concedersi una piccola pausa dal lavoro per avere il tempo di scoprire la città e quello che offre, può essere utile per poi potersi concentrare sul nuovo mondo professionale, con un'infarinatura di quello che ci aspetta quando si esce dall'ufficio.

Possiamo viverlo con una guida turistica alla mano il nostro nuovo universo, o esplorarlo alla cieca semplicemente lasciandoci guidare dalle strade e dalla voglia di scoprire.

"Cartina alla mano, un bel paio di scarpe da ginnastica e via all'esplorazione. Tranne che a Sharjah, posto poco pedonabile, ma me ne sono accorta dopo... e allora via con auto e senza cartina (non sarebbe servita a niente, non c'erano i nomi delle strade!), ma confidando in un buon senso dell'orientamento e... in qualche preghiera!" Alessandra G.

Noi abbiamo sempre proceduto in modo, diciamo, concentrico, allontanandoci pian piano dal centro costituito dalla nostra nuova casa, scoprendo zone sempre più lontane.

Senza figli o con bambini piccolissimi i posti da scoprire saranno diversi ovviamente rispetto all'avere bambini in età scolare. In questo secondo caso, la scuola, il parco, le strade che conducono ai nuovi spazi in cui dovranno evolvere saranno le nostre mete prioritarie, il punto di partenza per poi avventurarci altrove.

Quando siamo arrivati a Tokyo in un caldissimo fine settimana di agosto, ad una decina di giorni dall'inizio della scuola, dopo aver percorso in primis la strada verso il supermercato e il parco giochi, la successiva scoperta è stato l'itinerario che ci avrebbe condotti a scuola, diventato poi il nostro percorso abituale per i successivi tre anni. Quella prima volta abbiamo cercato di memorizzare tutto, creandoci già degli utili punti di riferimento. Per le mie bambine è stato importante vedere che, tutto sommato, avrebbero trovato in Giappone cose simili a quelle lasciate in Francia, cosa sicuramente rassicurante. Anche solo il fatto di aver trovato al supermercato i loro biscotti preferiti, benché ad un prezzo spropositato (ma di questo loro non se ne sono rese conto), aiutava nella transizione. La gita al supermarket, come prima tappa nella scoperta del nuovo, è un

CAPITOLO 2

classico per molti expat. *"La prima cosa per me è sempre stato il supermercato, o il mercato. Devo capire rapidamente come gira il discorso del mangiare, perché una tavola su cui si mangia bene e in allegria è fondamentale per affrontare il resto. Poi mi piace esplorare il quartiere in cui vado a vivere, ma ancora più importante per me è sempre stato stringere rapporti con persone che vivono sul posto, soprattutto espatriati, perché so che gli espatriati mi sanno dire e indicare esattamente quello di cui ho bisogno all'inizio. Quindi quello che cerco di fare quando arrivo è di entrare in contatto (un tempo telefonicamente, adesso via mail o FB) con le persone che mi hanno risposto e seguito prima che arrivassi."* Claudia L.

Toccare con mano quello che la nuova città può offrirci dal punto di vista alimentare è indispensabile. Cambiare Paese e contesto è un conto, ma cambiare le proprie abitudini alimentari è tutt'altra cosa. Quando sono arrivata in India ero già conscia che non avrei trovato la stessa ricchezza di prodotti nei supermercati alla quale ero abituata. Sono entrata nel piccolo market senza grandi aspettative e, benché non ne avessi, scoprire che veramente sarebbe stato quasi impossibile fare la spesa di prodotti ai quali eravamo abituati, è stata dura. Poi pian piano, giorno dopo giorno, chiedendo qua e là , sono riuscita a scoprire i posti dove andare. Non è stato semplice e ho dovuto tirar fuori energie enormi, partendo alla scoperta di posti anche lontani. Alla fine però avevo il mio lungo itinerario di spesa, che portandomi da una parte all'altra della città, mi permetteva di rientrare a casa abbastanza soddisfatta delle mie compere.

"Trovare cosa mangiare e iscriversi ad un corso di lingue sono le due cose indispensabili." Marie Pierre S. Dopo aver riempito il carrello, lo sforzo successivo è la comunicazione. Per integrarsi si deve comunicare e non è sempre facile. Non sempre si parla la lingua del posto o la si parla in maniera sufficiente. A volte la si parla bene, ma il nuovo contesto può spogliarci delle nostre capacità di comunicazione e rendere il tutto più difficile. Iscriversi ad un corso permette anche di incontrare gente, e molto spesso le persone che frequenteranno il corso saranno stranieri come noi, nei quali trovare appoggio e solidarietà.

≈

La storia di Giulia, assolutamente digiuna di francese

Quando siamo arrivati a Parigi, dopo tre anni passati a New York e due a Londra, di colpo mi sono trovata davanti al grosso problema della comunicazione. Quando

Arrivati a destinazione

partì per gli Stati Uniti parlavo sufficientemente bene inglese da non avere problemi nel quotidiano. Il francese non l'avevo mai studiato e benché fossi motivata e volenterosa, mi accorsi subito che sarebbe stata dura. Tre mesi dopo il nostro arrivo mi sembrava sempre di essere appena sbarcata, sorridevo a tutti senza assolutamente capire nulla. Ovviamente questo creava dei grossi problemi di socializzazione a me e di riflesso alle mie figlie. Era difficile accettare inviti, per il semplice motivo che non capivo neanche che mi venissero rivolti! Quando ho incominciato a vedere che mia figlia di 4 anni incominciava a darmi una mano nei negozi, mi sono detta che dovevo prendere la situazione in mano e trovarmi un corso di francese che mi permettesse di assimilare in fretta delle basi necessarie per la sopravvivenza. Informandomi ho scoperto un corso organizzato nella biblioteca di quartiere. È stata la mia salvezza. L'insegnante era giovane e dinamica, il gruppo di studenti molto eterogeneo, ma aperto e simpatico. Mi accolsero benissimo come ultima arrivata facendomi sentire subito parte del gruppo. Certo la lingua l'ho trovata ardua e sono convinta che alla fine non diventerò mai scioltissima come lo sono in inglese, ma adesso, sei mesi dopo, riesco a sbrogliarmela nei negozi senza il supporto della mia quattrenne, ed è per me una grande soddisfazione. La cosa più bella del corso è stato incontrare altri stranieri come me, alcune mamme con le quali sono diventata amica. Donne che avevano più o meno il mio stesso percorso di vita lontano dal loro Paese, e che conoscevano tutti i problemi annessi e connessi con l'arrivo in un posto nuovo del quale non si conosce la lingua. Il corso, che continuo tutt'ora non solo mi ha sbloccata nella comunicazione (adesso rivolgo la parola anche alle altre mamme dell'asilo) ma mi ha anche dato la possibilità di conoscere gente e di ricreare dei rapporti di amicizia. Con il senno di poi mi dico che avrei dovuto comunque incominciare da subito o addirittura prima di arrivare, tanto per avere già un piccolo kit di sopravvivenza linguistico che mi avrebbe fatto tanto comodo nei primi tempi. Comunque non potendo tornare indietro mi applico adesso a progredire e al di fuori del corso continuo a praticare, sia con le mie nuove amiche straniere come me, che con la gente che pian piano incontro. Ogni tanto, soprattutto i francofoni, mi guardano perplessi, probabilmente dico cose incomprensibili, ma non è grave, sbagliando si impara.

Scoprire la nostra nuova città e ricostruire una rete sociale sono i primi passi da fare per raggiungere in fretta un buon equilibrio. Una volta scoperto a grandi linee l'indispensabile su ciò che il nuovo mondo

CAPITOLO 2

può offrirci, e su ciò alla cui mancanza dobbiamo rassegnarci (certe cose non le avremo più, pazienza!), il passo successivo è avere qualcuno su cui contare in caso di bisogno. Non parliamo di amicizie all'inizio, quelle arriveranno con il tempo, le costruiremo pian piano, ma l'importante è **creare una rete di contatti**, anche se microscopica, indispensabile per sopravvivere. *"Ho "lavorato" sulla rete sociale, vecchia e nuova, sistemato la casa in affitto dalle posate ai letti (non avevamo nulla), la settimana dopo l'arrivo i bambini erano già a scuola."* Maria Luisa S.

In questo senso **i gruppi e le associazioni di espatriati**, dove esistono, sono indispensabili. *"Fondamentali per me come primo approccio e contatto. Sono loro che possono capire le tue esigenze e dubbi e darti ottimi consigli."* Sabrina C.

Per muovere i primi passi, **incontrare altri espatriati** che si sono trovati ad affrontare, prima di noi, nello stesso contesto-Paese, le stesse problematiche, è di grande aiuto. Perché soffrire da soli e cercare di risolvere problemi che a volte potrebbero demoralizzarci, quando ci sono gruppi pronti ad aiutare e creati apposta?

Non si è più eroici nel proprio espatrio, a meno che non sia strettamente necessario, a cavarsela da soli. *"La maggior parte dei gruppi expat hanno dei siti web estremamente ben fatti, una miniera d'oro d'informazioni, delle mailing list che permettono di fare domande, editano guide con indirizzi utili e consigli per installarsi. Hanno persone contente di portarvi in giro a scoprire il vostro nuovo quartiere."* Anne S.

Questi gruppi possono piacere o no, e in seguito non si è obbligati a frequentarli. L'importante è rendersi la vita più semplice all'inizio, quando ci sono tante cose a cui pensare e soprattutto quando emotivamente si è più fragili. Essere alleggeriti dalla ricerca di certe cose, approfittando del lavoro fatto da altri, può aiutare a mantenere alto il morale e a concentrarci sul nostro benessere psicologico e su quello della nostra famiglia. Quando a Tokyo mi sono occupata dell'accoglienza delle nuove famiglie francofone che arrivavano nel nostro quartiere, insieme con un'amica, abbiamo creato un piccolo libricino corredato di foto, per aiutare a districarsi nell'universo dei prodotti giapponesi e per capire in che negozio comperare cosa. Ho messo su carta tutto ciò che avevo faticato a trovare o anche solo a riconoscere, come il latte (impossibile non leggendo in giapponese capire quale fosse il latte, senza neanche aver pretese di cercare scremato o parzialmente scremato). Ho voluto agevolare chi arrivava dopo di me, ritenendo importante trovarsi un po' di "pappa pronta" senza troppa fatica.

Può essere utile, se l'azienda non lo propone, richiedere **un sostegno logistico** per tutte quelle che sono le procedure burocratiche da fare: apertura di un conto in banca e dei vari contratti, acqua, luce, elettricità, assicurazioni varie, eventuale conversione della patente. Tutte cose fattibili se si può comunicare senza barriere, più complesse se la barriera linguistica è forte. Quando siamo arrivati in Giappone, l'azienda aveva messo a nostra disposizione un servizio estremamente efficiente e, per fortuna, sarebbe stato veramente difficile sbrogliarsela senza una parola di giapponese. All'inizio è indispensabile, poi certo con il tempo è necessario imparare a cavarsela da soli. I **primi giorni se si è alleviati dal peso psicologico delle difficoltà di comunicazione sicuramente ci saranno meno rischi di negativizzare la situazione.**

Storia di Judith e il suo arrivo difficile a Shangai

Pensavamo veramente di esserci preparati a tutto ed invece appena atterrata mi sono resa conto che non sarebbe stato per nulla facile. Anche se ormai a Shangai ci sono tantissimi stranieri, che lo fossimo anche noi era lampante, e già questo è servito per mettermi a disagio.

La casa l'avevamo scelta in fretta e furia, per paura di dover stare troppo in albergo, appena entrati stanchi e tesi, l'impatto è stato pessimo. Molto meno bella di quello che ci era parso quando l'avevamo scelta un paio di mesi prima, cupa, triste, vuota. Seduti lì su un divano che non era il nostro, preso in affitto nell'attesa di comperare dei mobili nostri, ci siamo chiesti se ce l'avremmo mai fatta. Certo sapevamo che non sarebbe stato semplice, ma di colpo eravamo immersi in questa realtà che fino al giorno prima avevamo solo immaginato e non la sentivamo nostra. Sapevo che Phil avrebbe incominciato a lavorare un paio di giorni dopo e io mi ero ripromessa di mettermi subito in contatto con qualche scuola di lingue per vedere se avevano bisogno di insegnanti. Di colpo però il tutto mi è sembrato ingestibile, io alla ricerca di un lavoro, in un posto così, io alla ricerca di amici? Non me la sentivo più. Come tutti gli uomini mio marito era molto meno emotivo di me, o forse cercava di non mostrare la sua angoscia per proteggermi, chissà. Mi diceva non ti preoccupare siamo appena arrivati. Le prime settimane sono state un incubo, non avevo neanche voglia di uscire di casa. Almeno avessi un bambino, mi dicevo, sarebbe tutto più semplice, i contatti,

CAPITOLO 2

le amicizie, e avrei qualcosa da fare. Invece ci eravamo sempre detti di aspettare e di goderci un po' la vita. Quanto avrei voluto tornare indietro, fare scelte diverse. Dopo un mese la situazione non poteva più continuare, Phil lavorava parecchio tutta la settimana e aveva incominciato a frequentare qualche collega non cinese. Una sera rientra a casa dicendomi che aveva conosciuto un ragazzo tedesco e sabato avevamo un invito da lui per una cena. La cosa assurda era che anziché essere felice, fare i salti di gioia e incominciare a prepararmi con qualche giorno di anticipo, non avevo voglia. Avevo paura. E poi è arrivato sabato, il collega e la moglie abitavano in una zona simpatica, una bella casetta. Erano una coppia più o meno della nostra età, con un bambino di pochi mesi. Erano a Shangai da un paio d'anni e avevano l'aria felice. Mi sembrava impossibile. La cena è stata simpaticissima. Parlando con gli altri invitati mi sono resa conto di come ci fosse un mondo al di fuori della mia porta di casa, un mondo nel quale avrei dovuto tuffarmi e di cui avrei potuto gioire.
Già solo il fatto di aver chiacchierato per una serata intera con qualcuno che non fosse Phil mi ha resa felice, avere poi 4 numeri di telefono registrati nel mio cellulare mi rendeva ancora più euforica: sapevo che avrei potuto chiamare qualcuno avessi avuto voglia di uscire a bere qualcosa. Di colpo le mie giornate sono diventate meno monotone, ho incominciato a frequentare altri espatriati come noi, mi si è aperto un mondo. Il senso di solitudine mi ha abbandonata e ho ricominciato a vivere. Ammetto che continuo a non essere una fan sfegatata della vita in Cina, ma adesso dopo un anno posso dire che la mia vita qui non mi dispiace affatto e che se forse non mi fossi chiusa in casa per quel primo mese, sarebbe stato meglio!

I consigli degli espatriati che prima di noi hanno affrontato certe difficoltà saranno sicuramente di grande aiuto. Nelle grandi città esistono spesso gruppi di accoglienza, come le associazioni di donne italiane,[1] o i gruppi di *Accueil des villes françaises* (che poi non sono più francesi, essendo all'estero ma ne mantengono il tipo di funzionamento). Grazie ad internet e ai diversi social network, si possono trovare gruppi di italiani, francesi,

---

1. I gruppi D.I.V.E. per esempio, o le associazioni di donne italiane che gravitano intorno alle Ambasciate (Tokyo http://www.donneitalianeatokyo.it/; Hong Kong, http://www.iwa.org.hk/en; l'Assodonne a Shangai http://www.assodonneshanghai.org/; a Singapore l'Italian Women's group, per citarne alcuni). I diversi gruppi e associazioni di italiani nel mondo http://www.comites-it.org/. Sui siti dei consolati italiani si possono trovare informazioni al riguardo.

inglesi un po' ovunque, pronti ad accogliere e a rispondere alle domande dei nuovi arrivati.

Globalmente gli italiani sono meno strutturati, e non dappertutto è facile reperire gruppi parlanti esclusivamente italiano. Molto più organizzati e presenti veramente ovunque sono i gruppi francofoni. I francesi hanno il gran pregio di saper ricreare all'estero un loro piccolo mondo, con mille sfumature e molto accogliente. Questo è anche dovuto al fatto che un po' ovunque nelle grandi città sparse nel globo esistono dei licei francesi, e intorno ad essi viene ricostruita una rete molto attiva di accoglienza.[2] Quando vivevo a Tokyo entrare a farne parte, usufruendo del sostegno iniziale, e restituendo poi il servizio, occupandomi a mia volta dell'accoglienza nel mio quartiere, è stato veramente fondamentale per muovere i primi passi e i successivi. Nei primi caffè organizzati da Tokyo Accueil e nelle successive attività proposte dalle varie associazioni che vi gravitavano intorno, ho trovato importanti punti di riferimento, oltre che amicizie sincere.

Partecipare a gruppi di scambio, come ad esempio i book club, proposti spesso in varie lingue, è anche un modo facile per entrare in contatto con nuovi amici, con i quali si condividono interessi particolari.

Questi gruppi hanno tutti la stessa vocazione, quella di accogliere con entusiasmo, ovviamente sta poi a noi fare i passi successivi, creare il contatto, fare leva su noi stessi per tuffarci in quello che ci propongono. Il risultato sarà un espatrio con il sorriso. Non sono la chiave della riuscita, ovviamente, ma un buon aiuto e una buona spinta per incominciare nel verso giusto.[3]

Farsi aiutare e chiedere consigli non deve essere visto come una sconfitta, ma come un modo per facilitarsi la vita, il che rende il tutto più semplice.

I gruppi expat sono *"un punto di riferimento importante e un bacino a cui attingere*

---

2. Interessanti i diversi Accueil che si possono trovare in molte città del mondo, sulla scia dell'Accueil des villes fraçaises, che si occupa di accoglienza delle nuove famiglie che si installano nelle diverse città francesi. La struttura è un po' la stessa, con diverse attività organizzate, oltre che un supporto logistico e una capacità abbastanza immediata di rispondere alle domande che un nuovo espatriati puó porsi. Da New York a Hong Kong, da Tokyo a Singapore, da Londra ad Atlanta, da New Delhi a Dubai, da Kuala Lampur a Sidney, per citarne alcuni. Sui siti dei consolati francesi si possono trovare diverse informazioni.
3. Intorno alle British School, anch'esse presenti molto spesso nelle grandi città del mondo, ci sono gruppi anglofoni di accoglienza. Anche qui la scelta è vasta. Interessanti i siti http://britishexpats.com e http://britisabroda, interessante forum dove trovare risposte a tutte le domade!

CAPITOLO 2

per farsi delle amicizie. In alcuni Paesi (ad esempio in Honduras) mi sono serviti anche per farmi una bella esperienza a livello professionale, e in altri (ad esempio in Perù e Palestina) per conoscere aspetti e cose del paese che non avrei magari mai scoperto se non attraverso di loro." Claudia L.

Non si deve mai sottovalutare che quando si è lontani dalla propria famiglia è estremamente importante ricreare dei legami. Essere in un posto nuovo, dover superare tutte le difficoltà senza una valvola di sfogo "sociale", rischia di essere troppo difficile. Avere sin dall'inizio due o tre punti di riferimento con i quali poter anche discutere delle nostre difficoltà è utilissimo.

Se si fatica molto i primi tempi non ci si deve nascondere dietro la paura di parlarne per apparire in modo sbagliato agli occhi di chi ci circonda. Se vista dall'esterno l'espatriazione può sembrare facile e senza diritto alla lamentela, vista da chi la vive appare con tutte le sue complessità.

"Non si deve avere paura di parlarne, anche ad uno psicologo se serve. Mi è successo arrivando in Vietnam e fortunatamente, viste le dimensioni della comunità francese, ce ne sono parecchi e anche specializzati in patologie legate all'espatriazione. Avere a disposizione un professionista che aiuta a rimettere le cose nella giusta prospettiva e che spiega certi meccanismi, è importatissimo." Anne S.

Molto spesso proprio chi vive nel nostro stesso contesto riuscirà ad aiutarci di più, molto di più della nostra famiglia rimasta a casa, o degli amici nel nostro Paese. Anche se loro possono capire le nostre difficoltà, non possono avere lo stesso sguardo sulla nuova situazione che stiamo vivendo, non potranno avere la soluzione giusta, né forse le parole che ci si aspetta in queste situazioni. Visto da chi non lo vive l'espatrio appare sotto un'altra ottica, il filtro sarà diverso. Quando ero in India le immagini che arrivavano in Italia della nostra vita indiana erano estremamente soleggiate. Spiagge a perdita d'occhio, piscine sotto le palme, autisti in camicia bianca e stuoli di donne tutto fare. Dietro tutto questo però c'era un Paese duro, con molta miseria che saltava agli occhi, con tantissime piccole quotidiane difficoltà, che neanche la presenza di una *maid*[4] 12 ore al giorno potevano alleviare. Ma questo solo gli altri expat, confrontati al monsone per dieci giorni di fila, ai ratti per casa, al serpente in giardino, ad internet che non funziona, e ai 40 gradi costanti, potevano capirlo e

---

4. Donna delle pulizie.

vederlo sotto la giusta luce.

Se **molti gruppi di espatriati** hanno più che altro la vocazione dell'accoglienza, se ne possono trovare anche tanti altri **utili a livello professionale**, che possono darci la temperatura sui business possibili nel nuovo Paese. Molti organizzano periodicamente incontri o eventi interessanti.[5]

Confrontarsi con chi da più tempo lavora in certi contesti è utilissimo. Aiuta a capirne più in fretta i meccanismi, perché lavorare a Torino, a Parigi o a New York non è assolutamente lo stesso, perché avere a che fare con gli Indiani o con i Coreani implicherà comportamenti diversi.

Lo spirito positivo e la voglia di scoprire e aprirsi agli altri, sono gli elementi fondamentali da portarsi dietro e da tirar fuori dalle nostre valigie. Senza spirito positivo e voglia di scoprire e integrare il nuovo, non potranno servirci né i gruppi di accoglienza né i caffè ben organizzati.

Siamo noi a dover tirare fuori la **volontà di integrarci e di integrare**, siamo gli unici artefici del nostro espatrio anche se tutto intorno vari elementi possono facilitarci la vita.

Come dice Alessandra G. per gestire al meglio il passaggio dal vecchio al nuovo ci vuole *"spirito di adattamento, un po' di coraggio e tanta, tanta pazienza!"*
L'entusiasmo e l'ottimismo sono poi indispensabili per superare le prime difficoltà. *"Sono in genere un'entusiasta di natura e quindi ogni volta che cambio città o Paese mi tuffo con occhi benevoli alla scoperta del mio nuovo mondo. È una sensazione strana di euforia, di rinascita, di tutto possibile che mi prende ogni volta."* Sabrina C.
L'euforia dei primi giorni ci aiuta molto ad affrontare i primi scogli, spinti dall'entusiasmo tutto sembra più facile, dobbiamo approfittare in pieno di questa fase di slancio per renderci la vita più semplice nel momento in cui arriveranno le fasi più dure: costruiamo delle basi solide grazie a queste energie positive dell'inizio, per approfittarne poi nel momento in cui tutto ci sembrerà meno roseo.

Un primo passo verso una transizione riuscita dal mondo conosciuto al nuovo tutto da scoprire, è **cercare di non ricreare a tutti i costi**

---

5. Per citarne alcuni http://www.eurocircle.com/euro/ comunità internazionale di europei che vivono e lavorano all'estero. organizza eventi in diverse città.
http://www.businessclubitalia.org/it a Londra, organizza incontri, tavole rotonde, su tematiche varie, scambi tra la comunità italiana attiva nella City e i protagonisti dell'economia italiana.
http://www.baia-network.org/ la business association Italy-America, organizza incontri e eventi.

CAPITOLO 2

quello che ci si è lasciati alle spalle, ma fare in modo di tuffarsi nell'avventura senza grandi nostalgie per il passato, liberi da strutture precostituite legate al nostro Paese o al Paese che ci ha ospitati in precedenza, per essere più malleabili nell'integrare la nuova cultura.

"Non ho cercato in nessun modo di riprodurre il mio piccolo universo francese a Tokyo, senza comunque cadere nell'eccesso di voler vivere a tutti i costi come un giapponese."
Armelle T.

Se si resta legati al prima costruire il presente sarà più complicato, vivremo nel confronto continuo, cercheremo cose che il nuovo Paese non potrà darci. *"In Belgio avevo sottovalutato lo spostamento. Essendo un Paese francofono e vicino a Parigi, credevo fosse tutto uguale alla Francia. E mi sono scontrata con la belgitudine, giustamente un Paese che ha la sua identità, i suoi usi. Quindi l'inizio è stato faticoso perché facevo continuamente paragoni e Bruxelles ne usciva perdente. Una volta accettato il fatto che fossero due città diverse con anime diverse mi sono riappacificata con il Belgio ed ora adoro vivere qui."* Piera B.

Non possiamo certo eliminare con un colpo di spugna i valori trasmessi dalla nostra cultura, né quelli eventualmente acquisiti nelle nostre tappe successive di vita, possiamo però lasciare spazio alle novità senza rinchiuderci a priori, rifiutando ciò che è diverso.
Non si deve neppure avere fretta che tutto torni subito come prima. Ci vuole del tempo! Ogni Paese ha le sue particolarità, ce ne sono di più facili al primo approccio ma che possono diventare ostici nel tempo, e ce ne sono di duri sulla carta, che poi invece affrontiamo con facilità.
"All'inizio ero impaziente, e soffrivo parecchio durante i primi tempi perché avevo la pesante sensazione di non riuscire a penetrare il nuovo luogo, adesso, se ancora la provo, mi mantengo molto calma perché so che è solo questione di tempo e passerà."
Anne G.

> **Tempo, energie, apertura verso gli altri, curiosità, pazienza, capacità di chiedere aiuto, voglia di scoprire le differenze, socializzazione: ecco alcune chiavi per bene iniziare l'integrazione nel nuovo Paese.**

Per riassumere i sentimenti che ci dominano quando si arriva in una

Arrivati a destinazione

città, riprendo la citazione di Anne G. dal film *L'Auberge Espagnole*, dove il monologo di Xavier, il protagonista, ben riassume i sentimenti che animano gli espatriati quando arrivano in una nuova città
«*Quand on arrive dans une ville, on voit des rues en perspective. Des suites de bâtiments vides de sens. Tout est inconnu, vierge. Voilà, plus tard on aura marché dans ces rues, on aura été au bout des perspectives, on aura connu ces bâtiments, on aura vécu des histoires avec des gens. Quand on aura vécu dans cette ville, cette rue on l'aura prise dix, vingt, mille fois. Au bout d'un temps cela vous appartient parce qu'on y a vécu.*"[6]

Altro freno i primi tempi in un nuovo Paese è l'assoluta ignoranza dei **meccanismi sociali e comportamentali** che lo dominano. Un Paese lo si scopre nell'intimo solo quando lo si vive come abitanti e non il tempo di una vacanza. Se come turista gli elementi che ne regolano le relazioni possono sfuggirci e non interessarci, come neo residente invece l'appropriarsene deve essere una priorità. Spesso nei meccanismi di relazione sociale si tende a rimanere attaccati a vecchie abitudini, crearne di nuove richiede energie. Arrivata in America con una figlia adolescente, il primo consiglio che le ho dato è stato di smettere di rimanere attaccata ai meccanismi di socializzazione, per lei automatici, che aveva utilizzato in Francia nei tre anni precedenti. Non sarebbe stata capace di aprirsi ai coetanei applicando regole sconosciute nella sua nuova scuola. Doveva osservare l'interazione degli altri e mettersi sulla stessa lunghezza d'onda. Non è facile. All'inizio ci mancano le reazioni giuste, i comportamenti adeguati e dobbiamo far nostri riflessi sconosciuti, ma lo sforzo è indispensabile, anche se già sappiamo che l'espatrio successivo tutti questi meccanismi saranno da riporre in un cassetto perché non più corrispondenti al nuovo contesto.
In Giappone non ci si dà la mano, ci si inchina, ma non troppo. È un riflesso tutto da costruire per noi che siamo occidentali. Tendere la mano mi sembrava automatico fino al mio arrivo a Tokyo. Da quel giorno in poi ho incominciato a fare tabula rasa e a inchinarmi con entusiasmo. Mi ci è voluto del tempo poi per perdere l'abitudine a farlo. Agli inizi del

---

6. Quando si arriva in una città si vedono le strade in prospettiva. Un susseguirsi di edifici privi di significato. Tutto è sconosciuto, vergine. Ecco, più tardi conosceremo quegli edifici, vivremo delle storie con delle persone. Quando avremo vissuto nella città, quella strada l'avremo presa dieci, venti, mille volte. Dopo un po' tutto questo vi apparterrà, perchè l'avrete vissuto.

CAPITOLO 2

nostro espatrio indiano, successivo al Giappone, mi veniva automatico chinarmi. Quando vivevo in Francia, invece, avevo faticato ad assimilare lo sbaciucchiamento continuo al quale si sottopongono i francesi. Quando ci si presenta ad uno sconosciuto in contesti non professionali, ci si bacia con due, tre, quattro baci a seconda delle regioni di Francia, quando per noi italiani il bacio sulla guancia è riservato agli amici che spesso non vedi da un po'. Alla fine è diventato, proprio come l'inchino in Giappone, un riflesso legato alla nuova cultura, importante per sentirsene parte.

Sulla carta lo sforzo da fare sembra titanico, in realtà una volta che si è in una nuova città è molto più semplice acquisirne i meccanismi di funzionamento e adeguarci alle abitudini locali.

Quando si è immersi completamente in una nuova cultura l'assimilazione è rapida, soprattutto se si ha la volontà di guardare avanti.

"Osservare le regole di vita e i comportamenti dei locali è importante, comportarsi allo stesso modo senza esagerare. Non mettere il kimono a Tokyo a tutti i costi, quando i giapponesi stessi non lo mettono nel quotidiano." Armelle T.

Non si deve sottovalutare, dopo il primo periodo di entusiasmo, **lo shock culturale** che spesso arriva con la reale scoperta del nostro nuovo Paese.[7] All'inizio si vive una specie di fase di innamoramento, difficile vedere i difetti, si è concentrati, tutto sommato, sul trovare il positivo, il bello, quello che corrisponde a ciò che cerchiamo (e a trovarlo a volte a tutti i costi). Poi arriva inevitabilmente la fase in cui si aprono gli occhi e si vedono i difetti o, meglio, le grosse differenze culturali: lo shock. Se proprio nella differenza sta la ricchezza della nuova esperienza di vita, i primi tempi può essere difficile superare questi aspetti che consideriamo negativi, o comunque talmente nuovi e lontani da ciò che conosciamo, da sembrarci inassimilabili. Ma nessuno, neanche dopo vent'anni in un Paese straniero, è obbligato ad integrarne tutte le sfaccettature e ad accettarle, si può restare critici in modo costruttivo.

Dopo oltre 4 anni in America ho già capito quali sono gli aspetti di questa cultura che non voglio assolutamente integrare: non sarà difficile sopravvivere qui imponendo a me stessa di non uscire mai e poi mai in

---

[7] Argomento approfondito nel capitolo 5.

Arrivati a destinazione

pigiama al supermercato (perché per me questo è uno degli aspetti più difficili da digerire qui, ma ci convivo sorridendone).

Un modo interessante per conoscere certi meccanismi più complicati della nuova società di cui siamo entrati a far parte, **è tuffarsi nella lettura di autori locali**, i soli a poter veramente tracciare un quadro preciso del mondo nuovo del quale dobbiamo conoscere tutto il più in fretta possibile.

"Una volta lessi in un libro di antologia australiana che non puoi conoscere davvero la cultura di un popolo se non leggi i suoi libri. Sono completamente d'accordo..." Alessandra G.

Ci si può preparare alla partenza scoprendo qualche autore del nuovo Paese, o decidere di vivere un po' la nuova realtà prima di affrontarne la letteratura *"Fino a Gerusalemme preferivo lasciar passare un po' di tempo prima di tuffarmi a leggere autori del posto. Leggere Vargas Llosa quando avevo già conosciuto Lima e la classe alta limeña ha avuto tutto un altro sapore. A Gerusalemme invece ho cominciato a leggere prima di partire perché avevo la sensazione che sarei atterrata in un luogo estremamente complicato e di difficile lettura, e devo dire che mi è servito molto, perché sono arrivata già con un bagaglio di informazioni utili - e collocarle è stato relativamente facile. Qui a Jakarta ho cominciato subito a leggere un autore indonesiano molto famoso e devo dire che mi è piaciuto tantissimo, anche perché nel suo romanzo fa riferimento a un periodo storico ormai concluso (quello coloniale) e quindi non ho avuto la sensazione di magari non riuscire a collocare quello leggevo nella realtà quotidiana."* Claudia L.

Per me la scoperta della letteratura giapponese è stata di grande aiuto per penetrare una cultura così ricca e interessante, ma anche così diversa dalla nostra occidentale. È stato proprio il nostro soggiorno in Giappone a darmi questa voglia di scoprire un Paese attraverso i suoi autori, nelle pagine dei loro libri vengono messe a nudo le particolarità della società nipponica. Interessanti per questo tipo di approccio sono i book club. Ritrovarsi a discutere tra persone di culture diverse sulla nuova cultura che ci ospita per me è stato utilissimo. Gli argomenti trattati in un libro non vengono infatti percepiti allo stesso modo a seconda del proprio background culturale. A Tokyo partecipavo ad interessanti atelier di lettura nel quadro di un gruppo, *Les Amies de langue française*, costituito per metà da giapponesi parlanti francese e per l'altra metà da francofone (molte francesi, ma anche straniere come me con una buona conoscenza del francese). Ogni mese si affrontava la lettura di un testo diverso, di autore giapponese o di autore francese ma inerente spesso al Giappone. Ci si ritrovava poi per una bella mattinata di discussione, in cui gli scambi che ne nascevano erano estremamente costruttivi. Molto diversa era la percezione che avevamo dei singoli argomenti noi occidentali rispetto alle amiche giapponesi. Per me è stato fondamentale questo confronto mensile, per appropriarmi ancora di più di una cultura cosi intensa ma lontana dalla mia.

I gruppi come questo possono anche aiutare a creare relazioni con i locali, cosa a volte non semplice, soprattutto in Paesi in cui si tende a vivere, per oggettive difficoltà nell'integrazione o barriere linguistiche reali, in comunità espatriate. Questo spesso accade quando si gravita intorno alle scuole internazionali, dove si ha un po' la tendenza a rinchiudersi in gruppi omogenei più semplici da vivere, proprio perché non è necessario stravolgere di colpo tutti i propri meccanismi di socializzazione. Evolvere tra soli espatriati può aiutare all'inizio ma alla lunga può essere limitativo, e non solo perché ci si taglia un po' fuori dal mondo reale, vivendo in una sfera isolata, ma anche perché gli ambienti espatriati, dopo qualche anno rischiano di starci stretti.

Oltre agli autori, che ci *"permettono di impregnarci delle differenze per meglio capirle."* (Claude S.), anche la lettura **della stampa locale** ci dà una buona possibilità di apertura sul nuovo mondo. Capire cosa succede nel Paese che ci ospita, aiuta a interagire meglio con la sua popolazione, a coglierne le sfumature necessarie per una buona convivenza.

> **Non dimentichiamo mai che siamo noi ad essere gli stranieri in un nuovo Paese, sta a noi, e a noi soli, fare gli sforzi necessari per integrarci.**
> **Non possiamo sbarcare da qualche parte riproducendo gli schemi abituali e pensando che siano gli altri a doversi adattare.**
> **Nessuno si adeguerà a noi, non per intolleranza, ma perché nessuno nel proprio Paese deve cambiare abitudini.**
> **Siamo gli ospiti e dobbiamo in modo educato adeguarci alla situazione.**

Arrivati a destinazione

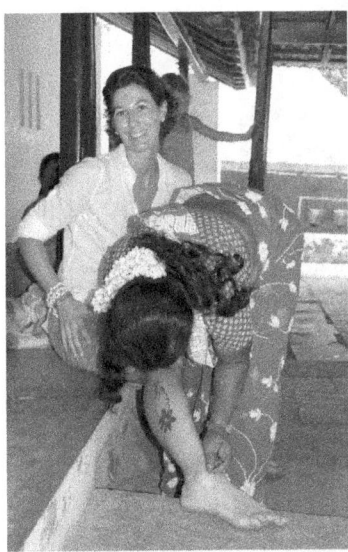

Il mio primo tatuaggio all'henné, Chennai agosto 2009.

Primo pranzo in India.

Le mie bambine al parco giochi indiano i primi giorni.

CAPITOLO 2

Primi giorni in Giappone.

Prime immagini di Chennai.

CAPITOLO 3

Espatriare in famiglia: non più una semplice avventura, ma un progetto di vita

Girare il mondo espatriando da un Paese all'altro è un'esperienza affascinante, una bella avventura da vivere da soli o in coppia, un'avventura straordinaria da vivere in famiglia.
Scoprire un Paese insieme ai propri figli e scoprirlo in modo così intenso, vivendolo dall'interno, appropriandosi di meccanismi e sfumature, è qualcosa che va ben oltre il viaggio avventuroso.
Scegliere di espatriare in famiglia è una scelta di vita difficile.
Scegliere di far nascere un figlio in un Paese straniero e di farlo crescere in un mondo diverso dal nostro d'origine, è, allo stesso tempo, una scelta complessa, entusiasmante e sofferta.
Complessa perché si è consci che la nostra decisione di vivere all'estero avrà delle ovvie conseguenze sulla crescita dei nostri ragazzi. Entusiasmante perché scoprire un Paese e la sua cultura tenendo per mano i nostri bambini è qualcosa di emozionante e totalmente coinvolgente. Sofferta perché decidiamo noi di dare ai nostri figli rapporti familiari sfilacciati nel tempo, nonni lontani con i quali relazionarsi via Skype, cugini coi quali giocare il tempo di una vacanza estiva, amici che cambiano continuamente, sfide continue per adattarsi.
Corriamo un grosso rischio tutto sommato scegliendo per loro, il rischio

CAPITOLO 3

che una volta diventati adulti ci rinfaccino questa decisione e questo modo di vivere vagabondo e, in apparenza, senza radici.

Sono contenta di averlo corso questo rischio e sono quasi sicura che le adulte in divenire che sono le mie ragazze non cambierebbero questa vita per nulla al mondo.

Qualche tempo fa mia figlia diciassettenne ha scritto per la scuola uno splendido testo che ben riassume i sentimenti di questi ragazzi come lei, nati e cresciuti all'estero, sballottati da un Paese all'altro, abituati ad essere l'ultimo arrivato nella classe, quello che tutti guardano in modo strano perché non ha ancora capito come il nuovo mondo funziona.

"La mia vita senza radici" mi ha fatto riflettere ma mi ha anche fatto sorridere vedendo come tutto sommato dietro la sofferenza di questo continuo spostarsi, ci sia entusiasmo per questa vita che le abbiamo regalato.

I believe in a life without roots. I believe in clean slates. In starting over. Fresh start, new page. I believe in never setting roots somewhere because sooner or later you'll just move away. This belief, I learned the hard way. I learned it by building lives in far of places, lives that would get kicked to the ground like the Lego skyscrapers of my childhood. A giant two years old seemed to destroy everything I wanted to create, my friends, my habits, my happiness. France, Japan, India... as I got dragged from place to place in a chaos of airplanes, packed belongings and lost friends. I wish it was a blur to me, how it hurts when you leave a life to start another. Like ripping a page out of the book to start writing a new story. My life felt like a mountain of discarded first drafts, crumpled and sad growing every year as I change houses and schools. But then I settled in somewhere and I forgot, I let my guards down, started to build things: new friends, new house, new place. Foolish child I never learned that everything I built would be taken away. And it hurts, it hurts like crazy when your blurry eyes catch that last glimpse of your best friend as the car drives away. It hurts when the emails stop coming and you find yourself stranded, forgotten in this new place. It hurts when you see others moving on in some separate dimension, as they find a new friend to replace you. I sound bitter, angry, sad but I'm not, at least not anymore. I used to be, a lot. But with time I learned to cope with it.

Moving means a lot of pain but it also means a lot of joy. I would have never experienced so many crazy things if my parents didn't decide that our family doesn't need to settle down in some boring little town... When I think about everything I would have missed out on, I'm thankful. Without my crazy family, I would never have watched Tom and Jerry in Japanese or known that a monkey still owns my little sister's bathing suit. I wouldn't know that being patted on the head by a massive elephant sends shivers down your spine. I would have never heard whales singing and certainly wouldn't have filmed a commercial for an Indian TV channel (the video still exists and is, to this day, my greatest shame). I'm almost a grown up now, in a few years I'll leave my parent's home and build a new life for myself. I'm not scared anymore. Experience has taught me that life is an adventure, you can choose to focus on the bad moments or you can just keep going. I believe in clean slates because it doesn't mean that I have to rip out all of the previous pages of the book, just that I get to write something new. Something better, bigger, bolder. I believe in this life without roots and I intend to make the best out of it. I believe in fresh starts because what really matters always stays. Even if I don't have a place to return to when my world seems to crumble down, I'm surrounded by the people I care most about. When I'm at my worst, I know that I'll always have my family and those few friends that always stay to cling to, as I go on living this crazy life. I might not have a real place to call Home but I have something way better than that, people that make me feel like I belong wherever I go. (Federica)[1]

---

1. Credo in una vita senza radici. Credo nella tabula rasa. Credo nel ricominciare. Nuovo inizio, nuova pagina. Credo nel non mettere radici da qualche parte, perché prima o poi, si dovrà andare via. Questa certezza l'ho imparata nel modo più duro. L'ho imparato costruendo le mie vite in posti lontani, vite che avrei distrutto come il grattacieli lego della mia infanzia. Un gigante di due anni sembrava voler distruggere tutto quello che volevo creare, i miei amici, le mie abitudini, la mia felicità. Francia, Giappone, India... così sono stata trascinata da un posto all'altro, in un caos di aeroplani, oggetti, amici persi. Vorrei non ricordarmi così nitidamente quanto fa male quando si lascia una vita per incominciarne un'altra. Come strappare una pagina da un libro per incominciare a scrivere una nuova storia. La mia vita sembrava una montagna di prime bozze rifiutate, spiegazzate che aumentava tristemente ogni anno, cambiando casa e scuola. Ma poi mi sistemavo in un posto e dimenticavo, Facevo cadere le mie difese, costruivo nuove cose: nuovi amici, una nuova casa, un nuovo mondo. Sciocca bambina, non ho mai capito che ogni cosa che costruivo sarebbe volata via. E fa male, fa male da morire, quando i tuoi occhi annebbiati si nutrono dell'ultimo sguardo della tua migliore amica mentre la macchina si allontana. Fa male quando le email smettono di arrivare e ci si ritrova soli, dimenticati in un nuovo posto. Fa male quando vedi gli altri continuare a vivere nel tuo mondo, dove trovano nuovi amici per rimpiazzarti. Questo può sembrare amaro, arrabbiato, triste, ma non lo è, o almeno non lo è più. Lo è stato, molto. Ma con il tempo ho imparato a fronteggiarlo. Traslocare vuol dire molta sofferenza, ma anche molta gioia. Non avrei mai sperimentato così tante pazze cose, se i miei genitori non avessero deciso che la nostra famiglia non era fatta per installarsi in qualche piccola noiosa cittadina... Quando penso a quante cose avrei perso, sono loro grata. Senza la mia pazza famiglia, non avrei mai guardato Tom e Jerry in giapponese o non avrei mai visto una scimmia impossessarsi del costume della mia sorellina. Non avrei mai saputo che ricevere una pacca sulla testa da un elefante ci da dei brividi lungo la schiena. Non avrei mai sentito cantare le balene e sicuramente non avrei mai partecipato ad una pubblicità per la televisione indiana (il video esiste sempre, ed è, al giorno d'oggi la mia più grande vergogna). Sono quasi grande ormai, tra poco tempo lascerò la casa dei miei genitori e costruirò una nuova vita da sola. Non ho paura. L'esperienza mi ha insegnato che la vita è un'avventura, puoi scegliere di focalizzarti sui momenti peggiori o decidere di andare avanti. Credo nelle tabula rasa, perché non penso che voglia dire che devo strappare tutte le pagine precedenti, ma semplicemente scrivere qualcosa di nuovo. Qualcosa di migliore, di più grande, di audace. Credo in una vita senza radici e ho voglia di tirarne fuori il meglio. Credo in una nuova partenza perché ciò che conta davvero rimane per sempre. Anche se non ho un posto in cui ritornare quando il mio mondo sembra sgretolarsi, sono circondata dalle persone alle quali tengo di più. Quando sono triste so che la mia famiglia ci sarà sempre e così quei pochi amici ai quali aggrapparsi, mentre continuo a vivere questa folle vita. Io so di non avere un posto da chiamare veramente casa, ma ho qualcosa di meglio, persone che mi fanno sentire bene ovunque io vada.

CAPITOLO 3

Ma chi sono questi bambini expat di cui si parla come **third culture kids**? Sono i figli di un groviglio di culture che si mescolano e si fondono l'una con l'altra, non appartengono a nessuna cultura e appartengono a tutte allo stesso tempo. *"Third culture kids are raised in a neither/nor world of their parents culture nor fully the world of the other culture (or cultures) in which they were raised. This neither/nor world is not merely a personal amalgamation of the various culture they have known. TCKs develop their own life patterns different from those who are basically born and bred in one place."* [2]

Sono i figli di questo girovagare continuo, di questo mettere radici in posti diversi dal nostro luogo di origine. Sono i nuovi a scuola il primo giorno, quelli che scrutano da lontano il resto della classe per capire chi è come loro, ci sono abituati! Sono aperti e socievoli perché per loro esserlo vuol dire sopravvivere, ma possono anche essere estremamente timidi perché hanno bisogno di tempo per capire i nuovi meccanismi di socializzazione. Ma possono apparire distaccati, sanno infatti che costruiranno rapporti destinati a finire, almeno in termini di quotidianità. Si adattano in fretta, perché non hanno scelta, hanno imparato le regole del gioco al secondo trasloco, non per questo non soffrono e non hanno paura.

Si impossessano di ogni cultura dal suo interno, non la sfiorano soltanto, l'approfondiscono nei dettagli, se ne impadroniscono completamente, amalgamandola con la loro, e poi con le successive. **Non saranno italiani, francesi, tedeschi o americani, saranno un qualcosa di diverso che racchiude in sé elementi importanti di ogni cultura. Avranno un background culturale che è proprio solo ai bambini come loro, diventeranno adulti anch'essi definiti third culture adults, proprio perché non potranno identificarsi in nessuna cultura in particolare.** Non vuol dire per questo non avere radici, possono semplicemente averne diverse, nel proprio Paese, trasmesse da noi genitori, nei Paesi in cui hanno vissuto, delle quali si sono appropriati. Non è detto che in questo mondo sempre più globale le radici debbano essere uniche. L'importante è sentirsi parte di un qualcosa, essersi appropriati di

---

2. David C. Pollock, Ruth E., Van Reken, *Third Culture Kids. Growing Up Among Worlds*, Nicholas Brealey Publishing. I *third culture kids* crescono non completamente nella cultura dei loro genitori e allo stesso tempo non completamente in un'altra cultura o in altre culture. Il loro mondo è, semplicemente, un miscuglio delle diverse culture che hanno conosciuto. Questi bambini sviluppano il loro proprio schema, diverso da chi è nato e cresciuto nello stesso posto.

meccanismi culturali profondi.

E questo i TCK lo fanno bene, perché pur essendo bambini di passaggio in un Paese, e lo sanno, se ne appropriano nel profondo vivendolo dall'interno. Non hanno un altro mondo nel quale rifugiarsi, sono obbligati quindi a ricostruire tutto nel nuovo.

I TCK sviluppano svariate competenze grazie proprio al "possesso" di diverse lingue e culture. Hanno notevoli capacità di adattamento, vedono il mondo che li circonda in maniera più globale, sono estremamente tolleranti nei confronti delle differenze, sono essi stessi il prodotto della differenza, hanno amici che provengono da orizzonti diversi, di varie nazionalità. Accettano la loro diversità e, di conseguenza, quella degli altri, con molta apertura.

Hanno delle fragilità questi bambini, come tutti i bambini, ma la più forte sta nel fatto che hanno un unico solo chiaro punto di riferimento, il proprio piccolo nucleo familiare. Il resto è lontano, fluttuante, variabile. Nonni, zii, cugini, ci sono, ma non a portata di mano. Gli amici cambiano, troppo spesso o sono lontani. **I genitori, i fratelli restano l'unica costante chiara e tangibile.** I legami sono forti perché cambia il contesto ma il nucleo familiare si sposta insieme, compatto, muove i primi passi all'unisono, affronta unito le prime difficoltà, nel momento più delicato, quando non si conosce nessuno e non ci si può appoggiare a nessuno.

Non tutto è facile per loro. Arrivare in una nuova classe, scoprire nuovi compagni, ricreare relazioni, sono sfide importanti. Si deve tener conto che molto spesso, anche se noi siamo lì con loro, devono fare gran parte del lavoro da soli, perché, nello stesso tempo, i genitori raccolgono le stesse sfide, professionali e sociali che siano, e sono concentrati nella ricostruzione del loro mondo.

Vivono nella costante ricerca di equilibrio tra la loro cultura di origine e le altre alle quali sono esposti, si fanno domande sulla propria identità, chi sono? Da dove vengo? E per trovare le risposte cercano di fondersi nella massa o di differenziarsene completamente, in un alternarsi continuo.

CAPITOLO 3

≈
Storia di Elena, bambina expat e adulta itinerante

Sono nata all'estero, a Madrid, da genitori italiani, ho vissuto fino alla fine del liceo in giro per l'Europa, Francia, Germania, Svizzera, Svezia e Spagna ovviamente dove ho passato i primi 5 anni della mia vita. L'Italia era il Paese dei nonni, degli zii, dei cugini e delle tante vacanze passate in allegria tutti insieme nella casa dei nonni paterni in Toscana. Ho trovato la mia dimensione vivendo all'estero. Non ho mai avuto voglia di andare a vivere in Italia, per me non era casa, io stavo bene dov'ero con i miei genitori e i miei fratelli. Loro erano il mio porto sicuro, il mio mondo sempre uguale che si muoveva regolarmente ogni tre, quattro anni. I miei genitori ci hanno sempre coinvolti nelle decisioni legate ad un nuovo spostamento, discutevamo insieme i pro e i contro del nuovo posto, per loro era importante che noi figli partissimo con lo stesso loro entusiasmo. Certo lasciare gli amici non era mai facile, ma vivevamo sapendo che sarebbe successo, sapevamo dal primo giorno in una nuova città, in una nuova scuola, che non sarebbe stato per sempre. Abbiamo imparato a godere molto di tutto quello che avveniva intorno a noi, proprio per questo senso di precarietà nel quale vivevamo. Attenzione però la precarietà non la vivevamo come una cosa sgradevole, faceva parte della nostra vita, arrivare in un posto, integrarsi, crearsi degli amici, imballare tutto e ripartire. Ho pianto spesso salutando le mie migliori amiche, ma sapevo che ne avrei trovate di nuove e sapevo anche che molte sarebbero rimaste. Certo i contatti non erano semplici come adesso con Facebook o tutto il resto, ma ci si scriveva ed era piacevole lo stesso. Aspettavo sempre con ansia e allegria le lettere delle mie amiche sparse qua e là. I miei genitori comunque ce la mettevano tutta per fare in modo che noi mantenessimo i contatti da una parte e che li ricreassimo in fretta dall'altra. La mamma si ingegnava il più possibile per organizzare incontri con gli altri bambini dal primo giorno. Il primo giorno d scuola quando arrivammo a Monaco di Baviera me lo ricordo ancora. Avevo 8 anni. La mamma cercò di tranquillizzarci molto dicendo che sicuramente alla fine della giornata saremmo usciti con tantissimi amici, noi 4 ci guardavamo un po' spaesati davanti alle tazze della colazione, nessuno aveva fame.
Eravamo silenziosi, ognuno di noi doveva nel suo intimo cercare le energie da tirar fuori per farcela e ricacciare indietro il pensiero dei nostri amichetti a Parigi che invece si sarebbero ritrovati di nuovo insieme. Entrando a scuola passammo alla segreteria per le ultime formalità, poi la direttrice disse che ci avrebbe accompagnati personalmente in classe uno alla volta e presentati ai compagni. Passai le due ore che ci separavano dalla ricreazione a pensare a quando avrei rivisto i miei fratelli per raccontare loro le mie prime impressioni. Per noi era importante ritrovarci e cercare insieme di darci coraggio,

in un certo senso. Sapevo in cuor mio che avrei ritrovato delle nuove amiche, infatti così fu, subito delle bambine della mia classe mi invitarono a giocare con loro, il grosso vantaggio delle scuole internazionali dove i bambini vanno e vengono e sanno accogliere i nuovi. Sapevo però anche che i miei fratelli erano gli unici veri punti d'appoggio, non solo fratelli ma anche compagni d'avventura. Con loro potevo essere più rilassata, non avevo bisogno di piacere a tutti i costi!

Ancora adesso che siamo adulti, tra di noi il legame è fortissimo, e credo che la forza che ci unisce nasca proprio da tutti i cambiamenti ai quali siamo stati sottoposti.

Quando ho preso da adulta lo stesso percorso di vita all'estero dei miei genitori mi sono sempre detta che avrei avuto più figli proprio per dar loro un compagno di giochi trasportabile, un bambino che avrebbe vissuto esattamente le stesse cose e ne avrebbe capito meglio il senso. I miei bambini sono ancora troppo piccoli, ma vedo già che si considerano dei punti saldi, un po' gli unici in questo mondo in perenne movimento. La famiglia diventa veramente centrale quando si espatria, un universo sicuro nel quale trovare conforto. Il fulcro di tutto.

Si deve **essere all'ascolto dei propri bambini expat, soprattutto nelle due fasi cruciali dello spostamento: partenza e arrivo**. Sono questi i momenti in cui le difficoltà saranno più forti. Chiudere una porta sul vecchio mondo per loro sarà difficile. È più complesso capire i motivi che spingono i genitori a farlo. Per loro discorsi di carriera, successo, realizzazione non hanno molto senso. Per un bambino ci sono delle certezze racchiuse nei pochi passi che dividono la casa dal parco, la scuola, dall'amico del cuore, smantellare tutto per progetti professionali non ha per loro un grande significato. Sarà molto più violento se non viene spiegato.

La partenza è un momento cruciale per i bambini e va preparata. Da quando il progetto di partire diventa concreto i bambini, anche piccoli, vanno coinvolti. Non saranno implicati nella fase decisionale, questo è un ruolo che spetta solo a noi genitori, ma una volta deciso, allora anche loro entrano nel vivo dell'azione. Parlarne con loro, aiutarli a capire quello che sta succedendo, spiegare il perché della partenza, visualizzare il posto nuovo, li aiuterà a integrare il tutto. Mostrare entusiasmo sarà la chiave che renderà più facile l'accettazione di una nuova vita da parte dei

CAPITOLO 3

nostri figli. **Dei genitori convinti delle proprie scelte faciliteranno l'accettazione nei bambini.**
Tranne nei casi in cui la partenza avviene precipitosamente in pochissimo tempo, è **importante prepararli con calma, dar loro tutto il tempo possibile per salutare luoghi e persone, per fare il pieno di affetti e immagini.** Funziona per noi e funziona per loro, e ne hanno forse ancora più bisogno, proprio perché non sono loro i motori di queste scelte di vita, ma sono costretti a seguire.
Prepararsi al trasloco coinvolgendoli è fondamentale. Far scegliere per esempio giochi e oggetti che vogliono assolutamente tenere, aiutarli a selezionare i ricordi, le foto, le piccole cose che hanno segnato il passaggio nel Paese in cui hanno vissuto. Se poi lo spostamento è il primo dovremo essere capaci di mostrare loro che chiuderemo solo una porta di casa, lasceremo il nostro Paese, ma gli affetti in esso rinchiusi e i solidi punti di riferimento rimarranno gli stessi. I nonni, gli zii e i cugini avranno sempre lo stesso posto nel nostro cuore, cambierà il quotidiano ma la qualità dei rapporti rimarrà la stessa. La stessa cosa per gli amichetti del cuore, sarà importante coinvolgerli, soprattutto se non sono bambini "sottoposti" alla stessa vita. **Per un bambino expat sarà più facile capire e integrare la partenza di un amico, anche lui sa che partirà. Per un bambino che non si è mai spostato la partenza è più difficile da interiorizzare, non potrà capirne pienamente il senso.**
Organizzare una bella festa di partenza invitando tutti gli amichetti è un buon modo per aiutare i nostri figli a voltare pagina. Il momento dell'addio diventerà gioioso e più facile da gestire. Uno degli ultimi ricordi sarà questo momento privilegiato con i propri amici, e sarà un qualcosa da conservare preziosamente nel proprio cuore.
È importante rendere partecipi i bambini e i ragazzi nelle varie tappe organizzative. C'è anche chi se li porta dietro nel viaggio di ricognizione, in modo che visualizzino in anteprima il nuovo. Noi non l'abbiamo mai fatto. Avevamo bisogno di ritrovarci noi due come adulti a valutare in quel momento tutti gli aspetti. Però nel momento di definire casa, scuola, e scelte di vario tipo abbiamo coinvolto le nostre ragazze, e questo anche quando erano piccine.
Scegliere, scoprire, valutare, sono processi importanti dai quali i bambini e ragazzi non devono essere tagliati fuori.

L'arrivo è un'altra fase delicata per i nostri giovani viaggiatori. Ritrovarsi in un mondo del quale non capiscono i meccanismi e non dominano i funzionamenti, è destabilizzante.
Essere il nuovo a scuola, ai giardini, al calcio, al corso di danza, è difficile, e lo è ogni volta, ad ogni nuovo spostamento.
Certo dopo la prima volta i bambini capiscono come funziona, conoscono le regole del gioco per integrarsi bene e in fretta, anche se non è detto che queste si applichino ad ogni gruppo e in ogni Paese.

Il primo giorno di scuola in un nuovo Paese mi mette sempre addosso un senso di insicurezza, che cerco di non trasmettere alle mie fanciulle. Mi metto nei loro panni e ho paura per loro. Le vedo muovere i primi passi incerti, ma con l'aria sicura. So che è difficile e lo è stato ogni volta. Attendo con ansia la prima uscita da scuola, convinta che, se saranno sorridenti, il primo importante passo sarà fatto. L'impatto del primo giorno è fondamentale, ci saranno poi i successivi pieni d'incognite, certo, ma se il primo approccio è stato positivo, il modo di affrontare il resto sarà psicologicamente più semplice.
In linea di massima l'impatto è più facile se i bambini entrano in una scuola internazionale o comunque abituata ad accogliere ragazzini espatriati. La differenza è importante. In scuole con molti bambini avvezzi al cambiamento, ci saranno in primis bambini molto più propensi ad accogliere i nuovi e a tendere loro una mano, essendo spesso stati anch'essi i nuovi e capendo il problema. C'è molta più apertura in questo senso. Gli adulti stessi hanno l'abitudine di confrontarsi con bambini che arrivano da posti diversi con il loro bagaglio di insicurezze e tutto quello che ne consegue. Avere insegnanti che conoscono i problemi legati ai cambiamenti di Paese e di scuola, è importante per aiutare l'integrazione stessa dei bambini.
Nelle scuole internazionali molto spesso l'accoglienza delle nuove famiglie è uno dei punti di forza. Tutti si fanno in quattro per rendere l'atterraggio sereno e quasi indolore. Riunioni d'informazione, caffè d'accoglienza, rete di supporto, e tantissime altre cose sono organizzate per fare in modo che chi arriva si senta subito parte di una comunità. E sentirsi parte di una comunità è veramente il primo passo verso il sentirsi bene nel nostro Paese d'accoglienza.

CAPITOLO 3

La lingua e le difficoltà di comunicazione sono per i nostri figli espatriati il primo vero ostacolo.
Essere il nuovo in classe non è facile, ma essere il nuovo che in più non parla e non capisce quello che gli viene detto è ancora più difficile.
Molto **spesso però siamo noi genitori ad essere spaventati dalla barriera linguistica per i nostri figli. Il nostro guardare all'apprendimento con occhi da adulto, ci porta a farci troppe domande su come i nostri figli potranno farcela, sottovalutando le grandi capacità di apprendimento dei bambini.**
Da piccoli si impara una lingua in modo estremamente naturale. Fino ai sette, otto anni, periodo in cui i bambini incominciano ad utilizzare in modo conscio nella loro lingua madre elementi di grammatica e sintassi, i bambini non si fanno domande, imparano una lingua senza soffermarsi a pensare alla sua struttura, esattamente come quando da piccolissimi si tuffano parola dopo parola nel mondo della comunicazione orale. Solo più tardi, appunto quando la nozione di struttura grammaticale diventa loro chiara, imparando incominceranno a chiedersi il perché, confrontando magari la nuova lingua con la propria per cercare di assimilarne le differenze. Non per questo l'apprendimento sarà più complesso, sarà semplicemente meno spontaneo, un po' meno rapido, ma porterà agli stessi entusiasmanti risultati.

Il bilinguismo spaventa. Il trilinguismo non ne parliamo.
Le paure sono molteplici, all'inizio la paura che i bambini non imparino la nuova lingua, successivamente la paura che dimentichino la loro lingua madre. Noi genitori abbiamo la capacità di rendere complicato ciò che è semplice, di spaventarci per ciò che è naturale, di farci domande quando invece dovremmo trovare le risposte guardando come i nostri figli avanzano spediti nel nuovo universo linguistico.
Ho 18 anni di bi e trilinguismo alle spalle come mamma. Sono io stessa il prodotto un po' strano di una famiglia bilingue. Ho da sempre intorno a me bambini che saltellano allegramente da una lingua all'altra con agilità ed entusiasmo. L'ho sempre vissuto in modo sereno, forse quasi incosciente. Non ho mai temuto che le mie figlie non imparassero la nuova lingua né tantomeno che l'italiano diventasse una lingua sconosciuta. Dall'inizio ho visto il loro bilinguismo come un enorme regalo, considerandone

esclusivamente gli aspetti positivi.³ **Un bambino bilingue ha molta più facilità nell'apprendimento delle lingue successive e la conoscenza di una lingua seconda aiuta al consolidamento di quella materna.** Gli studi sui bambini bilingue sono molteplici, nel tempo diverse teorie sono state riviste o si sono consolidate. Ma nonostante tutto il bilinguismo spaventava e spaventa ancora. Molti genitori vivono con la paura che i propri figli non parlino mai correttamente la loro lingua, nel caso di famiglia monolingue in un Paese di lingua straniera, o che la lingua di uno dei genitori, nel caso di coppie miste, diventi dominante.

Certo i bambini affronteranno le molteplici lingue in modi diversi. Ci saranno bambini che parleranno bene e in fretta anche tre lingue apprese contemporaneamente e altri che avranno bisogno di più tempo per appropriarsi veramente delle lingue nello loro molteplici sfumature, alla fine tutti i bambini parleranno in modo corretto le diverse lingue e non solo, ne domineranno anche le diverse sfumature.

Anche all'interno di una stessa famiglia non tutti i fratelli reagiranno allo stesso modo nei confronti dell'apprendimento delle diverse lingue alle quali sono sottoposti. I miei nipoti di madre italiana e padre inglese, vivono in un contesto francofono. La distinzione delle lingue è sempre stata chiara, la mamma parlava e parla italiano, il papa inglese e il francese era lasciato al contesto esterno, scuola e socializzazione. Con le due femmine non ci sono stati problemi, le tre lingue hanno fatto il loro percorso senza grandi ostacoli. Per il maschietto, il terzo del gruppo, l'inglese ha stentato ad uscire i primi anni, aveva capito comunque che poteva parlare in francese con suo padre o in italiano e lui l'avrebbe capito. Suo papà si è sempre rivolto a lui in inglese e alla fine un giorno il bambino ha deciso di parlare, come se nella sua testolina avesse capito che era il momento di tirar fuori la sua terza lingua.

Quando si parla di bilinguismo ci sono una serie di miti da sfatare, frutto di paure legate alla non conoscenza del multilinguismo.

Il bilinguismo di per sé non causa un ritardo di linguaggio. Il

---

3. Barbara Abdelilah-Bauer, *Le défi des enfants bilingues*, La Decouverte.
Interessanti spunti sul bilinguismo. Ci sono diverse forme di bilinguismo, il bilinguismo precoce e simultaneo, quando le due lingue sono presenti dalla nascita. Il bilinguismo precoce e consecutivo, se la seconda lingua è introdotta prima dei tre anni. Il bilinguismo tardivo, quando la seconda lingua viene introdotta dopo i 6 anni.

CAPITOLO 3

ritardo nel linguaggio è legato a cause diverse. Certo un bambino bilingue si trova ad affrontare due lingue contemporaneamente e di conseguenza, soprattutto nella fase in cui incomincia a formulare delle frasi, può avere un vocabolario che può sembrare meno sviluppato in una lingua, ma questo perché le lingue sono due o più e a volte una parola che "manca" in una lingua sarà presente in un'altra.

Mescolare le lingue non vuole dire fare confusione, anche gli adulti che evolvono in contesti multilinguistici possono mescolare tra loro i diversi codici linguistici. Noi stessi a casa, dopo tanti anni all'estero, usiamo un nostro lessico famigliare che mescola all'italiano termini che ci vengono in mente più alla svelta in un'altra lingua.

Tre e quattro anni sono le età in cui i bambini monolingue e bilingue possono mostrare delle differenze nello sviluppo linguistico, le ricerche mostrano che i bambini con più lingue parlano, in questa fase, meno bene che i coetanei sottoposti ad un solo codice linguistico, e questo soltanto perché hanno bisogno di più tempo per appropriarsi delle due strutture contemporaneamente. Ci sono comunque anche casi di bambini con più lingue estremamente precoci nel parlare, il che dimostra che non ci sono regole precise.[4]

Acquisire una lingua vuol dire acquisirne anche la cultura che sta dietro ad essa. I bambini multilingue non solo sapranno esprimersi nei diversi contesti linguistici correttamente ma ne conosceranno anche le sfumature culturali e i meccanismi di relazione sociale che stanno dietro la comunicazione. **I bambini multilingue non imparano una lingua a scuola, studiandola come lingua seconda, la apprendono sul campo, con tutte le strutture ad essa legate, che vanno oltre le semplici parole. Questo vuol dire essere bilingue o trilingue.**[5]

Questi bambini sanno gestire contesti diversi nello stesso tempo e hanno

---

4. Per approfondire i temi del multilinguismo:
American Speech Language Heritage Association, *The Advantage of Being Bilingual.*
Paradis J., *The Interface Between Bilingual Development and Specific Language Impairment,* 2010.
Paradis J. Genesee F. & Crago M., *Dual Language Development and Disorders:a Handbook on Bilingualism and Second Language,* Paul H Brookes, 2011.
King K.- Fogle L., *Raising Bilingual Children: Common Parental Concerns and Current Research,* Georgetown University 2006.
5. Peter Homel, Michael Palij, Doris Aaronson, *Childhood Bilingualism: Aspects of Linguistic, Cognitive, and Social Development,* Michael Palij, 1987, evidenziano come i bambini bilingue hanno vantaggi cognitivi che i bambini monolingue non hanno, una flessibilità mentale maggiore dovuta proprio al confrontarsi continuo non solo con strutture linguistiche diverse, ma anche con culture diverse.

una capacità notevole nel passaggio da una lingua all'altra. Un bambino bilingue potrà portare avanti una conversazione saltellando da una lingua all'altra, senza difficoltà o interruzioni nel discorso.

Questo è un elemento molto importante nella capacità di questi bambini, che, come sottolinea la psicologa Erika Hoff, sviluppano strutture cognitive a loro proprie.[6] E queste strutture cognitive li portano ad affrontare le cose e ad analizzare le situazioni in modo diverso.[7]

I bambini bilingue hanno un modo di pensare più creativo rispetto ai bambini monolingue, hanno una coscienza metalinguistica, di riflessione sulla lingua, molto più sviluppata, legata proprio al fatto di dover utilizzare due sistemi linguistici in modo contemporaneo. Hanno una sensiblità comunicativa maggiore che li porta ad essere estremamente attenti ai bisogni dell'interlocutore, già solo per il fatto che devono 'mettersi' nel modo linguistico appropriato. Se il mondo intorno a loro affronta il bilinguismo in modo positivo, potranno costruirsi su una solida base di fiducia in se stessi.[8]

Quello che maggiormente preoccupa i genitori è la rapidità di apprendimento dei bambini. L'importante è essere coscienti che, a seconda dell'età e dell'immersione totale o parziale in una nuova lingua, i tempi di apprendimento saranno diversi. Non si deve avere fretta e tutto verrà in modo naturale, sia l'apprendimento di una nuova lingua che l'acquisizione della lingua o delle lingue dei genitori. Si deve fare molta attenzione a quello che l'ambiente circostante dice e seguire il proprio

---

6. Erika Hoff autrice del libro *Childhood Bilingualism,* Multilingual Matters, in cui sottolinea come, quando un bambino impara più lingue, il modo di utilizzo delle sue risorse cognitive cambi. Per una persona monolingua la sola idea di passare da una lingua ad un'altra può sembrare difficile, cosa che invece accade sempre nei bambini con più lingue, e in questa capacità di passaggio da una lingua ad un'altra, i bambini bilingue aumentano la loro capacità cognitiva a dirigere l'attenzione verso azioni specifiche. Questo spiega l'abilità di questi bambini in attività che richiedono concentrazione e selezione di informazioni particolari.

7. La psicologa Ellen Byalistok ha sottoposto ad uno studio un gruppo di bambini, mono e bilingue. Ha chiesto loro se alcune frasi senza logica erano grammaticalmente corrette.
Le mele crescono sul naso. I bambini monolingue non potevano rispondere, fermandosi alla sola affermazione "questo è stupido", mentre i bambini bilingue hanno risposto "è un'affermazione stupida ma è grammaticalmente corretta". I bambini bilingue hanno un sistema cognitivo che permette di raggiungere l'informazione importante, scartando le altre. La Byalistock ha spiegato come esista nel nostro cervello un sistema esecutivo di controllo, una sorta di general manager. Il suo compito è mantenerci focalizzati su cosa è importante, ignorando le distrazioni. Questo è ciò che rende possibile gestire due cose allo stesso tempo nella nostra mente e passare da una all'altra. Se si hanno due lingue e l'abitudine di passare costantemente da una all'altra, usandole senza distinzione, il modo in cui il nostro cervello funziona aiuta, ogni volta che parliamo le due lingue, a venirne fuori, e il sistema esecutivo si mette in moto per risolvere i problemi e evidenziare ciò che è importante. I bilingue usano questo sistema costantemente, rendendolo estremamente efficiente.

8. Barbara Abdelilah-Bauer, *Le défi des enfants bilingue: grandir et vivre en parlant plusieurs langues,* La Découverte.

CAPITOLO 3

istinto di genitori. Ci sono insegnanti non formati al multilinguismo che consigliano i genitori in modo sbagliato, facendo vedere loro spettri orribili di apprendimenti non riusciti se i bambini sono sottoposti a più lingue nello stesso tempo. Ho conosciuto genitori che hanno smesso di parlare la propria lingua ai figli proprio per seguire questi consigli infondati, privando i bambini del regalo più bello che si possa fare loro, al di là del tempo che ci metteranno per appropriarsene perfettamente! Ci sono anche genitori che al primo ostacolo pensano di aver perso la battaglia, poco convinti di riuscire a mantenere la propria lingua o spaventati dalle difficoltà dell'apprendimento di più lingue contemporaneamente, quando a volte basterebbe osservare gli altri genitori nella stessa situazione e adottarne le tecniche, soprattutto quelle legate al mantenimento della propria lingua e della propria cultura.

Trasmettere la propria lingua e la propria cultura è importantissimo. **Parlare ai nostri figli nella nostra lingua è naturale e irrinunciabile, raccontar loro del nostro Paese, immergendoli il più possibile nel nostro mondo è fondamentale per dar loro quelle radici che faticherebbero a trovare da soli.**[9]

Le **tecniche utilizzate per mantenere viva la propria lingua e di conseguenza la propria cultura** variano da famiglia a famiglia, e anche dalle opportunità che il Paese in cui si vive ci offre. Se esistono scuole francesi, tedesche o italiane, sarà molto più semplice, come anche se esistono semplicemente dei corsi organizzati dopo scuola. I genitori si sentiranno meno investiti nel difficile compito di trasmettere il loro bagaglio linguistico da soli e senza sostegno esterno. Spesso però la scuola è in una lingua ancora diversa, e trovare contesti nella nostra lingua madre non è facile, quindi tocca a noi crederci e soprattutto non andare nel panico appena il nostro pargoletto ci risponde a modo in una lingua che non è la nostra.

"In casa si parla solo italiano anche se i miei figli tendono a rispondermi in inglese. Lo capisco, l'ambiente esterno è dominante. Io persevero a parlare con loro italiano e correggerli. Avevo ideato anche alcuni stratagemmi, come farli scrivere letterine in italiano alle nonne, leggere libri in italiano, iscriverli a corsi d'italiano on line... con risultati altalenanti." Alessandra G.

---

[9]. Barbara Abdelilah-Bauer, *Le défi des enfants bilingue: grandir et vivre en parlant plusieurs langues*, La Découverte.

Tutto normale. **La lingua di scuola e dell'ambiente di socializzazione sarà per forza più forte**, ma non per questo la nostra lingua madre non verrà assimilata nel verso giusto.

"Abbiamo portato in Italia un decoder francese, per poter guardare la televisione solo in francese. La lingua parlata a casa era il francese. Abbiamo fatto seguire ai bambini dei corsi del CNED per mantenere il livello nel francese scritto, abbastanza difficile. Con i due grandi non ci sono stati problemi, per la più piccola che ha imparato l'italiano come una vera seconda lingua materna, il problema era farla parlare in francese."[10] Florence L.

Ogni nuovo Paese implica un adattarsi al nuovo contesto anche dal punto di vista linguistico, cercando di capire come fare per integrarsi utilizzando la nuova lingua, come mantenere la propria e eventualmente anche la lingua acquisita nella destinazione precedente. Quando siamo arrivati in Giappone le nostre figlie di colpo hanno aggiunto all'italiano di casa e al francese di scuola, un po' di giapponese, dato dal contesto in cui vivevamo, attività extrascolastiche di vario tipo, e insegnamento diverse ore alla settimana a scuola, e inglese, in modo abbastanza intenso per la più piccina, che era in classe bilingue francese-inglese, e con molte ore di lezione in inglese per le due più grandi. L'approccio è stato positivo per tutti e senza grandi confusioni. Avevano capito con chi usare cosa e i miscugli diventavano quasi piacevoli, una sorta di nostro lessico famigliare. I contatti con italiani erano praticamente ridotti all'osso, ma non per questo abbiamo temuto che le nostre fanciulle non progredissero anche nella nostra lingua. Ogni piccola occasione di attività nella minuscola comunità italiana è stata comunque colta al volo. Rapidamente però ci si accorge che, anche in contesti tutti italiani, quando ci si ritrova sono più i genitori che parlano con piacere la loro lingua. I ragazzi utilizzano tra loro la lingua comune, magari quella della scuola (lo vedevo a Tokyo con i bambini italiani del liceo franco-giapponese, con i quali utilizzavano il

---

10. CNED, Centre National d'Enseignement à Distance. Organismo francese riconosciuto dal Ministero della Pubblica Istruzione, che offre formazioni a distanza a partire dalla fine della scuola materna. Utilizzato dai francesi espatriati che si trovano a frequentare altri sistemi scolastici, per mantenere un livello di francese e di altre materie, certificato, che permette di integrare una scuola francese in qualsiasi momento. Dei professori seguono classi virtuali di allievi sparsi per il mondo, i quali a loro volta inviano compiti e compiti in classe per essere corretti. Gli studenti ricevono pagelle e hanno dei veri e propri consigli di classe. La mole di lavoro per i ragazzi è la stessa che se seguissero una scuola normale. Difficile da gestire quando i bambini contemporaneamente seguono un altro sistema scolastico. www.cned.fr

CAPITOLO 3

francese, e lo vedo qui in America quando tra loro i ragazzi italiani usano l'inglese, lingua di scuola).

Una lingua sarà sempre dominante su un'altra in uno specifico contesto, ma non per questo non sarà perfettamente acquisita.

"All'inizio non è stato facile, soprattutto con il primo figlio: olandese fuori casa, italiano a casa, inglese per parlare con gli amici... un gran minestrone. Poi siamo passati all'arabo e all'inglese, altro minestrone... alla fine la filosofia adottata è stata questa: in casa si parla italiano, la nostra lingua, la nostra cultura, la lingua da dove veniamo. La scuola e le amicizie completano il resto, in questo caso in lingua inglese." Alessandra G.

Continuare a parlare la nostra lingua ai nostri figli è un dovere, ed è l'unico modo per trasmetterla loro. Anche conoscendo alla perfezione quella locale è sbagliato utilizzarla per comunicare con i nostri figli per paura che non imparino la nuova lingua. Non è il nostro ruolo di genitori quello di insegnare loro una lingua non nostra, ci saranno la scuola e il contesto sociale ad appropriarsi di questo ruolo importante. *"Quando è nata mia figlia, 19 mesi fa, la health visitor si era raccomandata di parlarle in inglese perché altrimenti sarebbe stata esclusa. L'ho bellamente ignorata anche perché non mi sembrava il caso che imparasse il mio inglese con forte accento italiano. Ora la piccola 'parla' italiano con paroline sparse, non pretendo trattati di filosofia, ma quando è con gli amichetti inglesi usa le parole inglesi che ha imparato. Questa faccenda del bilinguismo mi attira moltissimo, non vedo l'ora di sentirla veramente parlare e mescolare le due lingue, soprattutto gli errori per vedere come lavora il suo cervellino."* Cristiana C.

Correggere i nostri figli quando parlano è importante, far notar loro che una parola non esiste nella nostra lingua, che possono dire la stessa cosa senza mettere nella frase mille parole nell'altra, chiedere loro di ripetere nella nostra lingua quello che ci hanno appena detto in inglese, francese o tedesco, è un grande regalo.

Crescendo impareranno da soli ad usare ogni lingua nel contesto giusto, l'importante è essere consci che con noi ci proveranno sempre a parlare un'altra lingua per facilità e perché sanno che possiamo capirli.

≈

Due storie agli antipodi: Marie e Virginia

Marie è francese, sposata ad un americano, suo marito non parla il francese e non fa nessuno sforzo per impararlo anzi alla nascita del primo figlio chiede a Marie di non parlare in francese, altrimenti si sarebbe sentito tagliato fuori. Anziché spingere il marito verso la sua lingua, Marie ha accettato di non trasmetterla ai suoi figli, limitandone in questo modo anche le relazioni profonde con la loro famiglia francese e privandoli di un grosso regalo. Separata dal marito dopo una decina d'anni di matrimonio, ha cercato di recuperare il tempo perso con i propri figli, ma l'uso del francese non era per lei più naturale con loro, e da parte dei ragazzi era recepito in modo strano. Il francese era diventata una vera lingua straniera, non materna. Il figlio maggiore di Marie ha 20 anni ha deciso di partecipare ad uno scambio tra Università ed è partito per Parigi per un anno. La motivazione era soprattutto la voglia di recuperare una cultura che avrebbe voluto sua dalla prima infanzia e non riesce a capire perché sua madre non sia stata capace di opporsi al padre e di comunicargliela!

Virginia come Marie ha un marito americano, lei è italiana e quando ha incontrato il marito la loro lingua di comunicazione era l'inglese. Da subito però lui ha avuto voglia di scoprire la sua lingua, anche per poter comunicare in modo più semplice con la famiglia di lei. Si è iscritto ad un corso d'italiano per le prime basi e a poi chiesto a Virginia di utilizzare l'italiano e l'inglese in alternanza, in modo da aiutarlo a migliorare. Alla nascita della loro bambina ognuno di loro si è rivolta a lei nella propria lingua e tra di loro hanno cercato di alternare, in modo che la bambina capisse che non c'era in casa una lingua dominante, ma entrambe avevano lo stesso valore. Il bilinguismo di Lea è stato naturale, ha progredito nelle due lingue allo stesso modo, mischiandole allegramente all'inizio, ma mantenendo sempre una logica, e soprattutto conscia che fossero due lingue ben distinte.

Strettamente legato al problema linguistico c'è quello della **scelta della scuola**. Non è facile soprattutto se la decisione di vivere all'estero è definitiva, e ci porterà anche a muoverci da un Paese all'altro. Le opzioni sono molteplici ed è importante, quando ci si sposta, cercare un filo conduttore al percorso educativo dei nostri figli, cercando di mantenere lo stesso sistema scolastico, per dare continuità. Non sempre è possibile. Scegliere una scuola e un percorso educativo è delicato anche quando si vive nel proprio Paese: scuola privata, pubblica, scuola montessoriana, steineriana, e via discorrendo. Vivendo all'estero la lingua, spesso diversa da quella parlata in casa, complica le cose. Non facile infatti imporci di seguire i nostri figli in una lingua che non è la nostra e della quale non conosciamo tutte le sfumature, oltre che in un sistema scolastico sconosciuto, che scopriremo con loro e sulla loro pelle.

Per noi è stato così, prima con il sistema francese e successivamente con il passaggio all'americano. Nel primo caso abbiamo avuto il tempo di scoprirlo pian piano partendo dai primissimi anni, nel secondo ci siamo trovati a correre contro il tempo per capire tutto in frettissima, visto che arrivavamo nel sistema in momenti chiave della vita scolastica delle nostre ragazze.

Quale sistema e perché? Difficile rispondere. Quello che corrisponde ad un bambino non corrisponderà necessariamente ad un altro, così come quello che calza a pennello per una famiglia, per un'altra sarà una scelta più sofferta.

Avere le idee chiare su quella che sarà la nostra vita all'estero è importante per la scelta di un programma educativo che ci corrisponda. Se si parte per un paio d'anni si può decidere di tuffare i figli in un nuovo sistema e in una nuova lingua per dar loro tutte le chance di impararla al meglio, sapendo che rientrando nel proprio Paese potranno riprendere il filo del discorso scolastico interrotto in precedenza, e senza troppi problemi. Se si rimane all'estero per molto tempo e si vuole però che i propri figli integrino poi a livello universitario l'offerta educativa del nostro Paese, allora si dovranno valutare bene le diverse opzioni, scuola nella nostra lingua, scuola internazionale, scuola locale, valutando però se e come è riconosciuta nel nostro Paese.[11]

Non dimentichiamo poi che scegliamo per i nostri figli ed è anche importante che possano esprimersi in questa scelta, soprattutto quando sono abbastanza grandi da capirne l'importanza. Sono loro a doversi esporre in prima persona, a dover fare sforzi di apprendimento e, soprattutto, è il loro futuro ad essere in gioco.

---

11. Per l'Italia sul sito del Ministero dell'Istruzione, dell'Università e della Ricerca si possono trovare molte informazioni. Sono riconosciuti in Italia per l'accesso alle Università italiane i diplomi rilasciati dalle Scuole Europee, dalle sezioni italiane delle Scuole internazionali all'estero e da tutta una serie di scuole internazionali e Americane che aderiscono al programma IB. Nel caso una scuola non fosse presente nelle liste, si può comunque chiederne il riconoscimento fornendo la documentazione che attesta la partecipazione della scuola ai programmi internazionali.

il sistema francese

Il **Sistema Francese** è uno dei sistemi più diffusi all'estero. L'insegnamento francese è presente in **125 Paesi con 429 scuole** che assicurano la formazione di circa 250 mila studenti di cui solo un terzo di nazionalità francese. L'AEFE, Agence pour l'Enseignement Français à l'Étranger gestisce e coordina la maggior parte delle scuole francesi, insieme alla Mission Laique Française, entrambe sotto la tutela del Ministero degli Affari Esteri. Tutte le scuole francesi all'estero garantiscono un insegnamento conforme ai programmi e agli obiettivi pedagogici delle scuole sul territorio francese. Questa continuità didattica permette di passare senza problemi da una scuola all'altra che sia in Francia o altrove, senza scontrarsi con grosse differenze. Un bambino, ovunque si trovi e ovunque vada, ritroverà lo stesso ambiente, la stessa filosofia di insegnamento, le stesse regole e gli stessi ritmi di apprendimento, e questo è un vantaggio notevole per i ragazzi che devono già confrontarsi con il cambiamento, con nuove amicizie, con un nuovo contesto. Se la scuola rimane uguale nelle sue linee guida, sarà facile per i ragazzi ritrovare in fretta dei punti di riferimento, almeno all'interno dell'ambiente scolastico. Gli insegnanti sono per la maggior parte francesi inviati dal Ministero della Pubblica istruzione, alcuni come espatriati altri con contratti locali. Nelle scuole è presente anche personale locale, perfettamente bilingue, che permette la transizione verso la cultura del posto. In molti Licei francesi all'estero si cerca di avvicinare i bambini alla lingua e alla cultura locale, in modo più o meno marcato. Quando vivevamo in Giappone i bambini avevano corsi di giapponese e alla scuola materna in ogni classe era presente un'assistente giapponese, fluente in francese (e nel caso di Camilla

CAPITOLO 3

il sistema francese (continua)

in classe bilingue francese- inglese, anche in inglese), queste assistenti veicolavano la loro cultura in modo estremamente interessante e ludico. Da diversi anni nei licei francesi della zona Asia sono anche state create classi bilingue francese-inglese, che permettono ai ragazzi che vivono passando da un Paese asiatico all'altro di portare avanti insieme al francese anche l'inglese in un perfetto bilinguismo.

Il contesto locale viene preso in considerazione non soltanto a livello linguistico e culturale, ma anche a livello di calendario e ritmo scolastico che dovranno per forza di cose adeguarsi alle esigenze del Paese ospitante. In sud America le scuole francesi seguono il calendario sudamericano che è sfasato rispetto al nostro.

Qualora non vi fosse un numero elevato di studenti, come avviene spesso per le ultime classi del ciclo liceale, e molto spesso per le piccole scuole messe in piedi dalla Mission Laique Française,[12] vengono organizzati dei corsi che utilizzano i programmi del CNED (di cui ho parlato più sopra) con insegnanti-ripetitori locali per l'impostazione del lavoro. La preparazione dei ragazzi è ottima. **Il sistema francese è suddiviso in diversi cicli didattici,** un primo ciclo comprende i due primi anni di scuola materna, estremamente bene strutturati, con programmi veri e propri e moltissime attività che permettono l'apprendimento attraverso il gioco. Il ciclo due va dall'ultimo anno di materna alla seconda

---

12. La Mission Laique Française è un'associazione che ha come scopo la diffusione della lingua e della cultura francese attraverso la scolarizzazione all'estero. La Mission Laique Française gestisce circa 125 scuole in 48 diversi Paesi, suddivise tra scuole tradizionali, come il Liceo Francese di Beirut o quello di Dallas, e scuole legate ad aziende che mettono a disposizione dei propri espatriati una struttura scolastica creata dalla MLF proprio per loro. Noi abbiamo conosciuto e apprezzato in India la nostra scuola MLF-Renault, integrata in una più grande struttura di scuola internazionale indiana, che ha permesso alle nostre bambine di portare avanti un percorso educativo conosciuto senza troppi traumi e di "assaporare" la realtà locale, consolidando l'inglese.

il sistema francese (continua)

elementare (grand section, CP, cours preparatoire, CE1, cours élémentaire 1) ciclo tre (CE2, cours élémentaire 2, CM1 e CM2, cours moyen 1 e 2). Finite le elementari si passa alle scuole medie, **collège**, in 4 anni dalla 6 ème alla 3 ème, per finire con il Lycée, dalla 2nd alla terminale, tre anni. Gli indirizzi al liceo detto generale, sono tre S, quello scientifico, ES, l'economico-sociale, L, letterario. Alla fine del collège, i ragazzi passano l'esame che si chiama Brevet des collèges, uguale per tutti gli studenti. Alla fine della classe di 1ère, secondo anno di Liceo, gli studenti affrontano il bac di francese, una sorta di prova di maturità anticipata, mentre l'anno di terminale hanno il Bac vero e proprio su tutte le altre materie. Nei licei francesi all'estero non sono generalmente presenti indirizzi professionali o tecnici, come è possibile trovare nelle scuole sul territorio nazionale.

La scuola francese rimane una validissima opzione per tutti coloro che si spostano da un Paese all'altro, l'insegnamento è ottimo e riconosciuto ovunque.

La scuola francese è rimasta per tantissimi anni l'opzione numero uno per gli espatriati in tempi in cui le scuole americane al di fuori degli Stati Uniti non avevano una grande fama e non si parlava ancora di scuole internazionali con i famosi programmi IB che permettono agli studenti di accedere all'insegnamento universitario in qualsiasi Paese.

"Per noi in un certo senso il problema della scelta non si è posto. Quando Alessandro ha cominciato l'asilo (20 anni fa!) eravamo in un Paese francofono, in cui la scuola internazionale era ancora considerata qualcosa di esotico per super ricchi. All'epoca non c'era la profusione di scelta di sistemi internazionali che c'è ora, e le scuole di stampo anglofono esistenti non erano ancora così ben strutturate e non costituivano una rete solida e diffusa, come lo era invece la scuola francese. La nostra

CAPITOLO 3

scelta si è basata quindi su questi fattori: 1. solidità e diffusione della rete (sapevamo che avremmo continuato a girare il mondo per molti anni a venire); 2) lingua del Paese in cui il bimbo affrontava la scuola materna (quindi il francese, perché eravamo in Congo); 3) il fatto che il francese era piuttosto diffuso in Africa (e fino a quel momento avevamo vissuto e lavorato solo in Africa) e che sentivamo il sistema scolastico francofono molto più vicino al nostro italiano di quanto non sentissimo quello anglofono. A distanza d'anni e con due cicli scolastici conclusi, non ci siamo pentiti. Il sistema francese è rigoroso e li prepara bene, sia alla vita che all'entrata in istituzioni universitarie di vario genere." Claudia.

Al giorno d'oggi il numero di scuole internazionali che possiamo incontrare sul nostro cammino di expat è altissimo e impone un'attenta analisi e una scelta ponderata.

il sistema inglese

Il Sistema Inglese può essere una valida alternativa. **Il Council of British International Schools raggruppa 201 scuole in 61 Paesi,** con un'offerta educativa di qualità.

La scuola inglese prevede **13 anni di frequenza**, suddivisi in **6** di "elementari", con due esami da sostenere alla fine di ogni ciclo (key stage 1 e key stage 2). Questi esami a 7 e 11 anni si chiamano SAT, Standard Attainment Test, e permettono di valutare i bambini sulle materie comuni, inglese, matematica, scienze, e a volte anche in altre aree, storia, geografia, musica.

Seguono **3** anni di "medie" (key stage 3 fino ai 14 anni) e **4** di liceo e a loro volta divisi in **2 parti**: durante i primi due anni (year 10 e 11) il curriculum è lo stesso per tutti gli studenti e alla fine si sostengono gli esami cosiddetti **"GCSE"**, General Certificate of Secondary Education , che concludono il ciclo obbligatorio nel **Regno Unito**.

Le materie vanno da un minimo di 5 ad un massimo di 9, con una particolare importanza data alle discipline

> **il sistema inglese (continua)**
>
> musicali e artistiche, che nel sistema anglofono hanno la stessa importanza delle materie cosiddette principali. Gli ultimi due anni di scuola superiore (**year 12 e 13**) culminano nel diploma finale pre-universitario, che si chiama "**A-Level GCE**" (General Certificate of Education - Advanced Level); le materie studiate si riducono e non c'è alcun obbligo nella scelta; al termine di year 12 si sostiene la prima parte degli esami per le proprie materie, alla fine di year 13 si svolgono gli esami per la parte restante, e i punteggi dei due anni si sommano.

Nei diversi Paesi la scuola cerca più o meno di adattarsi alla cultura locale *"Per cominciare la mattinata, tutti i bambini si raccolgono all'esterno per il canto solenne dell'inno thai con relativo alzabandiera. Molte lezioni si svolgono anche sul pavimento, le famiglie Thai spesso svolgono così attività di scrittura, lettura, ascolto. La lingua ufficiale è l'inglese, ma i bambini hanno un'ora di lingua locale al giorno e una lezione settimanale di cinese."* Paola L.

Non avviene però lo stesso in tutti i Paesi, segno del come a volte per mantenere una cultura si eviti in parte o del tutto l'approccio con la cultura che ci accoglie. *"La scuola offriva l'insegnamento dell'arabo (prima del 3rd grade) solo per i bambini con genitori arabi, quindi che già lo parlano. Io volevo che i miei figli imparassero un po' di arabo, ma non potevo iscriverli a questa attività extra scolastica."* Drusilla G.

Il sistema scolastico Americano è anch'esso molto ben rappresentato intorno al mondo, permettendo così una certa continuità nel curriculum scolastico. Vi sono 197 scuole americane che dipendono dal Ministero degli Affari Esteri americano, direttamente o indirettamente, dall'Africa, all'Asia passando per l'Europa. Vi sono poi molte scuole internazionali che ne riprendono le strutture di base e ne veicolano gli stessi tipi di insegnamenti

CAPITOLO 3

il sistema americano

Il Sistema Americano è strutturato in 12 anni e va dal K al 12 grade.

Il Kindergarden corrisponde al nostro ultimo anno di scuola materna, ma in realtà è una vera e propria prima elementare. Il Kindergarden è anche fisicamente integrato nelle scuole elementari. Non esiste scuola materna pubblica negli Stati Uniti.

La scuola primaria va quindi dal K al grade 5 o 6, dipende dalle scuole. Il 6 grade è un anno di passaggio dal sistema elementare al sistema di Junior School, può essere integrato nella scuola elementare in alcuni distretti o nella scuola media in altri. I programmi rimangono gli stessi.

Nella scuola primaria i bambini si dedicano principalmente alle materie di base, matematica, inglese, scienze, storia. Sono proposte molte attività extra scolastiche.

La middle school, equivalente della nostra scuola media, è strutturata in due o tre anni, a seconda che il 6 grade sia inserito nel ciclo primary o no.

Il funzionamento della scuola media ruota intorno alle materie principali, inglese, matematica, scienze, storia, alle quali si aggiungono delle materie elective, come ad esempio la lingua straniera. Ci sono molti corsi interessanti che fuoriescono un po' dai sentieri battuti tipici dell'insegnamento francese o italiano:

Applied Design Art, banda, coro, chitarra, orchestra, leadership, robotica, cinese, fotografia per citarne alcuni.

La struttura della scuola media riflette in piccolo la struttura del Liceo. Gli studenti cambiano aula ad ogni materia e anche gruppo di compagni: all'inizio può essere complicato, ma i ragazzini si abituano in fretta e ogni classe ha il suo spirito e la sua particolarità.

il sistema americano (continua)

Il Liceo Americano, **High School,** è su quattro anni. Il primo anno le materie globalmente sono le stesse per tutti gli studenti, inglese, matematica, (sebbene con la possibilità di essere inseriti in livelli diversi), storia, una materia scientifica, spesso biologia o chimica, educazione fisica. Il piano di studi è poi completato da materie a scelta dello studente: lingua straniera, teatro, fotografia, informatica. Le opzioni proposte variano da scuola a scuola.

A partire dal secondo anno di liceo, ai corsi di base e Honors (con un livello un po' più alto) si aggiungono i corsi AP, advanced placement, corsi di livello molto più elevato che prevedono un esame finale a livello nazionale. Questi corsi sono importanti perché dimostrano come uno studente, anche se giovane, sia capace di mettersi in gioco, scegliendo strade meno facili. Questo atteggiamento piace molto alle Università che studiano nel dettaglio i profili degli studenti al momento della selezione. C'è un minimo di corsi obbligatori necessario per uscire dall'High School e un certo numero di corsi richiesti se si vuole andare in un certo tipo di College dopo il Liceo. Non è facile muoversi nei meandri del sistema quando non lo si conosce, l'aiuto dei counselor, consiglieri pedagogici, figure professionali presenti nei licei, è indispensabile per chi è digiuno di sistema americano e deve capirne in fretta i meccanismi.

Lo sport ha un posto centrale nella scuola americana a tutti i livelli e soprattutto al liceo. L'offerta è enorme, facile trovare la propria strada.

Alcune scuole Americane, soprattutto fuori dagli Stati Uniti, offrono un programma IB **"International Baccalaureate"** che consente l'accesso a moltissime università europee ed è riconosciuto praticamente in

CAPITOLO 3

il sistema americano (continua)

tutto il mondo. Nei due anni di IB gli studenti studiano **6** materie scelte all'interno di grandi blocchi di tipo *linguistico, letterario, artistico, scientifico, matematico, sociale*. **Tre** di queste materie sono studiate a un livello alto, le altre a livello più basso, il che significa circa i due terzi delle ore rispetto alle prime tre. Anche molte scuole inglesi all'estero o scuole internazionali adottano questo tipo di diploma.[13]

il sistema italiano

Il Sistema Italiano comprende nel mondo 8 scuole onnicomprensive, dalla materna al liceo, ad Addis Abeba, Asmara, Atene, Barcellona, Istanbul, Madrid, Parigi e Zurigo, alle quali si aggiungono 43 scuole paritarie, presenti in Africa, Medio Oriente e Americhe, oltre che Europa e bacino mediterraneo.

Oltre alle scuole esistono le sezioni italiane all'interno delle scuole europee e delle scuole internazionali, per un totale di circa 80 sezioni.

---

13. L' "International Baccalaureate Organization" (IBO) *fu fondata a Ginevra nel 1968 come organizzazione senza scopo di lucro per l'educazione. Già a metà degli anni '60, un gruppo di insegnanti della Scuola Internazionale di Ginevra (Ecolint) aveva creato l'International Schools Examinations Syndicate (ISES) che sarebbe poi diventato l'IBO, con sede ufficiale a Ginevra. Scopo dell'International Baccalaureate Organization fu fin da allora lo sviluppo e la gestione di un programma di studi adatto alle esigenze dei nuovi studenti espatriati e che fornisse un diploma di studi superiori accettabile a livello internazionale. In altre parole, l'IB si proponeva - e tuttora si propone - di offrire agli studenti espatriati la possibilità di ricavare dalla propria esperienza educativa internazionale un certificato finale che riconoscesse il valore unico di tale esperienza, soprattutto dal punto di vista della sua interculturalità. Interculturalità e rispetto reciproco che sono a tutt'oggi promossi non come alternativa ad un senso di identità culturale e nazionale, ma come parte essenziale della vita multiculturale del XXI secolo. Come dichiarato sulla homepage del sito dell'organizzazione http://www.ibo.org/mission/, l'International Baccalaureate mira a sviluppare giovani curiosi, consapevoli e attenti che contribuiscano a creare un mondo migliore e di pace attraverso la comprensione interculturale e il rispetto verso tutti. A tal fine l'organizzazione lavora con le scuole, i governi e le organizzazioni internazionali per sviluppare programmi impegnativi che promuovano una seria e rigorosa educazione internazionale. Questi programmi incoraggiano gli studenti di tutto il mondo a diventare individui attenti, responsabili e rispettosi della varietà e della multiculturalità delle persone e delle loro diverse esperienze.*
Tratto da Expatclic.com articolo di Silvia Delogu.

il sistema italiano (continua)

Per aver conosciuto direttamente la realtà di una sezione italiana all'interno di un liceo internazionale (quello di Saint Germain en Laye, in Francia) devo dire che questo è un fantastico compromesso per i nostri ragazzi, che possono da un lato impadronirsi sempre più della lingua e della cultura del loro Paese di origine, pur rimanendo immersi nella lingua e nella cultura locale, in ambienti internazionali veramente stimolanti.

Queste le corrispondenze tra sistema italiano, francese, inglese/internazionale e americano:

Italiano	French	UK		US	
II materna	MS	Maternelle	Reception	Pre-K	4 anni
III materna	GS		Year 1	Primary School	K	5 anni
Prima	CP	Primaire	Year 2		1st	6 anni
Seconda	CE1		Year 3		2nd	7 anni
Terza	CE2		Year 4		3rd	8 anni
Quarta	CM1		Year 5		4th	9 anni
Quinta	CM2		Year 6		5th	10 anni
I media	6ème	Collège	Year 7	Secondary School	6th	11 anni
II media	5ème		Year 8		7th	12 anni
III media	4ème		Year 9		8th	13 anni
I liceo o IV ginnasio	3ème		Year 10		9th	14 anni
II liceo o V ginnasio	2nde	Lycée	Year 11		10th	15 anni
III liceo o I liceo	1ère		Year 12 lower 6th		11th	16 anni
IV liceo o II liceo	Terminale		Year 13 upper 6th		12th	17 anni
V liceo o III liceo						18 anni

CAPITOLO 3

Essere genitori all'estero, lontano da un proprio mondo, ha in sé molte implicazioni. Scegliere di far nascere un figlio in un contesto culturale e linguistico diverso dal nostro di origine, non è una scelta da poco. Il semplice mettere al mondo un bambino e viverne i primi istanti di vita a centinaia o migliaia di chilometri dalle nostre sicurezze può spaventare. Sicuramente ci si mette in discussione e rapidamente si deve imparare a sbrogliarsela da soli. Quando si ha un primo figlio all'estero non è semplice. È vero che genitori lo si diventa sul campo, a piccoli passi, seguendo la crescita dei nostri bambini, ma all'estero si è spesso più soli, almeno all'inizio di un'avventura e i punti di riferimento familiari mancano in queste fasi delicate delle nostre vite.

Il semplice **parto in un Paese straniero** può spaventare. Molte espatriate scelgono di rientrare in patria per partorire, privilegiando la vicinanza con la famiglia d'origine e la sicurezza di un sistema sanitario conosciuto. Tante altre donne decidono di partorire nel loro Paese ospitante, anche se magari meno attrezzato dal punto di vista medico, dando fiducia alle strutture del Paese d'adozione e vivendo fino alla fine la gravidanza con affianco il proprio compagno.

"Io ho partorito i miei due figli in Italia e posso solo immaginare cosa mi sarebbe mancato se l'avessi fatto all'estero, perché è quello che ho apprezzato dando alla luce in Italia: il circolo di familiari/amiche che si stringono intorno in questo importante momento della tua vita." Claudia L.

Sono scelte molto personali e legate anche ai contesti in cui si vive. Ho partorito a Parigi tre volte, non avrei avuto motivo di rientrare in Italia per farlo, né la prima, né tantomeno le altre due, per me era importante avere vicino il mio compagno e poi successivamente le mie bambine grandi e condividere questo momento con loro. Ho avuto la fortuna di avere una famiglia d'origine molto presente, i miei genitori sono sempre arrivati nel giro di pochissime ore, e anche mia sorella è riuscita a stringere tra le braccia la sua prima nipotina a poche ore dalla nascita.

"Per me partorire all'estero è stato un approcciarmi a culture completamente differenti. In primis in Olanda, famosa per la sua cultura del parto in casa, dove le ostetriche sono anche un po' psicologhe e ti accompagnano verso il parto con una naturalezza disarmante. Le ho amate anche quando le loro "distrazioni" mediche mi hanno portate quasi all'altro mondo per le complicazioni post parto. L'Australia l'ho apprezzata per la sicurezza e l'efficienza. In conclusione comunque per me partorire all'estero ha

significato condividere un momento così intimo e speciale solo con mio marito, avrei potuto essere ovunque." Alessandra G.

Ho visto negli anni amiche partorire in diversi Paesi del mondo senza particolari traumi, confrontandosi certo con metodologie e approcci diversi, sia per il parto, che per tutte le fasi precedenti della gravidanza, per non parlare poi dei primi consigli dati alla maternità, svariati e curiosi a volte, ma comunque sempre dettati dal contesto culturale nel quale un bambino viene al mondo. Ci sono Paesi in cui c'è una medicalizzazione eccessiva, con molteplici controlli ma anche qui è difficile generalizzare.

In un Paese grande come gli Stati Uniti, in ogni Stato ci sono regole diverse, ed essendo il tutto in mani private, beh ci possono essere degli abusi e degli eccessi, in un senso e nell'altro. *"Ho partorito due volte, una a Milano e la seconda a Huston. A Milano ho fatto un totale di nove ecografie, una al mese e degli esami del sangue di base anch'essi una volta al mese. Per la seconda gravidanza sono stata in Italia i primi mesi, circa la metà del tempo, e in Italia mi hanno fatto 5 ecografie. Arrivata a Houston per il resto della gravidanza ne ho avute 12!! Qui è prassi farne due al mese fino al nono mese, e poi una alla settimana dalla trentaseiesima settimana. Non sono ecografie complete, ma ho trovato la frequenza esagerata. In ospedale parto naturale con epidurale, avevo una nurse per me e ne abbiamo avuta una anche per la piccola dal momento in cui è nata fino alle dimissioni, va benissimo, ma anche questo l'ho trovato eccessivo, soprattutto che la mia vicina di stanza sprovvista di assicurazione perché impossibilitata a pagarla, è stata dimessa dopo 12 ore dal parto senza troppe cerimonie, mentre io avevo fotografo, cuoco, pasticcere a disposizione perché faceva parte del pacchetto fatturato dall'ospedale all'assicurazione."* Costanza M.

Ovviamente non è così ovunque e si può passare da un estremo all'altro. *"Durante la gravidanza, seguita all'ospedale di Stanford, Palo Alto, California ho avuto una visita al mese, un'ecografia all'inizio e una alla fine, più la morfologica del quinto mese. Mai un controllo interno del collo dell'utero, solo un paio di analisi del sangue. Ogni mese il controllo del battito e la misura della pancia, nemmeno un'ecografia il giorno del termine, il bambino era traverso e nessuno lo sapeva prima, alla fine ho avuto un cesareo."* Maria Luisa S.

In qualsiasi modo diventare ed **essere genitori all'estero ci cambia**. Come genitori non possiamo più definirci italiani, francesi inglesi, ma globali. Educare i propri bambini sotto lo sguardo vigile di un contesto educativo nuovo ci porta ad assimilare molteplici aspetti che spesso non sono presenti nel nostro mondo d'origine. Saremo genitori diversi dai nostri amici rimasti in patria e questo per il continuo confrontarci con la cultura e le culture che ci ospitano. L'esperienza di far crescere i propri figli in un contesto multiculturale e non chiuso in un'unica cultura è estremamente arricchente per i genitori in divenire che siamo, ci costruiamo come tali all'estero, spesso stravolgendo le basi della nostra stessa educazione, e trovandoci a lottare con strutture educative radicate in noi. È una grande prova d'apertura mettersi in discussione come genitori e accettare il confronto con il modo di far crescere i bambini in altri Paesi. Mi piace pensare che vivere in molti contesti diversi ci porti ad assimilare il meglio di ogni contesto, creando un modello educativo veramente adatto alla globalizzazione.

E non solo, far crescere un figlio all'estero ci spinge anche ad assimilare la cultura del nostro nuovo Paese in modo molto più forte. Un piccolino che va al nido, alla materna o alle elementari in un contesto nuovo per noi, sarà propenso a coinvolgerci nel suo nuovo mondo infantile fatto di canti, giochi, storielle, proprie alla sua nuova cultura, della quale noi saremo digiuni all'inizio ma che poi assimileremo per forza. Con questo continueremo a cantare loro canzoncine a noi note e a leggere le nostre storie, quelle legate alla nostra infanzia, ma dovremo per forza adeguarci anche a canzoni e storie nuove, che diventeranno poi gli elementi di base dell'infanzia dei nostri figli. Questo a volte può essere non facile da accettare, una cultura di base che si sviluppa in modo diverso, radici che affondano in storie, che a loro volta richiamano elementi culturali che possono dire poco a noi, ma parlare ai nostri figli.

Fondamentalmente sarà importante adeguarci al nuovo contesto, e ridefinire certe cose ogni volta che il contesto stesso cambia. Con questo, ovviamente, le nostre linee educative rimarranno le stesse, ma dovremo sicuramente smussare certi angoli, o compiere certi ritocchi per fare in modo che il nostro essere genitori non stoni con quello che ci sta intorno.

Ogni tanto mi soffermo a osservare come certi genitori asiatici, qui in America, stentino ad uscire dalle linee guida della loro cultura, imponendo ai loro figli di crescere con un tipo di modello educativo che stona con il resto del mondo che li circonda, con regole che non sono le stesse per gli amichetti di scuola. Questo non aiuta a facilitare l'integrazione. Mi rendo conto che per molti italiani il concetto di sleepover, il dormire dagli amichetti, fin dai primi anni di scuola, sia assolutamente impensabile. Qui in America è una cosa comune, fa parte dei meccanismi di socializzazione tra bambini, privarne i nostri figli equivale a toglier loro un importante mezzo di contatto con i loro coetanei. Per me questa del dormire dagli amici o di far venire gli amici a casa, è sempre stata pratica nota fin dai primi anni francesi, le mie figlie ci sono cresciute, rendendolo sempre un importante momento di integrazione, un modo di approfondire una relazione di amicizia al di là del pomeriggio passato a giocare. Non si può sottovalutare quanto sia magico per un bambino condividere la colazione con l'amichetto del cuore, dopo una serata a raccontarsi storie sotto le coperte.

Questo adattarsi è estremamente importante. Non possiamo far crescere i nostri figli privandoli di cose normali tra i loro coetanei, e questo anche se implica un venire a compromessi con certi nostri modi di vedere. Anche in questo sta l'accettazione dei contesti culturali nei quali viviamo. L'educazione fa parte di una cultura. Ci saranno sempre cose che ci colpiscono e impossibili da integrare.

"Abbiamo dovuto spiegare ai nostri figli che se ruttare in pubblico in Corea è ammesso, noi siamo comunque francesi e a casa valgono le nostre regole. In India hanno incominciato a mangiare con le mani. La politica della scuola era lasciar mangiare con le mani i bambini indiani, quindi per i miei era molto più divertente e facevano lo stesso. È stato difficile spiegare che sì, andava bene quando andavano da Nihal o da Shristi, anche perché il tipo di cibo si prestava ad essere mangiato così, ma non a casa. È importante fare attenzione al vocabolario che si usa, ho fatto male ha dire 'è sporco' ho fatto fatica a recuperare. Abbiamo anche insegnato loro che a volte, involontariamente, si potevano offendere i locali con i nostri comportamenti, che anche noi adulti potevamo fare degli errori." Anne S.

Ci saranno abitudini educative che potranno farci riflettere, modi di fare che integreremo in parte o in toto, atteggiamenti genitoriali che riprenderemo non solo per adeguarci al contesto, ma perché tutto sommato alla fine ci sembreranno non male.

"Per i nostri amici stranieri, che sono genitori come noi, siamo estremamente severi (orari precisi per andare a letto, per i pasti), per i nostri amici francesi invece siamo lassisti, e i nostri figli non corrispondono per nulla all'immagine del bambino francese

tipico. I nostri figli sono spesso qualificati di 'troppo': troppo espansivi, troppo attivi. Penso comunque che educhiamo i nostri figli più secondo le nostre convinzioni che secondo le regole francesi. Li educheremmo diversamente fossimo in Francia? Penso proprio di sì! Ho spesso il sentimento di mettere più limiti e di dire più spesso no ai miei figli pensando che abbiano una vita particolarmente privilegiata." Anne S.

Il bello di vivere all'estero è anche questa possibilità di **confronto con ciò che è diverso da noi, anche dal punto di vista di regole e comportamento, integrandolo al nostro modo di educare e trasmettere dei valori validi ai nostri figli.**

"Vivere all'estero senza il supporto, e direi anche l'ingerenza, di familiari e amici, fa sì che l'essere genitori sia spesso un percorso di crescita molto personale e condiviso solo con il proprio partner. Devo ammettere che facendo il paragone con molte mamme italiane mi sento più pratica, tendo a non fare drammi, a cercare soluzioni rapide. Nei miei figli questo mio comportamento si riflette nella loro indipendenza e maturità." Alessandra G.

È vero che far crescere i nostri ragazzi lontano dal loro contesto familiare d'origine può essere difficile, ma sotto un altro punto di vista ci rende più autonomi nel nostro modo di approcciare problemi inerenti ad infanzia e adolescenza. *"Ci rendiamo conto che ci sono tanti modi diversi di esser genitori."* Florence L.

Non dovremo fare i conti con i consigli di nessuno, trovandoci da soli a cercare soluzioni legate al particolare contesto nel quale viviamo.

"Siamo genitori ma prima di tutto persone che si mettono, loro stesse, alla prova con un ambiente nuovo e diverso. Agli occhi dei nostri figli incarniamo dei veri e propri pionieri, e la nostra funzione di 'guide' nelle loro vite, è ancora più forte. L'espatrio ci rende anche, indiscutibilmente persone più aperte e flessibili, e questo si riflette nel nostro approccio all'educazione dei figli. Vivere all'estero offre a noi e ai nostri figli una gamma di sfide e situazioni che neanche ci sogneremmo se restassimo in patria, e tutto questo è terreno fertile per far crescere delle personcine con diverse marce in più!" Claudia L.

La lontananza dalla propria famiglia d'origine,[14] nel momento in cui si mettono al mondo dei figli, è uno degli elementi che più spaventano gli espatriati. La distanza geografica e la perdita

---

14. Il tema delle relazioni con la famiglia d'origine è trattato in modo più ampio nel capitolo 8.

di quotidianità viste da chi non le ha mai vissute, possono sembrare insormontabili. I primi tempi è dura, soprattutto quando non si hanno altri punti di rifermento. Con il tempo ci si adatta e si incomincia a vedere il positivo anche nel vivere lontani. Si guarderà maggiormente alla qualità delle relazioni, piuttosto che alla quantità *"alla fine i nostri figli vedono i nonni più spesso che se fossimo restati in Francia. O piuttosto meglio, per periodi più lunghi."* Claude S.

Con la buona volontà da parte di tutti, i nostri ragazzi riescono a passare dei bei momenti con i nonni, forse molto più intensi, rispetto ad un quotidiano dove ci si vede sempre, più per obbligo, perché si vive vicini, perché i nonni sono "utilizzati" come baby sitter, o perché fa parte di un ritmo di vita definito, ci si vede tutte le domeniche a pranzo e un paio di pomeriggi a settimana.

Quando si è all'estero l'idea della quotidianità non esiste più, allora si punta tutto su relazioni qualitativamente indimenticabili.

Non penso che vivendo all'estero i nostri figli siano privati di relazioni belle e intense con nonni, zii e cugini, le relazioni saranno semplicemente diverse, o meglio sarà diverso il modo di stare insieme, saranno diversi i tempi e gli spazi. Io giocavo con i miei cugini tutti i giorni, i miei nonni li vedevo sempre, mia nonna arrivava a casa e si sedeva in cucina a chiacchierare con mia mamma e a giocare con noi bambini, mia zia veniva a pranzo la domenica o andavamo tutti in campagna per un picnic. Questo le mie figlie non possono averlo, ma non per questo penso di averle private di qualcosa. I rapporti e i legami sono gli stessi, senza però un ritmo settimanale preciso. Ci si vede molto l'estate, si cerca di passare del tempo piacevole insieme, in pochi giorni si recuperano i mesi passati lontani. Ci saranno per forza delle cose che ci perderemo, dei momenti anche importanti e così sarà per gli altri nei nostri confronti, ma l'importante sarà sempre far sentire la nostra presenza e sapere che gli altri ci sono per noi e fanno parte della nostra vita.

"Credo che la distanza geografica si riduca moltissimo a livello psicologico, se riusciamo a mantenere vivi e vivaci i contatti con la famiglia rimasta a casa. Sforzarsi di seguire le loro cose, anche se magari nel contesto estero in cui viviamo ci sembrano lontane e a volte anche noiose, e di condividere le nostre (che comunque nella mia esperienza non sempre verranno veramente recepite per quello che sono). Quando possibile rientrare e 'far presenza', nel senso di mettere sempre in conto un periodo da passare con nonni, fratelli, nipoti." Claudia L.

CAPITOLO 3

Concederci dei momenti di vacanza nel nostro Paese è estremamente importante in questa ricerca di trasmettere ai nostri figli una buona dose di relazioni serene con la nostra famiglia d'origine. Un periodo da trascorrere insieme al di là dei nostri ritmi e immersi nelle loro vite. Così come è importante che loro condividano la nostra quotidianità, i nostri spazi, che conoscano i nostri nuovi amici, ci visualizzino dove viviamo. Passare del tempo con la mia famiglia nel mio nuovo contesto Paese, città, è importantissimo. Ogni prima volta in cui i miei genitori prima e mia mamma adesso scoprivano e scoprono la nostra nuova casa, il nostro quartiere e toccano con mano il nostro ritmo di vita, è per me uno dei momenti più belli. So che dopo questa prima volta, sarà più facile visualizzarci e visualizzare il nostro quotidiano.

Guardandomi alle spalle e con delle figlie già grandicelle credo che il risultato non sia stato poi male. Le mie ragazze hanno potuto costruire dei bei rapporti con i nonni anche non vivendo nella stessa città, la relazione con mia mamma è intensa, non penso per nulla diversa da quella che io avevo con mia nonna da bambina e che forse avrei avuto da adolescente se non se ne fosse andata troppo presto. Le componenti di un sano e piacevole rapporto nonna-nipoti ci sono tutte.

Certo ci si rende comunque conto che, crescendo all'estero, questi nostri figli saranno ad esempio molto diversi dai cugini nel modo di fare, anche solo per il fatto di frequentare ambienti culturalmente diversi, con meccanismi sociali e relazionali che non saranno gli stessi per tutti. Ci vogliono energie per mantenere e far crescere queste relazioni e in questo il ruolo di noi genitori è indispensabile, **sta a noi creare situazioni di contatto per i nostri figli, mostrar loro l'importanza dei legami familiari, al di là delle distanze**, far vedere che nonostante le differenze l'affetto rimane invariato. Grazie ad **internet, Skype e tutto ciò che è connesso, è molto più facile rimanere in contatto.** Ho un'amica la cui mamma per anni ha letto ai nipotini una storia settimanale via Skype, grazie al fuso, era la storia della buona notte per loro, importantissimo momento di condivisione con i bambini, reso possibile dalla tecnologia e dalla buona volontà di tutti, disposti a ritagliarsi uno spazio per nutrire un rapporto nel modo giusto.

Anche in questo caso essere convinti della nostra scelta di vita all'estero è importante, ritornare continuamente sulla propria decisione chiedendosi se si è fatto bene a non dare ai nostri figli una quotidianità di rapporti con la nostra famiglia di origine, può essere controproducente. Una volta scelto di vivere all'estero e una volta partiti, tutto sarà molto più semplice di quello che possa sembrare quando ancora le valigie non sono pronte e le domande affollano la mente.

Vivere all'estero e farlo con i propri figli, sormontando le difficoltà connesse all'educarli in contesti nuovi, adeguandoci alle differenze, a lingue sconosciute a sistemi scolastici di cui siamo digiuni, senza nonni e zii a darci manforte, ma magari dovendo ricorrere a simpatiche baby sitter locali che fanno storcere il naso alla famiglia rimasta a casa, è molto meno complicato di quello che possa sembrare. Ci vuole comunque **molta energia e una buona dose di ottimismo per affrontare le tante piccole difficoltà del vivere lontani**, compresa quella di dover comunque dare un senso di appartenenza ai nostri ragazzi e delle radici che appoggiano da qualche parte, perché si sentano comunque parte di una o più culture, in modo profondo e sereno.

Storia di Pierre e Lucy-Ann

Francese lui e anglo-cinese lei, dopo essersi conosciuti durante gli anni di università negli Stati Uniti hanno deciso di costruire la loro vita lontano da entrambe le famiglie di origine, in Francia i genitori di lui, in Inghilterra quelli di lei. Hanno colto al volo un'opportunità lavorativa e appena sposati si sono trasferiti a Singapore. Sei mesi dopo Lucy era incinta del loro primo figlio. Come tutte le coppie all'inizio abbiamo avuto paura, paura di non riuscire a cavarcela da soli con un bebé lontano dalle nostre famiglie, paura di non essere capaci di gestire le relazioni a distanza tra nostro figlio e le nostre rispettive famiglie, che vivevano in du Paesi diversi con background culturali diversi. Francese molto tradizionale Pierre, e un miscuglio tra culturale inglese e cinese per me. Già soltanto la gestione delle due future nonne alle prese entrambe con un primo nipotino ha occupato più di una conversazione. La decisione di partorire a Singapore era stata vissuta malissimo da entrambe le nostre famiglie: avrebbero voluto che il bebé nascesse vicino a loro. Non abbiamo comunque lasciato che interferissero in quella che doveva essere una nostra decisione, e abbiamo proposto loro di venire al momento del parto. Non avevamo problemi di spazio e avremmo potuto ospitare i 4 nonni da noi. Certo l'idea di averli tutti in casa i primi tempi della nostra vita a tre non è che ci sorridesse, ma ci è sembrato un gesto carino nei loro confronti. Tutto è

CAPITOLO 3

andato benissimo, anzi meglio di quello che potessimo sperare. I nonni si sono tenuti compagnia e sono stati di grande aiuto, si sono dati il cambio per darci una mano e hanno evitato di essere troppo invadenti. Noi abbiamo potuto godere del nostro piccolino e anche gioire con i nostri rispettivi genitori. Un anno dopo, alla nascita del secondo i 4 nonni si sono di nuovo presentati tutti all'appello, occupandosi così, benissimo, del maggiore che aveva 14 mesi e del nuovo arrivato. Questi primi momenti di vita dei nostri figli e questa condivisione con le nostre famiglie di origine ci hanno fatto capire quanto sia importante a volte fare dei compromessi per passare del tempo insieme e quanto questo tempo insieme sia importante. Per la nascita della numero tre eravamo a Tokyo da un anno e lo spazio più limitato in casa non ci ha permesso di vivere il nuovo arrivo con i 4 nonni, ma si sono dati il cambio venendo gli uni dopo gli altri. Da quando i bambini hanno incominciato ad avere l'età per stare un po' senza di noi passano periodi di vacanza con i nonni nei due Paesi, momenti privilegiati ai quali non potremmo rinunciare e grazie ai quali stanno costruendo relazioni intense e ricordi indelebili. Nella vita di tutti i giorni i nonni non ci sono, ma c'è una qualità nelle loro relazioni che va oltre il vedersi tutti i pomeriggi. Dobbiamo ammettere che ci sono stati sforzi da parte di tutti, ognuno si è dato da fare per accettare differenze educative e culturali degli altri, e soprattutto nessuno ha mai criticato la nostra scelta di vivere lontani e di far crescere i nostri bambini senza un contatto quotidiano con loro. Sarebbe stato tutto più difficile se avessimo sentito da parte loro dolore e delusione.

Non posso dire che tutto ciò creerà ragazzi che diventeranno adulti migliori e di successo, ma sicuramente aiuterà a formare giovani aperti alle differenze e tolleranti verso ciò che non è uguale a quello a cui siamo abituati, curiosi nei confronti del mondo che li circonda e capaci di adeguarsi ad ogni situazione senza giudicare. Per loro *"non esiste il diverso, esistono persone che si vestono, mangiano, celebrano feste e tradizioni che non sono le nostre ma che vale la pena conoscere."* Alessandra G.

Le differenze culturali rendono il mondo più attraente!

Espatriare in famiglia: non più una semplice avventura, ma un progetto di vita

Aspettando il traghetto alle isole Andamane (India).

Bicicletta dietro casa a Chennai: vita di tutti i giorni.

Levi's plaza San Francisco: alla scoperta della città.

CAPITOLO 3

Pic-nic in Normandia.

Noi con il Fuji-San alle spalle.

CAPITOLO 4

L'amicizia

Q uando si parte all'estero una delle paure maggiori è perdere i propri punti di riferimento e non riuscire più a ricrearne di nuovi, e questo soprattutto in termini di amicizia. Le amicizie sono preziose e indispensabili. Gli amici sanno capire e appoggiare le nostre scelte, è importante sentirli vicini. **Come per il distacco dalla propria famiglia, quello dagli amici è un momento difficile.** Si sa che il quotidiano ci mancherà enormemente, si dovranno fare i conti con distanze, fusi e ritmi di vita nuovi, la qualità delle relazioni dovrà prendere il sopravvento.

Mentirei nel dire che tutto è semplice e che le amicizie si mantengono uguali e inalterate nel tempo anche dopo l'ennesimo spostamento. Ci vogliono energie. Ci si deve implicare enormemente per fare in modo che i legami non si sfilaccino anno dopo anno. **Si deve essere consci che i rapporti cambieranno, ma non il fondo della relazione.**

Quando sono partita la prima volta dall'Italia per trasferirmi a Parigi, mi facevo tantissime domande sul come avrei fatto a sopravvivere senza quegli amici che mi erano stati di supporto in tante circostanze, con i quali il piacere di stare insieme era lì immutato da anni. Non avevo le risposte, non avevo ancora quelle che ho adesso, dopo due decenni in giro per il mondo. Cercavo conforto in me stessa dicendomi che ce l'avrei messa

CAPITOLO 4

tutta per mantenere quei legami indispensabili per me.

All'epoca era molto più complicato, il telefono costava ancora caro, le lunghe telefonate in teleselezione erano un lusso da centellinare, internet e tutto ciò ad esso connesso non era ancora presente in tutte le case e nelle nostre vite come adesso. Ci si poteva scrivere, ci si telefonava ogni tanto, e poi si aspettavano le vacanze per recuperare in pochi giorni il tempo passato lontano. Oggi come oggi tutto è più semplice e, **con un po' di buona volontà, le amicizie destinate a durare si conservano.** *"Cerco di pensare positivo e di ricordare le esperienze vissute e condivise insieme, quanto mi abbiano arricchito con la loro amicizia piuttosto che piangere perché sono ormai lontani. Consiglio la stessa strategia ai miei figli."* Clara P.

Non tutte le amicizie sono destinate a durare. Partendo, andando via dalla nostra città e dal nostro Paese, avviene una selezione naturale a livello delle relazioni, molte si volatilizzano abbastanza in fretta.

"Vivere lontani, in mondi completamente diversi, vuol dire non solo non condividere più il quotidiano, ma anche non potersi vedere regolarmente per aggiornarsi e mantenersi informati di quello che succede nella vita dell'uno e dell'altro. Con alcuni amici succede dunque che al rivedersi si parla in maniera molto profonda, ci si raccontano cose che magari non si condividerebbero se si vivesse gomito a gomito perché si ha la sensazione di voler "recuperare", e quindi anche se alla fine ci si vede magari solo una volta all'anno, in realtà l'incontro è molto profondo e intenso e contribuisce a intensificare il legame. Con altri invece ho provato, soprattutto all'inizio dell'espatrio, la deludente sensazione che io esistessi solo in relazione alla loro realtà italiana. Scarso interesse per la mia vita altrove, scarsa partecipazione. I rapporti si sono per forza di cose un po' raffreddati." Claudia L.

Le grandi differenze di vita tra chi parte e chi resta, porteranno ad un lento e graduale distacco con molti ma non con tutti. Ci sono amicizie che si coltivano con la quotidianità, altre che sopravvivono nonostante il poco tempo passato insieme, altre ancora capaci di nutrirsi proprio di questi orizzonti diversi che ci si pareranno di fronte. Mi piace pensare che siano non solo le più profonde, ma anche quelle che avrebbero resistito all'impatto del tempo anche se non mi fossi mai mossa da casa!

Esiste spesso dalla parte di chi espatria il sentimento che gli altri, quelli rimasti, non capiscano fino in fondo il perché delle nostre scelte, che ci sia poca voglia di capire come viviamo e le difficoltà quotidiane alle quali i cambiamenti che ci imponiamo, certo per scelta, ci sottopongono. Tutti gli espatriati hanno vissuto o vivono questo sentimento un po' confuso generato da una mancanza di interesse, in molti casi, verso la propria vita da migrante. Partendo ci si scollega da un mondo ben noto e si gettano radici altrove, convinti che forse questo altrove possa interessare tutti quelli che prima vivevano nel nostro primo mondo, condividevano le nostre vite. Ci si rende conto in fretta che non tutti hanno interesse a penetrare veramente la nostra nuova realtà, troppo lontana dalla loro. È importante constatarlo e accettarlo. *"Le relazioni le ho mantenute con pochi amici veramente selezionati. Con altri è passata prima un'estate senza sentirci, poi un'altra, poi una telefonata rapida la terza, e via così, fino a quando alla fine ci si è un po' persi di vista. Quando capita di sentirsi, comunque, è sempre molto bello, l'intesa in genere è facile e immediata. Con altri – presumo quelli che veramente contano e che quindi resistono alla distanza e al tempo che si passa lontani – sono ancora in contatto, e li vedo ogni volta che torno. Magari non ci scriviamo spesso durante l'anno, ma io so e loro sanno che al mio passaggio in Italia ci si sente, chiamano loro o io, e si cerca di vedersi."* Claudia L.

Accettare che i nostri vecchi amici non siano poi così interessati, o non lo siano sempre, al nuovo mondo che ci circonda, è un primo passo per vivere serenamente i momenti che si trascorrono insieme. È facile cadere nell'errore di volere a tutti i costi che gli altri adorino le nostre scelte di vita e si sentano coinvolti dalle nostre avventure. **È importante capire che siamo noi quelli che sono partiti e non possiamo obbligare gli altri ad adeguarsi al nostro nuovo modo di vivere, saremo sempre noi a dover fare lo sforzo del doverci reintegrare in un contesto che vive senza di noi e che evolve anche dopo la nostra partenza.**

"I rapporti sono inevitabilmente cambiati. C'è grande curiosità per il tipo di vita che facciamo ma, a volte, soprattutto in questo momento di crisi del nostro Paese, si scorge un velo di gelosia. Con la maggior parte degli amici lasciati in patria c'è una minore condivisione della quotidianità." Clara P.

Ci vogliono energie per mantenere i legami quando si vive all'estero, ma ne vale la pena. Gli amici di sempre sono quelli che nonostante tutto ci capiscono anche se loro questa vita itinerante non l'avrebbero mai adottata. Sono quelli che più degli altri sono interessati al nostro nuovo mondo, al capire il perché del nostro bisogno di avventura, sono pronti ad appoggiarci sempre, nonostante tutto.

"Ho realizzato dei piccoli riassunti accompagnati da foto sulla mia vita a Tokyo, in occasione del mio primo appuntamento dal parrucchiere, di una visita ad un'azienda

giapponese o in una scuola, oppure con temi relativi ad una festa giapponese, all'artigianato tradizionale. Molti amici mi hanno detto che hanno man mano stampato questa newsletter e creato degli album." Armelle A.

Bella l'idea di coinvolgere con immagini e racconti i nostri amici. L'occasione di condividere veramente un quotidiano che non viviamo insieme, di sentirli parte di esso.

Molti espatriati sono per questo diventati blogger.[1] Molti per gioco all'inizio, per mantenere i legami con amici e parenti, per comunicare la propria vita in modo quasi immediato. Per coinvolgere le persone lontane in un quotidiano a volte inimmaginabile per loro. Il mio blog è nato così, con l'idea di raccontare la mia India e di trasmettere i mille sentimenti forti che animavano la mia vita in quella stupenda fase asiatica. All'inizio era ad uso e consumo delle persone che mi conoscevano, poi pian piano è diventato un punto di riferimento per tanti neo o futuri expat con la voglia di capire come funzionava la vita in posti così lontani. La rete è piacevolmente invasa da blog che descrivono vite più o meno esotiche e soprattutto parlano di un Paese non come una guida turistica, ma attraverso la voce di chi ne vive il quotidiano facendo spesso i conti con una cultura di base completamente diversa.

Nella maggior parte dei casi i blog sono una finestra positiva sul mondo che descrivono. Chi scrive del Paese ospitante lo fa spesso perché di questo posto se non si è proprio innamorato, ha imparato a coglierne le sfumature interessanti, ne apprezza i contrasti.

Scrivere di un Paese aiuta a metabolizzarne gli aspetti più complicati, ad evidenziarne i punti di forza, a darci quasi la capacità per continuare ad apprezzarlo in tutte le sue sfumature. Quando vivevo in India, scrivere dei grandi contrasti tra la realtà indiana e quello che avevo conosciuto fino ad allora, mi ha veramente insegnato, da un lato, a relativizzare certi aspetti duri e, dall'altro, a far mia una certa filosofia che scoprivo pian piano nei comportamenti del popolo che mi ospitava. Spinta dalla voglia di trasmettere attraverso il mio blog la giusta immagine dell'India, ne ho

---

1. Diversi siti raccolgono gruppi di blogger
http://www.expat-blog.com/
http://www.blogexpat.com/
http://www.expatexchange.com/expatblogs.cfm

osservato con attenzione i suoi abitanti.

Il blog è uno dei tanti strumenti che le nuove tecnologie ci hanno messo davanti facilitando la vita le relazioni a distanza. Uno strumento rapido per informare tutti quelli che ci circondano, per mostrar loro immagini di vita e mettere a nudo i sentimenti che ci animano.

A questo si aggiungono i social network, come Facebook, che migliorano la possibilità di rimanere in contatto quando si vive a migliaia di chilometri.

È indubbiamente più facile mantenere i rapporti con chi ci sta lontano, quando in poco tempo una nostra foto raggiunge gli amici in giro per il mondo, facendo sentire tutti meno distanti. Dall'inizio ad esempio, non sono stata per nulla contraria al fatto che le mie fanciulle avessero una pagina FB, proprio per dar loro la possibilità di mantenere i contatti con tutti quegli amichetti incrociati negli anni dal Giappone all'India, dando loro in questo modo una possibilità in più di mantenere viva un'amicizia.

Chattare con un'amica dall'altra parte del mondo aiuta a sentirsi più vicini. Poco tempo fa ho condiviso con delle amiche una bella notizia e dopo qualche secondo ho ricevuto in risposta una foto con due di loro che stavano virtualmente brindando insieme a me, con due calici in mano. Era un po' come se veramente non ci separasse un oceano.

Vivendo all'estero ci sono tanti avvenimenti della vita di chi amiamo, che ci perdiamo. Dobbiamo vivere a distanza nascite, matrimoni, festeggiamenti di vario tipo, e questo per evidenziare solo i passaggi allegri della vita.

È un prezzo alto da pagare. Mi ricordo quando è nato Lorenzo, con una tempistica perfetta, due giorni prima che noi prendessimo il volo per Tokyo, ma non eravamo già più in Italia. Avevo sperato che ci mostrasse il suo dolce musino con qualche giorno in anticipo. Abbiamo aspettato fino all'estate successiva per prenderlo in braccio e coccolarlo. Ma nonostante i 10.000 chilometri l'abbiamo visto crescere e diventare un bambinetto, anche se con uno schermo di mezzo…

"*Skype, prima, Facetime, Viber, Tango dopo sono stati di aiuto. Whatsapp ha in seguito ancora accorciato le distanze e permesso un dialogo costante, fuso permettendo. Le visite lampo che si fanno in estate sono d'aiuto per non rendere questi legami solo virtuali.*" Clara P.

Si deve accettare che gli amici continuano a vivere nonostante la nostra distanza, i bambini nasceranno e noi metteremo in conto che li rivedremo magari già con due denti e non avremo mai il piacere di coccolarli bebè. Ci saranno momenti dolorosi che affronteranno senza di noi, prenderanno decisioni, cambieranno casa, gioiranno in compagnia di altri. Con le tecnologie moderne si riesce però ad avere un po' l'impressione di esserci comunque.

Ne ho visti tanti di bebè farmi i primi sorrisi via Skype, fa parte del gioco, ma grazie a queste grandi rivoluzioni tecnologiche, in certi momenti, ci sentiamo meno lontani. E questo perché *"hanno quell'immediatezza che fa sì che uno si senta sempre vicino anche a distanza, permettono di comunicare in tempi molto più fluidi che non, ad esempio quando ci si scriveva lettere e permettono la condivisione facile di elementi delle rispettive vite lontane."* Claudia L.

L'affrontare la lontananza in modo positivo aiuta a mantenere le amicizie. Se si parte già convinti che sarà dura, sarà ancora peggio!

Una cosa che dall'inizio ho trasmesso alle mie figlie è stato il fatto che ci vogliano volontà ed energie da investire, ma il risultato c'è se si è convinti che un'amicizia possa durare. Nei momenti più di crisi, quelli in cui già da piccolissime si trovavano ad affrontare i primi addii duri e sofferti, dicevo loro: "guardate papà e mamma. Guardate come le nostre amicizie torinesi abbiano resistito nel tempo e il piacere di stare insieme sia costante e immutato". E dopo vent'anni non è cambiato nulla in questi nostri rapporti: ottimo esempio per le mie ragazze.

L'essere positivi poi non solo aiuta nella separazione dagli affetti consolidati ma anche nei primi passi per crearne altri. Non dimentichiamo che se **è estremamente importante mantenere le relazioni con gli amici rimasti in patria, altrettanto lo è ricrearne di nuove.**

Ricreare un tessuto sociale permette di vivere meglio l'espatrio e la lontananza, oltre che assimilare aspetti culturali diversi dai nostri, che è senza dubbio uno dei grandi vantaggi dell'espatrio: il confronto con culture diverse.

Farsi dei nuovi amici in età adulta non è poi così difficile. In espatrio entrare in contatto con gli altri sembra quasi essere un gioco da ragazzi, e questo ancora di più se si evolve in comunità di espatriati. I motivi sono molteplici. Spesso si è molto più disponibili al contatto perché la routine alla quale eravamo abituati è cambiata. Chi è nella nostra stessa situazione è molto più disponibile, proprio perché come noi bisognoso di ricreare in fretta dei punti di riferimento indispensabili per sentirsi a casa. Non si hanno degli amici di sempre che ci occupano le giornate e neppure una famiglia, al di là del ristretto nucleo famigliare, che ci assorbe il restante del tempo.

Nei miei tanti anni all'estero ho constato soprattutto come ci sia un reale bisogno di ricreare non solo relazioni, ma vere amicizie, che possano supplire il vuoto lasciato da tutti quei legami, anche familiari, che abbiamo dovuto lasciarci alle spalle nel quotidiano.

L'espatriato cerca di ricostituire non solo tessuto sociale, ma anche famiglia. *"Le amiche, o gli amici, si sostituiscono alla famiglia tradizionale (nonni, cugini, zii ecc...), si tende a fare gruppo."* Piera B.

I rapporti diventano intensi rapidamente, ci si trova insieme spesso ad affrontare situazioni di adattamento difficili, ci si sostiene gli uni con gli altri, consci che solo chi sta vivendo la nostra stessa realtà, potrà capire fino in fondo le difficoltà che dobbiamo affrontare e anche i momenti di crisi.

"Le amicizie in espatrio sono più profonde perché si basano sulla condivisione di un'esperienza unica (quella del Paese in cui l'amicizia si stringe e quella dello stile di vita mobile). In generale in espatrio ci si sente anche molto vicini perché ci si aiuta di più – si è tutti lontani da casa, dalla famiglia, ecc... " Claudia L.

Ma come trovarli questi amici speciali in espatrio? Mi ricorderò sempre il prezioso consiglio di mia sorella, partita all'estero prima di me, mi diceva: "tu vai al parco, insisti, vedrai che alla fine conoscerai altre mamme". La Normandia a marzo non era uno dei posti più kids friendly del mondo. La pioggerellina continua poteva dissuadere anche l'adulto più desideroso di farsi nuovi amici. Lo scivolo bagnato non era dei più praticabili e un bebè di 6 mesi avrebbe preferito starsene al caldo in casa. Ho seguito i consigli di mia sorella, quella volta e direi anche le successive. Sono andata al parco, lungo la Senna, tutti i giorni, ho osservato da lontano le altre mamme, sperando che come per miracolo succedesse qualcosa. Ho cercato occasioni di dialogo, tra una goccia di pioggia e un colpo di vento. Alla fine ce l'ho fatta, alcune di quelle amicizie ci sono ancora, sempre belle e intense.

Con dei bambini è indubbiamente più semplice fare amicizia, sono un viatico di contatti incredibile, ai giardini, a scuola, alle varie attività,

CAPITOLO 4

facilmente, si entra in relazione con altri genitori, ci si racconta, ci si scopre, nascono amicizie.

Anche senza figli ci sono però mille occasioni per trovarsi in situazioni che creano contatti. Alla base di tutto ci vogliono **apertura e tante energie.**

"In Francia era più difficile intrecciare nuove amicizie, difficile conciliare il poco tempo tra amici di vecchia data e famiglia, di conseguenza ne rimaneva poco per creare nuove relazioni. Qui tutto è nuovo, ci sono molte cose che ci accomunano agli altri expat, ci si sente rapidamente vicini." Meital A.

Dobbiamo fare noi lo sforzo di andare verso gli altri, dobbiamo farlo senza timori e con la maggior apertura mentale possibile. Siamo in Paesi diversi dal nostro, con necessariamente meccanismi di relazione sociale che non corrispondono a quelli che conosciamo, incontriamo gente che viene da mondi a noi sconosciuti, l'apertura e la voglia di conoscerli saranno le armi vincenti.

Ci vuole *"grande apertura, trasparenza, sincerità, positività e disponibilità. Qualsiasi incontro, anche fortuito, può far nascere una profonda amicizia. Vedi al parco, una domenica o da Ikea. Basta essere ben disposti, aperti, sorridenti, disponibili e pronti al confronto. In terra lontana inoltre si possono creare legami ancor più forti perché in qualche modo diventano un'estensione della famiglia."* [2] Clara P.

Le associazioni e i gruppi per espatriati, così come le varie attività che ruotano intorno alle scuole internazionali creano mille occasioni di incontro, anche se non è detto che dove non ci sia tutto questo le possibilità di fare amicizie siano ridotte a zero, tutt'altro.

L'importante è sempre avere la volontà di conoscere, essere aperti e curiosi, non avere pregiudizi nei confronti dei locali o di chi proviene da altre culture. Ci saranno necessariamente dei meccanismi relazionali che ci stupiranno e che non riusciremo ad integrare, ma è fondamentale non gettare la spugna alla prima difficoltà.

"Ci si rimette sempre in gioco e, quando la lingua non è la tua lingua materna, è sempre un po' frustrante, ma se vuoi sopravvivere devi farti forza, passare sopra a timidezza e figuracce. Cerco sempre di essere il più onesta possibile, detesto apparire,

---

2. E me la ricordo bene quella domenica al parco di Shinjuku Gyoen, noi giocavamo a palla con le nostre ragazze, loro, poco più in là a palla con i loro di bambini. È bastato uno sguardo e ci siamo detti "ma siete italiani?" Ci siamo messi a chiacchierare mentre i bambini hanno incominciato a giocare tra di loro. Ne è nata un'amicizia che quasi 10 anni dopo è sempre bella e intensa, nonostante traslochi in posti diversi e vite che si svolgono a migliaia di chilometri di distanza. Semplicemente ci abbiamo provato, ci siamo rivolti la parola, tra perfetti sconosciuti, perché così deve funzionare.

mentire, posare." Piera B.

Ovviamente più il Paese nel quali ci siamo trasferiti è culturalmente lontano dal nostro, più facile sarà avere rapporti con altri espatriati, magari anche provenienti dal nostro stesso Paese, in un intento di ricreare un po' di sicurezze in un mondo più complesso da penetrare. E in questo caso l'integrazione con i locali avrà bisogno di più tempo e a volte non avverrà mai completamente.

Chiudersi in una comunità di espatriati ha dei vantaggi e degli svantaggi. Se da un lato ci facilita la vita, mettendoci a confronto solo con persone che ci capiscono perché vivono esattamente le stesse difficoltà nello stesso momento, perché si trovano a gestire arrivi e partenze, come noi, in mondi a volte non accoglienti di primo acchito, dove si parlano lingue sconosciute, dall'altro può tagliarci fuori da uno degli aspetti belli dell'espatrio: l'integrarsi in una nuova cultura e appropriarsene vivendo come i locali. *"Cercare l'integrazione è il segreto per conoscere davvero un posto, per comprendere come si vive. Cerco di non giudicare, di non commentare cose, usi, ricette che magari non conosco, mi faccio spiegare il più possibile di luoghi, tradizioni, modi di dire."* Piera B.

Ammetto che in quasi 20 anni, solo per i primi anni francesi non ho né cercato, né sono incappata in una comunità espatriata, integrandomi al 100% con i locali, esercizio assolutamente facile. Successivamente, pur continuando a cercare di integrarmi nelle varie comunità locali dei Paesi ospitanti, ho cercato e trovato sostegno e appoggio nelle comunità espatriate, senza paura di prendere la strada facile né di essere vista come chi vive solo tra stranieri.

La cosa importante è sempre stata ritrovare in fretta un equilibrio personale e familiare, e per me questo passa attraverso la creazione di legami sociali che mi permettono di sentirmi bene rapidamente. Ovviamente questi legami si creano in modo rapido con chi proviene dalla nostra stessa cultura. *"In genere gli espatriati sono abbastanza a caccia di amicizie, il che facilita il processo."* Claudia L.

Ai locali mi dedico successivamente, quando ho raggiunto un mio equilibrio che mi permette di investirmi in relazioni più complesse.

Fare amicizia con i locali dipende molto dal posto in cui si vive e da quanto la nuova cultura nella quale ci siamo tuffati sia diversa e lontana dalla nostra. Il grosso ostacolo sono le differenze culturali,

CAPITOLO 4

più sono grandi, meno sarà facile stringere amicizie, ma, ovviamente, non impossibile. Quando sono arrivata in Giappone, ho visto subito che fare amicizia con i giapponesi non sarebbe stato semplice, anche solo per la barriera linguistica insormontabile. Non tutti parlano inglese sufficientemente per poter avere dei reali scambi con gli stranieri. Pur evolvendo nella maggior parte del tempo in un ambiente di espatriati, ci sono state fin dall'inizio occasioni in cui mi sono ritrovata in ambiente giapponese al 100%. Accompagnavo le bambine in piscina ai corsi di nuoto e come le altre mamme stavo lì ad aspettare. Io ero abituata nella mia vita pre-Giappone ad attaccare bottone con tutti e in tutto il mondo le mamme si mettono a chiacchierare tra di loro in queste circostanze. Per me *gaijin*[3] invece non era affatto semplice, subito mi sono resa conto che avrei fatto bene a portarmi un libro per ammazzare il tempo, e questo non perché queste mamme fossero un gruppo di asociali, semplicemente perché i loro meccanismi di socializzazione mi erano sconosciuti, e probabilmente i miei a loro. A questo si aggiungeva un reale problema di comunicazione: il mio giapponese quasi inesistente, soprattutto i primi tempi, e comunque mai sufficiente per trasformarlo in conversazione, e il loro inglese probabilmente a livello del mio giapponese. *"La lingua era il principale handicap, era fondamentale incontrare delle giapponesi parlanti francese. Questo è stato possibile grazie alle Amies de langues française, facendo attività che corrispondevano ai miei centri d'interesse."*[4] Armelle A.

Con il tempo poi, a forza di sorrisi e cenni con il capo, sono riuscita ad avere qualche forma primitiva di comunicazione, ma soprattutto con mamme che in un certo periodo della loro vita avevano vissuto fuori dal Giappone. Chi vive all'estero, una volta rientrato nel proprio Paese è naturalmente più attratto dagli stranieri, questo vale in Giappone o altrove, forte della conoscenza di certi meccanismi di socializzazione applicabili nelle relazioni con chi viene da orizzonti diversi.[5]

---

3. Straniera.
4. Les Amis de langues française è un'associazione a Tokyo che raggruppa giapponesi e francofone, in pari numero, e organizza diversi tipi di attività incentrate spesso sulla scoperta della cultura giapponese e di quella francese. Si entra su presentazione di sue associate, nel rispetto sempre di questa parità di numero. Gli scambi culturali che ne derivano sono entusiasmanti ed è un posto in cui è possibile fare amicizia con delle giapponesi proprio sulla base di interessi culturali comuni. Per me la letteratura giapponese, la sua scoperta e il suo approfondimento è stata fonte non solo di arricchimento personale ma anche mezzo per stringere bei legami con un paio di giapponesi.
5. Consiglio la lettura del libro di Ulrica Marshalls, *Expat Wives*. Ci sono dei racconti divertenti sulla vita delle donne expat a Tokyo, sulle amicizie che nascono in questo contesto e sulle gaffe fatte con i giapponesi.

L'amicizia

Storia di Sarah e delle sue amicizie in Giappone

Tokyo è stato il nostro primo espatrio, mi dico sempre che più difficile non potevamo fare. I primi tempi sono stati durissimi, sotto tutti i punti di vista. Professionalemente mio marito si trovava a lavorare in un ambiente abbastanza restio ad accettare lo straniero parlante esclusivamente inglese. Lui era frustrato dalle difficoltà che aveva indubbiamente sottovalutato. Io ho ripreso il mio lavoro nella filiale giapponese della mia società, quindi da questo punto di vista era meno difficile, anche se non è che il tutto fosse una passeggiata. Dal punto di vista umano i primi tempi sono sembrati ad entrambi eterni. Quasi impossibile stringere amicizie che andassero al di là dei semplici educati rapporti di lavoro, che comunque in ambiente giapponese comportano anche tutta una serie di uscite a bere e mangiare, che avrebbero potuto dare ad entrambi la possibilità di andare oltre. I primi tempi non fu così. Era difficile capire cosa potessimo o non potessimo fare, tipo invito a cena o non invito, si fa o non si fa. Alla fine passavamo tantissimo tempo da soli a cercare di immaginare come uscire da questa situazione di isolamento forzato. Ad un certo punto mi sono detta che forse tuffarmi a capofitto nel giapponese mi avrebbe aiutata a comunicare con loro e fare breccia nel loro modo di mettersi in relazione. L'azienda mi aveva messo a disposizione un insegnante che poteva venire direttamente in ufficio per semplificarmi la vita. Ma di un corso da sola non avevo voglia, quello che volevo era uscire dal mio mondo limitato lavoro/casa e vedere cosa c'era al di fuori. Decisi per un corso in una scuola di lingue, un corso di gruppo. Due piccioni con una fava: imparare la lingua e conoscere gente. Effettivamente è stata la scelta migliore che potessi fare. Eravamo in 5, tutti più o meno della stessa età, tre donne e due uomini. Tre europei e due americani. Da subito si è creato una sorta di spirito di gruppo molto forte. Eravamo tutti arrivati da poco tempo e riscontravamo lo stesso tipo di problemi ad integrarci in questo nuovo mondo. Eravamo partiti tutti con le migliori intenzioni, voglia di aprirci e integrarci, rendendoci tutti conto di come la realtà fosse ben più complessa. Incominciare a frequentarci al di fuori del corso è stato abbastanza naturale.

Abbiamo organizzato uscite, coinvolgendo, per chi li aveva, i rispettivi compagni. Ci siamo appoggiati a vicenda nella scoperta della nostra nuova città e ci siamo dati importanti punti di riferimento. Il fatto di aver ritrovato una certa forma di vita sociale ci ha aiutati ad aprirci di più, e non solo con altri stranieri che man mano incontravamo, ma anche con gli stessi giapponesi. Ci siamo resi conto che tutto sommato il momento più difficile era stato il primo passo verso gli altri, poi le relazioni si aprivano a noi naturalmente. Per me il problema più grosso all'inizio era stata la

CAPITOLO 4

paura di confrontarmi con meccanismi di socializzazione sconosciuti, di fronte ai quali non avrei saputo come presentarmi. Fatto il primo salto è stato semplice continuare in tutte le direzioni.

Ma queste amicizie nate in espatrio resistono al tempo o si dissolvono una volta cambiato Paese?

Direi che come tutte le amicizie ce ne sono che sono destinate a durare, altre che si perderanno trasloco dopo trasloco, ma né più né meno che in una vita "normale". Molte relazioni non resisteranno al tempo, semplicemente perché non si sono mai trasformate in vere e proprie amicizie, altre sapranno invece evolvere e consolidarsi, a discapito dei chilometri che ci separeranno.

Come tutte le amicizie anche quelle create in espatrio hanno bisogno di essere coltivate, nutrite di elementi qualitativi, al di là della dimensione temporale. Hanno il vantaggio di essere nate in contesti nomadi e di conseguenza di essere abituate ad arrivi e partenze. Le separazioni fanno parte del quotidiano nostro e loro, sappiamo e sanno gestirle meglio di chi ha una vita più sedentaria. Con questo, anche quando si è abituati, ogni partenza si trascina sempre dietro il dolore di lasciare legami sinceri e la constatazione che si dovrà di nuovo fare a meno della quotidianità.

"Questo distacco dalle amiche di Gerusalemme ad esempio è piuttosto catastrofico. Ci eravamo talmente legate che continuo a pensare a loro e mi mancano in maniera viscerale. In passato non era così, ma è anche vero che Gerusalemme è un posto molto speciale, che contribuisce a rafforzare la solidarietà e l'amicizia. Quello che faccio, come tutti credo, è di restare in contatto il più possibile: chat, Facebook, l'occasionale chiamata." Claudia L.

Purtroppo quando si sceglie di vivere all'estero si devono fare i conti con questi cambiamenti continui, e anche se si mettono radici in un posto, ci sarà per forza quello che passa e va, lasciandoci un vuoto. Diciamo che sono i pro e i contro della vita degli espatriati, da un lato si creano tessuti sociali ampi e variati, si intrecciano una moltitudine di relazioni, più o meno intense, ci si arricchisce nello scambio continuo con gli altri, con chi proviene da orizzonti diversi o uguali ai nostri, ma poi dall'altro lato si deve sempre fare i conti con il tempo che passa inesorabilmente e che per molti segna la fine di un contratto, un nuovo cambiamento, il ritorno nel proprio Paese d'origine. In questo senso **spesso si vivono le relazioni con il sentimento che ci sarà una scadenza, si deve fare tutto il più in fretta, si diventa amici velocemente**, non si perdono mesi e mesi in tentativi di avvicinamento. Questa è una cosa che mi ha piacevolmente colpita appena arrivata a Tokyo, che per me voleva anche dire la prima volta in un ambiente di soli espatriati. Dal secondo giorno di scuola avevo già due inviti per un caffè, due pranzi organizzati, un invito a cena e qualche amica potenziale di cui fidarmi fosse successo qualcosa. E di queste amiche dieci anni dopo ce ne sono sempre alcune con le quali la complicità, quando ci si ritrova o il tempo di un face to face su Skype, è la stessa nata in quei primi magici momenti tokïoiti.

Successivamente ho imparato a fare lo stesso, sono pronta dal secondo incontro a ricevere, invitare, condividere, il che a volte può spiazzare.

E per i nostri bambini? Non è facile per noi cambiare e ricostruire, gestire il distacco dai nostri amici e nello stesso tempo dare ai nostri figli l'equilibrio necessario per non soffrire troppo. Ho sempre spiegato alle mie ragazze che le amicizie destinate a durare, dureranno indipendentemente dalle distanze, ma che ci vogliono energie per continuare a coltivarle anche da lontano.[6]

Penso che i bambini abbiano molte risorse in questo senso, e **un bambino expat, abituato al cambiamento ha una certa facilità ad assorbire i distacchi e a ricreare in poco tempo un comodo terreno di affetti.** La sofferenza rimane la stessa, il dolore per l'amico lontano è grande, ma rapidamente un nuovo amico saprà tender loro la mano, spesso un bambino anche lui con alle spalle un distacco e la necessità di ricreare in fretta amicizie serene. Arrivati in Giappone il primo giorno di scuola la mia secondogenita era già per mano con una bimbetta coetanea conosciuta due giorni prima a cena a casa nostra, figlia di un collega di mio

---

[6]. Lisa Pittman and Diana Smit, *"Expat Teens Talk"*, Summertime Publishing. Qualche interessante affermazione di giovani adolescenti expat su differenti temi, tra cui l'amicizia e i legami in generale. Un libro nato dalla considerazione di come una delle cose più difficili per un adolescente expat è avere qualcuno con cui parlare, al di là dei genitori. Ogni spostamento si porta dietro le stesse problematiche e trovare delle risposte nel nuovo ambiente può non essere facile per questi ragazzi.

CAPITOLO 4

marito. Avevano giocato insieme tutta la serata e ritrovarla nella sua classe è stato un sollievo per lei. A 5 anni, in pochi mesi e 10.000 chilometri, si era lasciata alle spalle tutti i piccoli teneri legami costruiti nei primi anni di asilo. Avere un'amica dall'inizio era fondamentale.

Molte volte mi sono fermata a riflettere sull'impatto di questi distacchi sulla sensibilità delle mie ragazze e sul loro equilibrio, con la paura di non aver dato loro terreni solidi sotto i piedi, amicizie radicate con le quali crescere. Certo, rispetto a me nata e cresciuta nello stesso quartiere, con gli stessi amichetti diventati prima adolescenti poi adulti al mio stesso ritmo, la loro vita dal punto di vista delle amicizie può apparire come un calvario senza fine, fatto di intensi rapporti destinati a finire nel giro di qualche anno, brevi incontri senza un futuro chiaro, amicizie che saranno messe a dura prova da traslochi e fusi, insomma a prima vista votate all'insuccesso. Onestamente però non penso che sia proprio così. I legami che si creano possono essere intensi e sinceri, assolutamente identici a quelli che si sarebbero creati in una vita sedentaria. Come per noi adulti, se le amicizie sono destinate a durare, dureranno. Ci vorranno energie, nulla sarà scontato in partenza, ma saranno amicizie che potranno crescere e progredire nel tempo, senza un quotidiano da condividere, ma con una qualità delle relazioni e anche con la coscienza condivisa della difficoltà a mantenere questi legami. *"Ai miei figli ho sempre cercato di far capire che il distacco non significa la fine dell'amicizia."* Claudia L. La separazione non vuol dire fine, anzi può essere l'inizio di un nuovo modo di viverla questa stessa amicizia, con momenti di breve intensità, in cui ci si ritrova e ci si racconta delle vite che evolvono magari in modo diverso.

Storia di Erik bambino expat

Erik è tedesco, ha vissuto all'estero per 15 anni da bambino e ragazzo prima di rientrare in Germania per i suoi studi universitari.

Ho vissuto in Italia, a Roma, durante gli anni delle scuole medie e del Liceo. I miei genitori avevano scelto di mandarmi in una scuola di quartiere, convinti che sarebbe stato un grandissimo regalo tuffarmi nel vero mondo italiano. In precedenza avevano sempre optato per la scuola tedesca. I primi tempi certo non furono semplicissimi, parlavo poco la lingua e di colpo mi trovavo immerso tra ragazzini italiani che non solo si conoscevano tra di loro, ma che avevano lo stesso bagaglio culturale. Io ero lo

L'amicizia

straniero. Le prime settimane sembrava quasi cercassero di evitarmi, troppo complicato mettersi in relazione con me, dovermi cavare di bocca le poche parole che sapevo, fare a loro volta degli sforzi. Io ne feci tanti, cercavo di rendermi simpatico, li cercavo. Volevo il contatto. Alla fine incominciai ed essere amico con un paio di ragazzini, giocavamo al pallone dopo le lezioni. Il mio italiano migliorava sempre di più e questo mi permetteva sicuramente di interagire meglio con loro.

Pian piano le relazioni sono diventate più forti, sono nate delle bellissime amicizie, molte durano ancora oggi, anche se vivo lontano. Sono rientrato in Germania a malincuore, avrei voluto rimanere in Italia e andare nella stessa Università di molti dei miei amici, i miei genitori però hanno preferito così, alla fine è andata bene lo stesso. Da parte mia e da parte dei miei amici abbiamo fatto sempre in modo di ritagliarci del tempo da passare insieme. Loro venivano a trovarmi, io facevo lo stesso, abbiamo organizzato belle vacanze e condiviso tantissime cose. Adesso pian piano arriva il momento dei matrimoni, dei bambini, delle famiglie che si formano, e tra di noi c'è sempre la stessa complicità. Mi sposerò tra sei mesi in Germania e i miei amici italiani saranno in prima fila a festeggiare con me!

Stare a rimuginare sui distacchi non aiuta e noi genitori dobbiamo dimostrare un solido esempio. Dico sempre alle mie figlie di guardare come tante nostre amicizie si siano mantenute sempre belle e solide, con un immutato piacere di ritrovarsi, mostro loro che è possibile. Adesso che sono grandi arrivano alle stesse considerazioni quando ci vedono insieme ai nostri amici di sempre, il nocciolo duro degli anni di università, che è stato capace di sostenerci anno dopo anno, Paese dopo Paese. Capace di essere presente nei momenti difficili e dolorosi, sempre pronto anche a venire a scoprire la nostra vita da una parte all'altra del mondo.
I ragazzi oggi hanno il vantaggio dei social media, questo è veramente un grande mezzo di contatto, vuol dire avere tra le mani uno strumento che distrugge le distanze e permette di mantenere i legami vivi e costanti. Grazie a tutto ciò sarà sempre più facile mantenere vive le relazioni, anche se non si deve fare l'errore di cadere in rapporti virtuali, senza più implicarsi a coltivare quelli reali, si creerebbe allora un vero vuoto. Una chiacchierata su Skype fa bene a noi e ai nostri figli, ma un caffè condiviso con un'amica o un pomeriggio a giocare al parco, fanno sicuramente meglio!

CAPITOLO 4

"L'unica cosa che ci diciamo sempre è che ogni volta siamo tristi e ci sentiamo soli in un posto nuovo ed in poco tempo siamo di nuovo felici ed attorniati da gente alla quale vogliamo bene, quindi, coraggio e si ricomincia non dimenticando nessuno dei vecchi amici." Piera B. **Avere sempre la voglia di ricominciare** è la miglior garanzia per continuare a creare amicizie sincere, senza per questo dimenticare completamente tutte quelle costruite in precedenza.

---

amicizie

Qualche regola di base per sopravvivere ad una partenza e ricreare in fretta delle relazioni
- **Dire addio in modo adeguato alle vecchie amicizie,** indispensabile per partire con il piede giusto in nuove relazioni, senza il sentimento di non aver chiuso una parentesi: fate una festa, un pranzo, una cena, salutate e lasciatevi salutare.
- **Non avere paura di essere tristi e di mostrarlo:** gli amici ci mancheranno, diciamoglielo, non vergognamoci dei sentimenti, questa è amicizia.
- La magra consolazione è che **chi parte è in una posizione più facile, chi resta vivrà la stessa routine** e la mancanza di chi è partito si farà sentire più forte. Chi parte si troverà a dover scoprire un mondo nuovo, dovrà tuffarsi in nuove relazioni, non avrà il tempo di stare a rimpiangere il passato.
- **Aprirsi agli altri,** non è stando a casa ad aspettare che il telefono di colpo si metterà a suonare.
- Non essere critici nei confronti del nuovo, **tolleranza** e apertura sono l'arma migliore per creare nuove relazioni.
- **Aprire la propria casa:** ne riceveremo molto in cambio.
- **Le associazioni di expat** e le attività da esse organizzate sono un fantastico viatico di amicizie, non avere paura di rinchiudersi in un mondo di expat, non sarà così.

amicizie (continua)

È normale sentirsi bene con chi sta vivendo le nostre stesse esperienze, non vuol dire non volersi integrare alla cultura locale.

- **Non giudicare la cultura locale e il modo di relazionarsi dei suoi abitanti con il nostro metro:** ogni Paese ha i suoi meccanismi di relazione sociale, dobbiamo essere aperti ad integrarli, senza imporre i nostri.

- **Non avere paura di dire che ci si sente soli,** all'inizio è assolutamente normale, ci si renderà conto in fretta che tutti passano per le stesse sensazioni e difficoltà

- **Lo spirito positivo e l'entusiasmo** per la nuova avventura aiuteranno a creare amicizie. Nessuno ha voglia di stare con chi vede tutto negativamente, mentre una persona allegra e sorridente dà voglia di essere frequentata.

- **Tenere per mano i nostri figli in questi primi importanti momenti** di contatto con gli altri bambini e ragazzi. Spiegare loro che sentirsi soli, avere paura, sono sentimenti assolutamente normali.

CAPITOLO 4

Federica al centro osserva gli uccelli al parco in India con i suoi amici Lola e Clement.

Gil, Erika, Guido e Francesca - gli amici di sempre e sempre presenti.

Con il nostro piccolo amico Lorenzo a passeggio per le strade di Lille.

CAPITOLO 5

Cultural shock o Paese che vai usanza che trovi

When you travel, remember that a foreign country is not designed to make you comfortable. It is designed to make its own people comfortable.[1]
Questo indubbiamente porta ad uno **shock** culturale. Ci sarà sempre qualcosa che ci fa stupire, che ci colpisce, che ci sembra strano o assolutamente nuovo. Cresciamo in ambienti ben definiti, con riferimenti culturali precisi, con meccanismi di relazione che derivano dal nostro background culturale. Ci relazioniamo agli altri in funzione del contesto nel quale ci siamo formati come adulti, monoculturale o multiculturale che sia.
Vivere in un altro Paese porterà automaticamente ad uno stravolgimento di certi meccanismi acquisiti, ad un confrontarci con novità improbabili, ad un rimetterci in discussione.
Questo è il bello del vivere all'estero.
Stupirsi e scoprire fanno parte della magia di questa vita da espatriati, si impara con il tempo a superare le differenze e anche, a volte, a far nostre abitudini e modi di vivere che all'inizio ci sembravano impensabili. Questa è l'integrazione.
I primi giorni in un Paese nuovo sono i giorni migliori, siamo assolutamente immersi in un mondo sconosciuto, cogliendone tutte le novità, incapaci

---

1. Clifton Fadiman (1904-1999) intellettuale, autore, editore americano.

però di renderci conto di quello che veramente stride con il mondo precedente. Si vive sorretti dall'eccitazione e dalla quantità stratosferica di cose da fare che normalmente segue l'arrivo in un posto. Il quotidiano da ricostruire non lascia spazio al fermarsi a guardare con attenzione la realtà che ci circonda. Solo in un secondo tempo ci si potrà veramente fermare e allora lì le differenze verranno fuori più o meno violentemente, a seconda del Paese in cui siamo, ma verranno comunque fuori.

A volte le differenze saranno quasi impercettibili, piccole abitudini diverse, comportamenti magari sconosciuti, altre volte invece la realtà circostante potrà apparire come aliena. Saremo noi a questo punto a dover decidere se reagire allo shock e affrontare l'espatrio in modo sereno nonostante le mille differenze, oppure rifiutarne assolutamente i valori e decidere di vivere male questa fase della nostra vita, fino alla partenza successiva.

Integrare le differenze è una dote importante quando si decide di andare a vivere all'estero. Accettare che si viva in modo diverso, che non tutti mangino la pasta al dente, bevano un buon caffè, si riposino il week-end e lavorino in settimana, usino le posate a tavola, o si stringano la mano quando si incontrano, è importante per adattarsi ad una nuova vita. Vivere all'estero, nel tempo, ci cambia, e questo proprio per il continuo confrontarci con realtà differenti e abitudini a volte anche in contrasto con le nostre. Cambia l'individuo che siamo alla base, per forgiarlo in modo da renderlo più facilmente adattabile alle nuove situazioni, e questo ci permetterà di superare allegramente lo shock dei primi tempi e di sentirci a casa ovunque nel mondo.

Ma cosa vuol dire shock culturale? Aprire gli occhi una mattina e renderci conto che il vicino di tavolo che la sera prima stava disinvoltamente ruttando tra un boccone e l'altro non lo fa perché è un grande maleducato, ma perché nella sua cultura è così e non nella nostra. Con questo non vuol dire che per forza ci metteremo a fare lo stesso, ma che accetteremo il fatto che vivendo in certi Paesi, i loro abitanti abbiano l'abitudine di farlo e che la cosa sia socialmente accettata.

Quando sono arrivata in Giappone ho capito subito che c'erano tanti "si fa e non si fa" diversi dai miei riferimenti di base, italiani od europei che fossero. Loro tirano su con il naso anziché soffiarlo, noi usiamo il fazzoletto, cosa assolutamente non igienica dal loro punto di vista. Che fare? Ho continuato ad usare il fazzoletto, evitando di farlo in pubblico, ho accettato senza più farmi domande il fatto che tirassero su con il naso allegramente in qualsiasi circostanza, io ero l'ospite e toccava a me adeguarmi.

L'antropologo Kalervo Oberg fu il primo a parlare di shock culturale in riferimento agli individui che vivono in un Paese straniero e ne devono assorbire i meccanismi, perdendo tutti i punti di riferimento noti fino a quel momento. *"Quando un individuo entra a far parte di una cultura straniera tutti o la maggior parte dei segnali familiari sono stati rimossi. La persona si sente come un pesce fuor d'acqua. Non importa quanto sia di larghe vedute o pieno di buona volontà, una serie di sostegni vitali per il suo equilibrio cederanno rapidamente sotto ai suoi piedi."* [2]

Si deve essere consci che **nessun espatriato sarà al riparo dallo shock culturale**, questo anche quando si pensa di vivere in un Paese molto simile al proprio. Sarà simile ma non sarà lo stesso. Ci saranno per forza degli elementi in contrasto con quelli che abbiamo acquisito con la nostra cultura.

Lo shock culturale non arriva subito. **La prima fase dell'espatrio è piuttosto idilliaca**, quella definita della luna di miele. Come ben si sa, non dura in eterno e una volta che si torna a una vita normale, si fanno i conti con la realtà del vivere in due. Vivendo all'estero dopo una prima fase di estremo entusiasmo, ci si scontra inesorabilmente con le differenze alle quali siamo confrontati, con lingue sconosciute, con comportamenti non noti, con tutta una serie di elementi destabilizzanti, oltre che con la solitudine, a volte, e un senso di disagio.

Questa è la seconda fase, la più difficile, **la constatazione delle differenze**. Le difficoltà quotidiane possono sembrare insormontabili. Il fatto di non poter comunicare, cosa che prima magari ci divertiva, non ci diverte più. Il sentirci diversi per strada, perché tutti hanno gli occhi a mandorla e noi no, incomincia a pesarci. L'aver voglia di un sapore conosciuto che attraverso il gusto ci riporti un po' di sensazioni di casa, e il sapere che non la troveremo neanche sbattendoci da una parte all'altra della città. Ci si sente soli, in balia di situazioni che potrebbero essere semplici, ma diventano montagne sommando problemi a problemi. I meccanismi di comunicazione ci sembrano insormontabili, anche quando

---

2. Kalervo Oberg (1901–1973), *The Social Economy of the Tlingit Indians of Alaska*, Duke University Press.

CAPITOLO 5

non ci sono veri e propri problemi linguistici. È il momento in cui la realtà del nuovo mondo ci viene allegramente sbattuta in faccia. È il momento di reagire, affrontare, accettare, il come lo si farà e il quanto in fretta, sarà fondamentale.

Il **rifiuto della nuova realtà ci porterà inesorabilmente all'impossibilità di integrarci e di integrarne i meccanismi.** L'accettazione sarà la chiave del successo della nostra vita all'estero.

La **fase successiva sarà quella della messa a punto**, una piccola routine prenderà il sopravvento, con l'accettazione di certi comportamenti e meccanismi. La nuova cultura ci sembrerà meno aliena, anzi pian piano incominceremo addirittura ad assorbirne certi aspetti, quasi come se fossero sempre stati parte della nostra vita.

A questo punto la nostra integrazione sarà compiuta, avremo una buona padronanza degli aspetti culturali del Paese che ci ospita, non ci stupiremo più costantemente, il che non vuol dire che più niente ci stupirà, perché vivere all'estero vuol dire continuare a scoprire ogni giorno aspetti nuovi, ma con il tempo si impara a leggerli non più con il nostro metro di lettura ma con quello del nostro nuovo Paese o con la somma dei metri di lettura acquisiti nei vari spostamenti.

Lo shock culturale è un passaggio necessario nella fase di adattamento alla nuova vita, non lo si può evitare e non si deve avere paura di affrontarlo. **Ci sono alcuni piccoli trucchi che ci permetteranno di meglio sopravvivere a questa fase caotica e ricca di emozione.**

Per prima cosa **essere positivi**, cercare solo i lati negativi nella nuova esperienza non aiuta a vedere cosa invece c'è di bello e arricchente. Non utilizzare sempre e solo il nostro filtro per guardare fuori, se si **osserva il mondo che ci circonda senza pregiudizi** sarà più facile coglierne le sfumature importanti.

Accettare le differenze sin dall'inizio, sarà fondamentale per sentirsi a casa rapidamente.

Non avere fretta e **procedere per gradi**, non assorbiremo tutto subito, ci vorrà del tempo, e soprattutto non ci adatteremo mai a tutto, impareremo semplicemente la pacifica convivenza con quello che non ci piace. *'Mi sono sempre adattata, nel senso che la regola numero uno è quella di non voler sovvertire i codici culturali del Paese che ti ospita. Però è stato – ed è – come un film, una parte recitata, per cortesia, per rispetto, per quieto vivere, non certo uno sposare usi e costumi*

Cultural shock o Paese che vai usanza che trovi

che van contro i miei valori." Claudia L.

Usi e costumi, orari, ritmi di vita, modi di vestire, di mangiare, di relazionarsi, cambiano da Paese a Paese, noi viaggiamo portandoci dietro il nostro bagaglio con dentro i nostri orari, le nostre abitudini, la nostra cucina, il nostro modo di vestire. Potremo adattarci pian piano ma non stravolgere tutto e, devo dire, per fortuna, perché la ricchezza sta in questa capacità di sommare abitudini diverse, creandone di nuove che sono un mix di tutte e che ci sono proprie.

In qualsiasi modo conoscere le cause dello shock culturale può aiutare ad affrontarlo meglio.

Quali sono gli elementi scatenanti?

La lingua. Non parlare la lingua del posto o non parlarla in modo sufficiente non aiuta a muovere i primi passi. Il non poter comunicare e il sentirsi limitati nel nostro campo d'azione, creano negli adulti un grosso senso di frustrazione. Io l'ho provato soprattutto in Giappone i primi tempi. Non poter leggere nulla per strada e non poter comunicare con nessuno hanno rallentato molto la mia scoperta della città. Ero meno libera di muovermi per paura di trovarmi in situazioni complicate. Ho proceduto per gradi e soprattutto mi sono imposta di seguire dall'inizio un corso di giapponese. Ero conscia che non avrebbe fatto miracoli, soprattutto nei primi tempi, ma era importante poter acquisire qualche elemento di comunicazione di base, tanto più che conoscere una lingua può aiutare a **conoscere la cultura che sta dietro di essa**, quindi ad acquisirne gli strumenti per coglierne le sfumature.

Iscriversi ad un corso, se non la si parla o anche se se ne ha una buona conoscenza ma si ha voglia di migliorarla dall'interno del nuovo contesto, è molto importante per arginare i sentimenti contrastanti che la non comunicazione o la scarsa comunicazione mettono in atto.

"Parlo francese con un buffo accento e faccio sempre un sacco di errori ma sono orgogliosa di aver imparato un'altra lingua partendo da zero a 45 anni. Ora vorrei cimentarmi con il fiammingo ma non oso." Piera B.

È vero che quando si cambia Paese spesso non si ha forse voglia di rimettersi a studiare una lingua nuova, ma **conoscerne anche solo qualche piccolo meccanismo comunicativo è un passo importante verso l'integrazione culturale.**

"Imparare una lingua permette di capire la cultura di un Paese. Le sottigliezze di

CAPITOLO 5

costruzione di una frase, ad esempio, permettono di capire i valori di una società. Anche se le conoscenze rimangono ad un livello di base, sottolineano lo sforzo di integrazione con i locali." Armelle A.

I corsi di lingue inoltre possono avere anche la funzione di metterci in relazione con persone che, come noi, sono appena arrivate, con gli stessi problemi e le stesse necessità. Si creano legami e ci si confronta con chi vive sensazioni simili e difficoltà di comunicazione.

"È evidente che parlare la lingua del posto dà all'avventura un sapore completamente diverso, è come vivere due espatri differenti, a seconda che la si parli o no. Quando la lingua è facile (leggi: di radice latina, ad esempio), è doveroso impararla. Io ho imparato il portoghese quando mi sono trasferita in Angola, e lo spagnolo appena arrivata in Honduras. Con lingue molto distanti dalla nostra (arabo, lingue asiatiche, ecc...) il discorso un po' cambia perché queste sono lingue che in generale ci si mette un sacco di tempo ad imparare, quindi a volte uno non ha voglia di mettere in conto tutti questi mesi per arrivare a fare qualche frasetta. Questo soprattutto se esiste una lingua "franca", che, in genere, è l'inglese, con la quale comunicare. Io mi sono comunque pentita di non aver cominciato l'arabo da subito, a Gerusalemme, perché dopo 4 anni e passa sarei venuta via con una lingua in più al mio attivo. A mia scusante c'è da dire che l'arabo è una lingua talmente complessa, ma talmente complicata, che anche un mio più tardivo tentativo è stato subito frustrato. Ora sono appena arrivata in Indonesia e sono determinata ad imparare un po' di bahasa. Sono fermamente convinta che cambi il rapporto con la gente del posto se ci si sforza di parlare almeno un pochino la loro lingua. E si afferrano anche molte più sfumature della cultura." Claudia L.

Oltre ai corsi di lingua ci possono essere anche interessanti corsi sulla cultura del nostro nuovo Paese, sulla sua letteratura, la sua arte, la sua storia. In Giappone per un certo periodo ho preso dei corsi di arte floreale giapponese, Ikebana, un modo per capire meglio certi meccanismi profondi della cultura che mi ospitava.

Anche quando si conosce bene la lingua e la comunicazione di base è assicurata ci possono comunque essere dei problemi di interazione che vanno oltre la parola, gesti e atteggiamenti che non conosciamo, o che noi utilizziamo e che gli altri non capiscono. Ci sono codici di comportamento a noi sconosciuti che possono complicare la comunicazione e rendere l'integrazione più lenta.

Il non sapere come comportarsi, il non conoscere le regole, i primi tempi è spiazzante. Si devono acquisire tutta una serie di nuovi automatismi e ci vorrà del tempo per farlo. In realtà in tutti questi anni mi sono resa conto che uno straniero in un Paese nuovo ha diritto all'errore. Non verremo giudicati male solo perché ci comportiamo come non dobbiamo, facciamo cose che non si fanno, seguendo i nostri codici culturali. Possiamo con calma adattarci e imparare dai nostri piccoli errori. Perché, per esempio, non ho mai avuto delle buone relazioni con i miei vicini giapponesi? Semplicemente perché nessuno mi aveva detto all'inizio che avrei dovuto, appena arrivata, andare a presentarmi portando loro dei dolcetti. Ho compromesso i rapporti partendo con il piede sbagliato, ma non per questo mi hanno reso la vita difficile, semplicemente non ho avuto relazioni con loro. Tornassi oggi in Giappone non farei più gli stessi sbagli, forse ne farei degli altri avendo perso certi automatismi giapponesi, ma non gli stessi.

Un altro modo piacevole per capire una cultura, un Paese, e il perché e il per come di mille comportamenti e sfumature, è tuffarsi a capofitto nella sua **letteratura**. Attraverso le pagine dei suoi autori si capisce molto di certi atteggiamenti. Si capiscono tante piccole cose utili per sentirci veramente parte di una cultura. Questo poi è ancora più utile quando si tratta di Paesi molto distanti, dei quali molti atteggiamenti ci sfuggono, e per i quali è importante cercare di capire in profondità. Ho incominciato in Giappone a leggere veramente in modo regolare autori giapponesi, letti fino a quel momento con un'ottica diversa. Attraverso Tanizaki, Murakami, Ogawa e molti altri ho capito tantissime cose del Giappone e dei giapponesi. In India ho continuato convinta che certe cose le avrei metabolizzate solo così, e in America, nonostante le differenze non siano così importanti, leggere un po' di storia americana mi ha aiutato a integrare certe sfumature comportamentali.[3]

3. Qualche lettura interessante per capire meglio in Giappone:
Murakami Haruki, *After Dark*, Alfred A. Knopf, 2004 - Murakami Haruki, *Kafka on the Shore*, Kodansha 2002 - Tanizaki Yunichiro, *The Makioka Sisters*, Everyman's Library, 1948 - Tanizaki Yunichiro, *The Diary of a Mad Old Man*, Vintage, 1965 - Ogawa Yoko, *The Housekeeper and the Professor*, Picador, 2003. Il bellissimo manga in 10 volumi di Nazakawa Keiji, *Hadashi no Gen* (Barefoot Gen), Educomics, New Society Publishers.
Per l'India: Rohinton Mistry, *Such a Long Journey*, Mc Clelland & Stewart, 1991 - Rohinton Mistry, *A Fine Balance*, Mc Clelland & Stewart, 1995 - Samina Ali, *Madras on Rainy Day*, Farrar, Straus and Giroux, 2004 - Sharon Maas, *Peacocks Dancing*, Harper Collins, 2001 - Sharon Maas, *Of Marriageable Age*, Fingerprint, 1991 - Anita Jain, *Marrying Anita: A Quest for Love in the New India*, Bloomsbury, 2008 - Chetan Bagat, *2 States*, Hyder Ali, 2009 - Chetan Bagat, *One Night @ the Call Center*, Rupa& Co, 2005.
Per approfondire la storia e la cultura americana: Sherwood Anderson, *Wineburg, Ohio* - John F. Kennedy, *A Nation of Immigrants*, Harper& Row, 1964 - Nathaniel Hawthorne, *The Scarlet Letter*, Tickner and Fields, prima edi. 1850 - Larry Mc Murtry *Lonesome Dove*, Simon & Shuster, 1985.

CAPITOLO 5

Anche il **sentimento di solitudine** può portare ad un'accentuazione dello shock culturale. Ci si sente soli, non tanto perché non si hanno relazioni, quanto perché non se ne hanno abbastanza per sentirsi in sicurezza succedesse qualcosa. E se mi ammalo? E se devo partire rapidamente a chi lascio il gatto? Il non sapere a chi chiedere e come muoversi per avere un aiuto, può aumentare questo stato di sorpresa nei confronti del nuovo mondo.

Per questo ci sono una serie di cose da fare ancor prima di arrivare in un posto, cercare gruppi in loco che possano aiutare, cercare di capire come funzionano ad esempio gli aiuti domestici o i servizi di baby sitter. L'errore di molti espatriati, soprattutto mamme e mogli al seguito, è quello di chiudersi in un mondo casa-bambini, con al massimo la scuola come sommo svago, senza pensare all'importanza di crearsi qualche alternativa al fare la mamma 24 ore su 24, cosa che alla lunga può portare ad una non accettazione del proprio stato di espatriato e di conseguenza ad un rifiuto del nuovo Paese.

Le **differenze nel modo di vivere** sono anch'esse molto spiazzanti. Quando sono arrivata in India ci ho messo un po' ad accettare di vivere in una piccola prigione dorata, molto meno libera che nella mia precedente vita a Tokyo. A Chennai il contrasto tra il mio mondo e quello che ne stava fuori era spesso molto stridente. Non dimenticherò mai gli occhietti furbetti di mia figlia Camilla mentre, dall'alto dei suoi sei anni, passeggiando mano nella mano sulla spiaggia di Marina Beach, mi diceva, osservando la miseria circostante, "mamma dobbiamo fare qualcosa per questa gente". Lì ho capito che avremmo dovuto imparare a chiudere gli occhi, ogni tanto, per sopravvivere. Lì ho capito che sedermi sul bordo della mia piscina non sarebbe stato un lusso da ricchi, ma un modo per poter affrontare il mondo al di là del mio giardino, un mondo che comunque da sola non avrei potuto cambiare, e che avrei imparato mese dopo mese ad accettare con tutte le sue sfumature, e ad amare intensamente con i suoi mille contrasti.[4]

In Paesi difficili, come l'India, in cui i contrasti culturali e sociali sono forti, si deve subito **cercare di relativizzare**, ci si deve costruire un

---

[4] Interessante la lettura di Gitanjali Kolanad, *Culture Shock! India: A Survival Guide to Customs and Etiquette*, Graphic Arts Books, 2006. Becky Stephen, *India - Culture Smart!: The Essential Guide to Customs & Culture*, Kuperard, 2003.

piccolo guscio nel quale ripararsi quando veramente è troppo difficile. Noi abbiamo perso il nostro custode dopo pochi mesi dal nostro arrivo a Chennai. Era un ometto sorridente che amava giocare con le bambine al loro rientro da scuola, sempre gentile. Ogni tanto lo chiamavano per fargli vedere i loro tuffi e lui si metteva lì e applaudiva felice. Se n'è andato all'improvviso una notte. Infarto, pare. La mattina successiva mi sono trovata da sola ad affrontare il problema, mio marito era in viaggio. Sono andata a casa sua per rendergli omaggio. Parlare di casa francamente è esagerato. Abitava in una capanna, senza acqua e senza luce. Ogni giorno quest'uomo veniva a casa mia e sorrideva felice, quando francamente, mi sono detta, avrebbero dovuto girargli un po' le scatole. Noi con la nostra casa enorme, la nostra piscina con idromassaggio incorporato, e lui senza neanche l'acqua per lavarsi o un letto sul quale stendersi. Invece sorrideva. Per me è stato uno shock, il vero e duro. Di colpo ho visto una realtà che fino a quel momento mi era sfuggita, di colpo ho capito che si può anche sorridere se non si ha nulla. A questo punto avrei potuto odiare l'India, non è successo, anzi l'ho amata ancora di più, proprio in questa sua profonda differenza, nel suo modo diverso di affrontare la vita e quello che ci offre.

≈
Storia di una famiglia a Mumbai

La partenza per l'India era stata rimandata più volte, sembrava quasi che per uno strano disegno del destino alla fin fine non saremmo mai partiti. Finalmente dopo mesi di tira e molla per problemi di visti e due viaggi nostri per andare a toccare con mano la realtà locale e scegliere casa e scuola, eccoci finalmente arrivati in un posto che faremo fatica a chiamare casa, almeno per i primi dodici mesi. Poi è andata meglio...
Pensavo che sarebbe stata dura, ma non così. O meglio lo pensavamo ma ci aspettavamo di avere due mesi terribili con la nostalgia di casa e poi che tutto fosse in discesa. Inaspettatamente i primi due/tre mesi sono stati un turbinio di novità. Per noi era la prima volta in un Paese straniero, il primo espatrio. Avevamo sete di scoperta e ci sembrava di avere tutto facile lì su un piatto d'argento. Casa enorme, piscina, domestici attenti, autista per andare in giro, un potere d'acquisto incredibile. I primi mesi erano adrenalina allo stato puro, grande eccitazione per i bambini a scuola, e nostra per tutto quello che ci si offriva davanti. I primi segni di risveglio dal sogno sono arrivati più o meno alla fine dell'autunno, i bambini dopo tre mesi di fila a scuola ormai si

CAPITOLO 5

erano abituati, continuavano ad essere contenti ma allo stesso tempo incominciavano a chiedere notizie degli amichetti lasciati in Italia, tutto normale. Contemporaneamente noi adulti abbiamo incominciato a trovare tanti difetti nella nostra nuova vita, persino il comfort assoluto ci dava fastidio. Certo il grande contrasto tra quello che avevamo in casa e quello che c'era fuori dalla porta era il grosso problema. Più passava il tempo, più avevamo voglia di fuggire. Era strano, tutti all'inizio ci avevano detto "vedrete i primi tempi saranno duri ma poi vi abituerete". Per noi era assolutamente il contrario e per questo più difficile da digerire. Anche la sete di scoperta sembrava svanita di colpo. Eravamo sempre più critici e insofferenti, fino al punto di chiederci se non avremmo dovuto rientrare in Italia. Abbiamo deciso di concederci una piccola vacanza ed andare ad ossigenarci altrove. Dopo una settimana a ricaricare le batterie siamo rientrati a casa, perché tale era, anche se era difficile sentirla così. La prima cosa che ci siamo detti è stato "da domani proviamo a ripartire più positivi, cerchiamo di non aspettarci niente e cogliamo il bello che questo posto saprà darci. Smettiamo di essere solo e sempre critici."
Ha funzionato, pian piano ci siamo impossessati di nuovo di una parvenza di vita serena, abbiamo cercato di godere delle piccole cose positive e di guardare le differenze con altri occhi. Di colpo quello che ci sembrava insopportabile è diventato prima tollerabile, e poi quasi interessante. Cercare a tutti i costi di essere positivi e di accogliere questo mondo così diverso da quello al quale eravamo abituati, ha salvato il nostro espatrio e ci ha fatto apprezzare la nostra vita indiana.

Ci sono tutta una serie di **meccanismi, funzionamenti, orari che possono spiazzarci.** I negozi aperti 24 ore su 24 e 7 giorni su 7 li ho scoperti in Giappone. Ammetto che non è stato difficile abituarmi a questi orari e concedermi il lusso di dimenticarmi il latte e poterlo andare a comprare alle 10 di sera. Mi sono talmente ben abituata che, rientrando in Europa, mi sono trovata più volte a protestare per gli orari canonici, con chiusura alle 19:30 e serrande rigorosamente abbassate la domenica. Ancor più complicato quando si vive in Paesi con ritmi di lavoro completamente diversi, quando il week-end non è più quello che conosciamo noi, si lavora la domenica ma il venerdì si sta a casa a riposarsi. Si devono perdere meccanismi acquisiti da una vita ed appropriarsi dei nuovi. Non è così semplice. *"Poiché la nostra prima espatriazione è stata il Giappone, lo shock culturale c'è stato eccome. La lingua, il cibo, le abitudini, i ritmi, il servizio eccellente, la lentezza,*

Cultural shock o Paese che vai usanza che trovi

il terremoto, ecc... ecc... la lista è lunga. Dopo un primo anno molto difficile in cui ho dovuto fare fronte a tutto ciò da sola e con inevitabile grande difficoltà, una volta trovata la scuola per i bambini è andato tutto molto meglio perché sono entrata a fare parte del network della scuola e ho potuto usufruire del grande sostegno fornito da essa. La comunità scolastica nel mio caso è stata fondamentale nell'aiutarmi a gestire le difficoltà dovute allo shock culturale.
Nella seconda espatriazione, Cina, ho avuto molte meno difficoltà. Ho messo in pratica le strategie apprese precedentemente." Clara P.

È sicuramente vero che il primo shock culturale è il più forte, poi ci si abitua e anche in questo caso l'esperienza aiuta a selezionare ciò per cui dobbiamo veramente rimanere a bocca aperta e ciò invece che possiamo allegramente farci scivolare addosso senza stati d'animo. Se ci soffermiamo su ogni particolare non saremo mai contenti del nostro nuovo mondo. Si deve imparare a relativizzare, focalizzandosi sulle cose veramente importanti per noi e lasciando perdere il resto. Mi lasciavano interdetta, all'inizio, gli americani che indossano le infradito anche a teatro, ma tutto sommato, adesso, ho smesso persino di notarlo. Io non lo farei, ma loro lo fanno. Non fa parte della mia cultura, della loro sì. Ho però imparato ad apprezzare l'estrema libertà che, almeno qui in California, porta la gente ad andare in giro come le pare senza tirarsi addosso commenti e giudizi. Ho veramente imparato qualcosa, non facile per chi, italiano come me, è sempre cresciuto con certi codici di comportamento, primo fra tutti il non si esce di casa se non vestiti in modo consono.
Non è necessario impossessarsi di tutto, ma è importante selezionare quello che ci può essere utile per sentirci a nostro agio. *"Ci sono differenze che sono incompatibili, o che non mi interessa integrare. Per funzionare in una nuova cultura quello che mi aiuta non è tanto l'assimilare le differenze, ma il capire da dove vengono, conoscerle. Che forse poi vuol dire assimilarle."* Claudia L.
In alcuni Paesi, culturalmente molto diversi dal nostro, spesso certi atteggiamenti e modi di pensare possono trasformarsi in barriere tra noi e loro, in una vera e propria impossibilità nel comunicare, che può portare ad un profondo disagio nel vivere la quotidianità. *"A Sharjah ho avuto per un anno intero una "amica di marciapiede", ossia una mamma dell'asilo con cui mi intrattenevo a parlare quotidianamente davanti alla scuola. Per un anno siamo andate avanti a parlarci, anche per una bella oretta, in piedi, sul marciapiede. Lei era iraniana, vestiva all'occidentale, ma dopo poco, mi disse che il marito non avrebbe*

CAPITOLO 5

gradito che ci incontrassimo altrove. Per lui rappresentavo comunque una persona che proveniva da un mondo di "peccatori". Conobbi il marito, una persona cordiale e di cui credo conquistai il rispetto. Ma l'amicizia rimase sul marciapiede!" Alessandra G.

Il senso di frustrazione può essere forte e può influenzare negativamente la nostra vera integrazione. A questo punto ci si deve proteggere "con un po' di corazza per far sì che gli "ingombri" della cultura ospitante non mi invadessero. Ci si sente forse un po' più soli quando si vive in Paesi culturalmente molto diversi, ma ci sono tante strategie per bilanciare, in genere ci si avvicina di più a persone di culture simili, e i rapporti che si creano sono molto genuini e forti." Claudia L.

Una delle maggiori fonti di angoscia per chi espatria è sicuramente legata all'**alimentazione**. E qui molto spesso lo shock culturale è spiazzante. Ogni Paese ha le sue abitudini alimentari e ognuno di noi è sicuramente legato a sapori tipici della propria terra. Fondamentalmente anche quando si è aperti a tutto ci sono piccole cose alle quali le nostre papille non si abitueranno mai, o delle quali sentiranno la mancanza sempre.

Io adoro cucinare. Scoprire la cucina dei Paesi che mi ospitano è sempre un immenso piacere. Cucino pochissimo italiano, ma ci sono cose che mi mancano, prodotti che cerco a lungo, piccoli piaceri gustativi per i quali devo attendere sempre il ritorno in Patria. È il destino di noi "emigrati" vivere di piccole privazioni alimentari per poi rifarci una volta rientrati a casa il tempo di una vacanza.

Scoprire un Paese attraverso la sua cucina è un ottimo modo per fronteggiare lo shock culturale che ci viene proposto nel piatto ad ogni pasto. Capire il perché di certe abitudini e dell'utilizzo, magari per noi inusuale, di certi prodotti, è un buon mezzo per impossessarci di nuove consuetudini alimentari o per capire in profondità il perché mai e poi mai potremo integrarle nel nostro quotidiano.

In Giappone per tre anni ho seguito dei fantastici corsi di cucina giapponese, erano estremamente ben organizzati. Il programma era su tre anni, con incontri mensili. Il primo anno cucinavamo piatti molto simili ai nostri, con sapori ai quali il nostro palato occidentale era abituato, o si poteva abituare piacevolmente. Il secondo anno ci si allontanava dal terreno gustativo conosciuto, avvicinandoci a prodotti meno facili, in un crescendo che ci portava, il terzo anno, a veri e forti sapori giapponesi, alcuni per me assolutamente impossibili. Il percorso era interessante, da un lato ci dava la possibilità di affrontare pian piano i sapori nuovi, e dall'altra ci presentava dei prodotti inusuali nelle nostre cucine occidentali, quelli insomma che vedevamo al supermercato ma non avremmo mai osato comprare!

Il **supermercato è sicuramente uno dei posti in cui si riflettono gli usi e i costumi di un Paese**, e di conseguenza girare tra gli scaffali in India o negli Stati Uniti, non ci farà sicuramente lo stesso effetto. Andare al supermercato per capire cosa si mangia in un posto è fondamentale, e farlo ancora prima di installarci definitivamente può aiutare ad attenuare lo shock culturale che avremo indubbiamente la prima volta che ci metteremo i piedi. La cosa migliore è non aspettarci nulla di quello che potremmo trovare. Entriamo a fare la spesa ben consci che non ci troviamo a due passi dalle nostre abitudini alimentari. Saremo meno delusi. Io adoro passeggiare nei supermercati, anche nei Paesi in cui vado solo in vacanza. Cosa mettiamo nel piatto la dice lunga su chi siamo e come siamo, la cucina di un Paese può raccontarci molto.

Sono estremamente curiosa dal punto di vista alimentare, e questo mi spinge a provare cose nuove, ma ammetto che nei miei espatri ho avuto puri momenti di panico. In Giappone, dove alla fine si trovava tutto, all'inizio, tra la barriera della lingua e i prodotti diversi da quelli conosciuti, mi sono ritrovata più volte a portare a casa alimenti che, una volta sballati, non erano come li avevo immaginati. Sono rimasti nei ricordi delle mie fanciulle i fantomatici pancake alla nutella, che un giorno delle nostre prime settimane di vita giapponese, avevo portato a scuola per la merenda. Tutta fiera di aver trovato un sapore "di casa" per le mie bambine. L'entusiasmo è scemato al terzo boccone, la famosa nutella si è rivelata essere un dolciastro purè di fagioli rossi, accolto con dei commenti molto poco entusiasti dal mio trio di donnine.

Di episodi così ne ho parecchi, come tutte le persone che osano un po' arrivando in un nuovo Paese. In India nei miei primi giri di spesa mi sono fatta accompagnare dalla mia donna indiana, per scegliere le verdure e le spezie giuste. Molti prodotti infatti erano per me assolutamente nuovi e avevo bisogno di capire come avrei potuto cucinarli e integrarli nella nostra alimentazione.

Certo vivere all'estero implica dei compromessi anche a tavola, ci si deve

CAPITOLO 5

mettere l'animo in pace sul fatto che ci sono cose che non mangeremo più e altre che non avranno lo stesso sapore. Allo stesso tempo però scopriremo gusti nuovi che una volta lasciato il nostro Paese d'adozione ci mancheranno. Per noi ritrovare il pesce crudo con lo stesso incredibile sapore di quello che gustavamo a Tokyo è un piccolo piacere molto difficile da raggiungere. Ci manca come può mancarci una buona mozzarella, la salsiccia fresca e la carne cruda del macellaio della nonna, gli ottimi formaggi francesi del nostro formaggiaio normanno, il naan caldo e il biriani della nostra bravissima Rajii. Tanti sapori che si sono sommati ai nostri e che le volte in cui li ritroviamo ci portano indietro con la memoria a dei periodi passati. *"Ogni tanto mi prendono dei momenti di blues in cui mi strapperei i capelli dalla voglia di essere nelle strade umide di Lima e andare a mangiare un ceviche."* Claudia L.

L'importante è essere aperti ed accettare le differenze. Anche in questo modo ci si integra in un nuovo Paese e in assoluto per superare lo shock culturale, che sia nel piatto, per strada o nelle parole la cosa più importante è *"vivere bene ed essere sereni, ma non è questione di dove sei, è questione di come ti senti. Se lo vuoi ci riesci."* Piera B.

---

sopravvivere allo shock

Qualche punto chiave per sopravvivere allo shock
- Quando è possibile frequentare un corso di **formazione interculturale**, non ci spiega tutto ma ci può dare qualche interessante chiave di lettura.
- **Imparare la lingua** o almeno qualche rudimento.
Partire alla scoperta della nostra nuova città, incontrare gente, fare domande, **ESSERE CURIOSI**.
- **Non cercare di integrare tutto a tutti i costi**: ci sono cose che non integreremo mai e non è grave, anzi sarà un modo di mantenere un po' della nostra cultura. Vivere bene in un Paese non vuol dire aderire a tutti i suoi usi e costumi.

sopravvivere allo shock (continua)

-Non essere eccessivamente critici, lo spirito positivo aiuta. Criticare continuamente non aiuta a stare bene, una volta accettate le differenze, mettiamoci il cuore in pace e viviamo serenamente. Un Paese non cambierà per noi, noi siamo gli ospiti dobbiamo adeguarci con il sorriso.

- Dimostrarsi aperti e costruttivi, ci sono abitudini che all'inizio potranno sembrarci strane e poi con il tempo magari diventeranno parte di noi. Adattarsi è un segno di intelligenza.

- Evitare le situazioni di conflitto esprimendo idee troppo distanti da quelle degli abitanti del nostro nuovo Paese, non vuol dire conformarsi per forza, ma cercare di vedere le cose sotto un'ottica diversa: non cambieremo le mentalità e i pensieri radicati, evitiamo di creare tensioni, sempre per lo stesso motivo: siamo ospiti.

Non dimentichiamo mai che ogni Paese può essere un posto fantastico in cui vivere, noi soli abbiamo il potere di sentirci bene in un posto nuovo.

CAPITOLO 5

Stati Uniti - troppo latte, sono confusa.

Mercato del pesce di Pondicherry, Tamil Nadu.

I negozi di vestiti per cani e i cani vestiti spopolano a Tokyo.

CAPITOLO 6

Salute e sicurezza in espatrio: qualcosa di cui preoccuparsi?

Vivendo all'estero con il tempo ci si adatta, anche quando i primi passi sono stati complicati. Si imparano le lingue, si incontrano nuovi amici, si ricrea un mondo piacevole nel quale vivere. Ma la parte salute, cure e tutto ciò che ne consegue, rimane delicata, anche dopo anni lontano dal proprio Paese.

L'approccio medico ha veramente un forte legame con la cultura nella quale siamo cresciuti. È difficile accettarne le differenze e comunque non è facile non criticarne certi modi di fare che, ai nostri occhi, potranno apparire meno consoni. Questo succede anche quando in un nuovo Paese si sta bene e ci si è integrati sotto tutti i punti di vista.

Quando ci si installa in un posto nuovo tutti gli aspetti legati alla salute e alle cure mediche vanno presi in considerazione. Nulla va tralasciato già prima della partenza, è l'unico modo per poter partire tranquilli e sistemarsi consci di cosa troveremo in loco in caso di problemi. Questo indipendentemente dal trasferirci in un Paese in via di sviluppo o in un Paese super attrezzato e all'avanguardia.

Ho preparato nello stesso modo la mia partenza in India e quella negli Stati Uniti, valutandone gli approcci medici, per non avere sorprese. Ho avuto esattamente le stesse preoccupazioni, nonostante i Paesi fossero completamente diversi e alla fine devo dire che ho trovato molta professionalità anche in un posto come l'India con strutture mediche all'avanguardia, ovviamente accessibili a chi, come noi, aveva alle spalle buone assicurazioni.

Nei Paesi in via di sviluppo, dove strutture mediche estremamente moderne affiancano ospedali e cliniche vetuste, **appoggiarsi alla rete di espatriati in loco per avere nomi e indirizzi, è molto importante.** Chi ci è già passato saprà dare le informazioni corrette e, soprattutto, chi proviene da culture simili alla nostra, valuterà gli stessi elementi come importanti in una struttura medica.

"Quando abbiamo scoperto che ero incinta le mie amiche mi hanno subito indirizzata da una brava ginecologa indiana. Già conoscevo altre mamme che avevano partorito a Mumbai e vivevo nel terrore più totale... invece mi sbagliavo e ancora oggi dico che è stata la più bella esperienza della mia vita." Masha C.

Ci sono aziende, e per noi è stato così, che mettono a disposizione una figura medica di riferimento, utile in caso di problemi, per sapere dove andare senza perdere tempo, a seconda di cosa si ha e di quello di cui si ha bisogno. Certo, anche quando si conosce un posto, non si è mai al riparo da un'emergenza che ci spiazza e che di colpo mette a nudo le nostre fragilità di straniero in un mondo sconosciuto. Poche settimane prima di lasciare l'India, quando ormai avevo ampiamente costruito la mia rete di referenti medici, in diversi settori, mi sono trovata a gestire un'urgenza serale. Il medico di riferimento mi ha detto di portare mia figlia, punta probabilmente da qualcosa, con una forte reazione allergica, all'ospedale noto tra gli expat come quello "per stranieri", distante da casa nostra una buona oretta di macchina. Subito mi sono detta che ci avremmo messo troppo tempo e che forse, per il tipo di cura-intervento necessario, una clinica locale un po' attrezzata e nei nostri canoni di modernità e pulizia avrebbe fatto al caso nostro. Nella prima in cui ci siamo fermati, il medico di turno era uscito per cena e sarebbe tornato ma non si sapeva quando. Abituata ormai alle tempistiche indiane, ho subito immaginato la lunga attesa. Siamo quindi andati alla clinica successiva, per rendermi conto una volta entrata nella stanza delle visite, che per nulla la struttura rispettava una minima norma europea. Certo il medico è stato professionale, ma tra le lacrime di mia figlia terrorizzata e la fatiscenza che mi circondava, mista alla sporcizia, ho faticato a gestire l'emergenza. Avrei dovuto saperlo che uscire dalle mie sicurezze e dalla nostra struttura privata di riferimento,

Salute e sicurezza in espatrio: qualcosa di cui preoccuparsi?

avrebbe potuto mettermi di fronte cattive sorprese. Inconsciamente nell'urgenza non ci avevo più pensato. In precedenza, durante uno dei nostri viaggetti in giro per l'India "vera", al di fuori dei sentieri battuti più moderni e all'avanguardia, mi ero trovata di fronte un dottore che aveva più l'aria di una guaritrice da cartone animato che di un medico in carne ed ossa, avrei dovuto diffidare delle strutture sconosciute, ma a volte la memoria è corta e si rifanno gli stessi errori... anche se poi ci si accorge che si guarisce comunque.

E questo può capitare ovunque, un po' per la necessità di gestire l'urgenza e un po' perché a volte ci si trova a doversi fidare. A noi è successo in Normandia, ad una settantina di chilometri da Parigi. L'ospedale di zona aveva una pessima reputazione e tutti ci avevano detto di starne lontani. Ci sono però situazioni in cui non hai scelta e incroci le dita.

Sono stata operata d'urgenza per una emorragia interna e ne sono uscita sana e salva e con il sorriso, anche se entrando in sala operatoria ero letteralmente terrorizzata, non tanto per ciò che mi stava succedendo, quanto per il posto in cui ero che non mi dava fiducia. Per il problema successivo a cuor leggero mi rivolsi alla stessa struttura e per fortuna non ci fu nulla di grave perché in quel caso invece, proprio come voleva la fama dell'ospedale, l'accoglienza fu pessima e il medico poco professionale: avremmo corso il rischio di andare altrove se veramente ci fosse stato qualcosa di serio. Ci siamo fidati la prima volta e ci è andata bene, la successiva invece con un medico diverso non sarebbe stata la stessa cosa.

Anche quando non sono le strutture a lasciarci perplessi ci sono una **serie di fattori che complicano il nostro approccio alle cure mediche nei primi tempi di vita all'estero. Primo fra tutti la lingua.** Anche se la si utilizza senza problemi nella vita di tutti i giorni. In situazioni improvvise, in cui l'ansia prende il sopravvento, anche la comprensione può essere ridotta.

Quando poi la lingua non la si parla, affrontare diagnosi e cure, è ancora più complicato.

"Un ostacolo è la lingua, alcune sfumature nel parlare, alcuni termini complicati possono metterti a disagio. Già le malattie spaventano, non essere completamente a proprio agio può incidere sul morale e sulla guarigione. Per ora tutto è andato bene, però, per esempio, ora che devo fare tante sedute di fisioterapia per il mio ginocchio ho tirato un sospiro di sollievo quando mi hanno dato un fisioterapista di origini italiane con il

CAPITOLO 6

quale mi posso rilassare chiacchierando. Piccolo aneddoto: appena arrivata in Francia sono stata punta da un ragno in foresta (ora lo so, al momento del gonfiore lo ignoravo) e occhio, naso e gola si sono gonfiati come per uno shock anafilattico. Era settembre 2010 ed io conoscevo si e no 3 parole di francese. Marito in viaggio, figli a scuola, ancora nessuna amica quindi vado sola all'ospedale dove chiedo di parlare inglese ed il medico risponde: "no, no proviamo con il francese." Fatica tremenda, gesti e strafalcioni ma alla fine arriviamo a una diagnosi: medico serafico "ha visto che c'è riuscita?" L'ho odiato!" Piera B.

La prima volta che ho fatto un check-up in Giappone, andando dal medico per ritirare i risultati dei miei esami, ho passato una decina di minuti di puro panico, e questo semplicemente perché il foglio che avevo davanti era tutto in giapponese e il medico mi spiegava i risultati riga per riga, dovendone fare una traduzione in inglese. Anziché poter scorrere rapidamente il tutto e vedere che non c'erano problemi, fissavo il foglio come nell'attesa di una condanna a qualche cosa. Il problema era solo l'incomprensione, il non accesso all'informazione.

Proprio per questo motivo è ancora più importante partire con un quadro chiaro di quello a cui si andrà incontro. Conoscere le strutture presenti e capirne i costi. *"È importante vedere come funziona il sistema sanitario per gli stranieri, se si ha diritto ad una copertura sanitaria gratuita quando, per esempio, esistono accordi bilaterali con l'Italia (o il proprio Paese), quanto dura questa copertura; è importante capire se sia necessario stipulare un'assicurazione medica privata e quanto costa. In Australia, per esempio, come italiani, si ha diritto ad una copertura ospedaliera di base gratuita per sei mesi. Poi come overseas visitors, è consigliabile un'assicurazione medica che però può essere anche molto ingente."* Alessandra G.

Non tutti i Paesi hanno un servizio sanitario nazionale e molto spesso sono necessarie delle costose **assicurazioni** per poter usufruire di servizi di un certo livello. Quando si parte all'estero inviati da un'azienda si perdono automaticamente i benefici legati all'assistenza sanitaria nazionale del proprio Paese, qualora esista[1], e automaticamente un'assicurazione

---

1. Gli italiani residenti all'estero sono tenuti ad iscriversi all'Aire, anagrafe dei cittadini italiani residenti all'estero (l'iscrizione è obbligatoria quando si risiede fuori dall'Italia per più di 12 mesi). Automaticamente perdono i benefici del servizio sanitario nazionale, ma rientrando in Italia per periodi limitati si può beneficiare di certi servizi: *in caso di rientro saltuario in Italia, i lavoratori italiani distaccati all'estero (e loro familiari), assicurati ai sensi della Legge n. 398/87 e del D.P.R. n. 618/80, hanno diritto a tutte le prestazioni sanitarie erogabili dal Servizio Sanitario Nazionale. Per le prestazioni di primo livello - medico di medicina generale, sospeso al momento della partenza per soggiorni all'estero per periodi superiori a 30 giorni - si può fare ricorso allo strumento della cosiddetta "visita occasionale", con oneri a carico dell'assistito, per i quali si potrà richiedere il rimborso.*

sanitaria dovrebbe essere proposta. In caso contrario deve essere un punto di discussione, **non si può partire senza copertura assicurativa** e vale la pena conoscerne i costi e le eventuali prese a carico della società per cui lavoriamo o lavoreremo.

Partire con una buona assicurazione è fondamentale per vivere serenamente la propria avventura lontano da casa. Ci sono Paesi in cui i costi delle cure mediche sono esageratamente elevati, gli Stati Uniti, l'Australia, i Paesi Arabi, senza assistenza pubblica, e altri in cui il servizio pubblico è impraticabile o quasi, come in India.

Essere ben assicurati è molto importante.
Muoversi nei meandri delle assicurazioni non è semplice. Esistono **assicurazioni internazionali** che coprono le cure ovunque nel mondo con tassi di rimborso diversi a seconda dei vari Paesi, direttamente proporzionali ai costi delle cure mediche. Ovviamente i costi della polizza assicurativa saranno anch'essi legati al Paese in cui si vive.

Queste polizze internazionali danno ottime coperture e lasciano molta libertà nella scelta delle cure. Si può andare dove si vuole, in qualsiasi struttura senza essere legati ad accordi precedenti presi dall'assicurazione con le strutture mediche, cosa che invece avviene, ad esempio, con le assicurazioni americane. In America infatti, Paese in cui le cure mediche sono tutte private al 100%, le assicurazioni vivono di accordi preliminari con le diverse strutture, medici, ospedali, laboratori. I pazienti non sanno mai alla fine quanto realmente un atto medico viene fatturato.[2]

Nel caso di **assicurazioni locali**, è veramente importante analizzare punto per punto i tipi di copertura proposti e avere le idee chiare sui

---

Nel caso di rientro superiore a 30 giorni, alcune regioni consentono la reiscrizione temporanea nella lista degli assistiti del medico di medicina generale... Per quanto, invece, riguarda i cittadini italiani iscritti in Aire che non hanno un contratto di lavoro riconosciuto dall'ordinamento italiano; che sono titolari di pensione italiana; che hanno lo status di emigrato, certificato dall'Ufficio consolare italiano territorialmente competente, è prevista, dall'art. 2 del Decreto Sanità – Tesoro del 1 febbraio 1996, l'erogazione di assistenza sanitaria gratuita da parte del Servizio Sanitario Nazionale in caso di temporaneo rientro in Italia. Tale assistenza è, però, limitata alle sole prestazioni ospedaliere urgenti, per un periodo massimo di 90 giorni nell'anno solare a condizione che i soggetti non abbiano una propria copertura assicurativa, pubblica o privata, per le suddette prestazioni sanitarie. Nell'eventualità in cui il cittadino abbia diritto ad un rimborso parziale, la gratuità riguarderà la differenza fra la parte rimborsata dall'istituto di assicurazione e la somma fatturata dalla struttura italiana. Fonte Guida per gli italiani all'estero: diritti e doveri. Ministero degli Interni.
I cittadini francesi espatriati possono mantenere una copertura sociale aderendo alla Caisse des français à l'étranger, che consente loro di mantenere la copertura sanitaria in Francia e di reintegrare senza problemi il servizio sanitario nazionale SECU in caso di rientro dopo l'espatriazione. http://www.cfe.fr/
2. Isabelle Guglielmi, Guide Santé du nouvel expatrié aux Etats Unis, Kindle edition. Dà un quadro chiaro del sistema medico ed assicurativo in America.

CAPITOLO 6

costi reali delle cure mediche e dentistiche, per evitare brutte sorprese al momento del rimborso di salate fatture. Dopo oltre quattro anni in America sono ancora stupita a volte dei costi assolutamente spropositati di certi interventi, e questo anche dopo aver ricevuto una fattura di 3500 $ per cinque punti di sutura, seguita qualche mese dopo da una di 13000$ per 5 ore passate al pronto soccorso. Per fortuna siamo ben assicurati e, sempre per fortuna, la nostra società contribuisce in buona parte alle nostre spese di assicurazione.

Prima di partire per una nuova avventura in un Paese sconosciuto, sarebbe utile, se la società stessa per la quale ci spostiamo non lo propone, fare un check-up, e questo per tutti i membri della famiglia. Partire sapendo che si è in forma o conoscendo la natura di un eventuale problema, è importante per evitare di doversi precipitare da un medico sconosciuto appena arrivati. Questa visita, per grandi e piccini, può essere utile anche per vedere i tipi di **vaccini per affrontare in sicurezza il nuovo espatrio e le precauzioni da prendere in determinate situazioni**. Partendo per il Giappone e l'India abbiamo sempre discusso con il nostro medico di famiglia e il pediatra delle nostre fanciulle, l'eventualità di certi vaccini, facendoci consigliare da figure mediche nelle quali avevamo riposto la nostra fiducia.

Arrivare in un nuovo Paese conoscendone i **rischi** è importante. Arrivando in India sapevo già che avremmo dovuto fare molta attenzione a dengue e malaria, molto presenti in certe zone. Avevo fin dall'inizio una buona scorta di prodotti anti zanzare, anche se mi sono rapidamente resa conto che erano abbastanza inefficaci contro le zanzare locali. Ho poi optato per dei prodotti indiani più efficaci, oltre che su una serie di misure preventive, tipo evitare di avere acqua stagnante in giardino. C'erano poi tutta una serie di abitudini nuove da assorbire, lavare frutta e verdura diverse volte e solo con acqua naturale, non usare l'acqua del rubinetto neppure per sciacquarsi la bocca dopo essersi lavati i denti, non mangiare e bere nulla per strada, evitare ghiaccio nelle bevande, e via discorrendo.

Ogni Paese ha inoltre un approccio diverso al sistema di immunizzazione, importante da tener presente quando ci si sposta. Arrivati in America sono rimasta sconvolta da tutti i vaccini caldamente consigliati per i bambini, somministrati anche a colpi di cinque alla volta, cosa assolutamente inusuale in Europa. La prima volta nello studio medico

Salute e sicurezza in espatrio: qualcosa di cui preoccuparsi?

americano, mi sono trovata a dover rifiutare le dosi massicce che volevano somministrare alle mie ragazze, per il semplice fatto che non capivano le equivalenze europee.

Dopo i primi mesi di relazione conflittuale con l'approccio puramente americano, l'ammetto, ero un po' perplessa. La prima impressione di questo sistema riconosciuto in tutto il mondo per essere uno dei migliori, è stata di una freddezza nelle relazioni con i pazienti assolutamente spiazzante. Non avevo, nel mio itinerare precedente, conosciuto relazioni di questo tipo, riuscendo sempre a creare con i medici un buon dialogo, e questo anche nonostante le barriere linguistiche. Il nostro medico giapponese aveva un modo di fare molto gradevole, era rapido nelle consultazioni ma si ritagliava del tempo per ascoltarti.

Qui in America il grosso della consultazione è fatto dalla *nurse*, l'infermiera, che ti riceve, pesa, misura, prende la pressione, la temperatura, e questo anche se vai per una storta alla caviglia. Ti fa le domande standard e poi ti "passa" al medico che in 5 minuti ti visita e fa la diagnosi, il tutto in modo, se non freddo, direi rapido e senza creare un particolare contatto. Purtroppo i medici sono sottoposti alla dura legge delle assicurazioni, devono vedere pazienti e fatturare di conseguenza, non sembrano avere il tempo per creare una vera relazione. Ovviamente poi ci sono le eccezioni e nelle poche volte in cui ci siamo trovati a fare un giretto all'*emergency room* (Pronto Soccorso), i medici si sono comunque dimostrati abbastanza attenti anche ad un lato psicologico.

L'approccio all'europea mi piace comunque di più. Avere il tempo di parlare con il proprio medico e creare un rapporto di fiducia è ancora più importante in un Paese nuovo, del quale non si conoscono i meccanismi o non li si capiscono in profondità.

Al mio medico qui, che segue in prevalenza una popolazione di espatriati europei, ho fatto una domanda interessante: **ma gli espatriati di cosa soffrono in particolare?**
Ovviamente le malattie sono le stesse per tutti, espatriati e non, ma per gli espatriati c'è **molta ansia nei confronti della malattia**, la paura di ammalarsi in un Paese che non è il nostro e lontano da casa, è molto presente. Si corre dal medico più facilmente per prevenire e ci si interroga molto di più su quello che ci succede. La paura di ammalarsi lontano dai propri affetti è costante.

CAPITOLO 6

Ritrovarsi da soli a gestire un problema medico è indubbiamente psicologicamente faticoso. Non avere una famiglia vicino in questi casi crea un grande vuoto. Anche le piccole cose possono prendere dimensioni importanti. Rompersi una gamba all'altro capo del mondo, quando si hanno dei bambini piccoli da gestire e delle nonne a 10.000 chilometri di distanza, richiede una logistica che al solo pensiero spaventa. Se si tratta di cose più serie il tutto prende dimensioni enormi. L'impatto psicologico è forte. Anche nel caso di eventi positivi, come una **gravidanza,** vivere lontani può creare qualche angoscia supplementare, il partorire in un Paese che non è il nostro, in una lingua non nostra, può aggiungere preoccupazioni a preoccupazioni.

Poi si sopravvive, ma ci si deve adattare. Ho visto negli anni amiche affrontare parti in diversi posti del mondo, adeguandosi alle abitudini locali, con un po' di preoccupazione a volte e anche curiosità per le differenze. In un Paese grande come gli Stati Uniti poi mi sono resa conto che da stato a stato non ci sono le stesse procedure, le mie amiche che hanno partorito qui in California, hanno avuto gravidanze molto poco medicalizzata, praticamente nessuna visita approfondita se non misura della pancia con metro da sarto, pochissime ecografie e pochissimi esami del sangue. In un altro Stato invece un'ecografia al mese e controlli continui.

Ci si deve adattare, senza farsi troppe domande sul come sarebbe stato avessimo partorito nell'ospedale della nostra città, anche questo è un modo per integrarsi con la cultura locale. Per me che ho partorito tre volte all'estero, ad esempio, spaventa quasi di più l'approccio italiano, che trovo molto più medicalizzato, almeno nei racconti delle mie amiche, rispetto all'assoluta rilassatezza che ho conosciuto io. Ma anche in questo caso mi chiedo se non sia il medico che mi ha seguita ad aver fatto la differenza più che il Paese in sé con i suoi usi e costumi.

Ci sono Paesi nei quali si può, ad esempio, scegliere di essere seguiti in modo alternativo, ma anche in questo caso si deve sapere come muoversi.

"In Belgio la gravidanza è un evento molto medicalizzato nonostante le strutture ospedaliere e private consiglino il minimo delle ecografie routinarie (tre). Il numero delle visite durante la gestazione è alto, gli esami del sangue vengono ripetuti quasi tutti i mesi e di base si è seguite da un ginecologo di riferimento. Io ho cercato un po' in rete e non sentivo il bisogno di essere accompagnata da una figura medica ma piuttosto da una più specializzata nell'accompagnamento empatico. Ecco perché ho cercato delle ostetriche

indipendenti, che in città sono varie, tra le quali ho scelto la mia. Le visite sono sempre domiciliari e si basano su una bella chiacchierata al femminile e tocco del bambino. Gli esami del sangue sono domiciliari anche quelli e fatti sempre dalla "sage femme" che nel giro di qualche giorno avrà il responso. Nessuna visita interna almeno fino verso il momento della nascita, nessuna ecografia in più soltanto le routinarie presso una struttura sanitaria di riferimento e la possibilità di scegliere se partorire a domicilio o in ospedale. Il bello è che varie strutture cittadine riconoscono le singole figure di ostetriche indipendenti che, al momento del parto, potranno essere le figure sanitarie di riferimento anche se si decide di far nascere il bambino in ospedale. Un grande vantaggio, poter essere seguite da chi si è conosciuto durante nove mesi è un vero lusso! Le spese per il "suivi grossesse" e per la nascita sono quasi totalmente o addirittura interamente rimborsate." Enrica C.

Ovviamente non tutti cerchiamo le stesse cose, sia nell'approccio medico in generale, che nello specifico e delicato periodo della gravidanza. Per questo è estremamente importante capire come le strutture funzionano e quali sono i servizi proposti, solo in questo modo si potrà scegliere il meglio per noi stessi e per la nostra famiglia. Mi sono divertita a leggere racconti di parti in giro per il mondo,[3] alla fine da una parte all'altra del globo il risultato finale è lo stesso, cambiano solo le procedure e l'approccio medico più o meno caloroso. *"Non sapevo nulla di maternità, ancor meno di reparti maternità degli ospedali londinesi e col tempo mi sono resa conto di essere stata molto fortunata ad essere andata a St Thomas, il cui reparto maternità ha un'ottima reputazione. Il sistema sanitario inglese (NHS) non prevede di essere seguiti da ginecologi durante la gravidanza a meno che non si abbiamo problemi particolari. Il mio medico generico (GP) a Clapham aveva all'interno della struttura un gruppo di Community Midwives*[4]*: un gruppo di circa 7/8 midwives provenienti da tutto il mondo: Italia, America del Nord, Finlandia, Inghilterra, Australia e mi hanno seguita durante tutta la gravidanza. Durante le prime visite mi hanno detto che avrebbero organizzato un corso pre-parto presso il St Thomas e che il corso copriva gli stessi argomenti trattati dai corsi pre-parto organizzati da NCT.*[5] *Durante il corso ci hanno*

---

3. Ho raccolto diverse testimonianze per expatclic.com, l'ultima in data quella della mia amica Sara da Palo Alto. Sono visionabili sul sito.
4. Ostetriche.
5. NCT è una charity inglese che offre corsi pre-parto e moltissimi corsi di supporto ai genitori: http://www.nct.org.uk/

CAPITOLO 6

fatto visitare il reparto maternità che è diviso in due parti: una parte più naturale tutta gestita da midwies, ambienti molto accoglienti con vista sul parlamento, tutto senza intervento di medici, chiamata Home from Home, e l'altra, ma sempre sullo stesso piano, la maternità vera e propria con medici". La scelta è quindi di poter essere seguiti in modo più o meno medicalizzato. *"Sono stata in ospedale quattro giorni (un'eternità per la sanità inglese) e poi a casa. Tanti controlli al neonato prima di lasciare l'ospedale e anche una volta a casa la midwife è venuta a trovarmi ogni giorno per vedere come procedevano le cose anche psicologicamente."* Cinzia S.

Anche in Francia esiste questo importante servizio di ostetriche e puericultrici a domicilio, molto utile per le mamme al primo figlio con tante domande e curiosità e anche il bisogno di essere ascoltate. Per la nascita della mia primogenita avevo una puericultrice che è venuta a casa una volta alla settimana per un paio di mesi. Ci facevamo una chiacchierata, le facevo delle domande e insieme osservavamo la mia fanciulla, mi dava consigli utili per stimolare la mia piccolina, per farla dormire, per allattarla. Maria Chiara ha partorito in Germania e racconta nel suo blog [6] in modo divertente **il parto multilingue**, chiaro segno di come non sia comunque facile partorire in terra straniera: *"Già durante il parto l'ostetrica mi fa: si vedono i capelli! E io: evviva! Di che colore sono? - mi aspettavo "schwarz" (neri). Blond. Come biondi? Sicura? Ja. Avrà visto male. Oppure vuole prendermi in giro per ripicca. Ne avrebbe anche tutte le ragioni visto come l'ho insultata in due lingue, coniando anche parolacce lì per lì, per avere una stramaledetta epidurale mentre lei cercava di convincermi che la respirazione diaframmatica unita all'aromaterapia avrebbe lenito tutte le sofferenze. Poi mi sono scusata però. In ogni caso, dopo un'altra ora di spingi, pressen, drücken, schieben, vai che ce la fai, ancora, noch Mal, weiter so... ecco che il mio bambino viene al mondo. Me lo mettono sulla pancia e dopo il pianto a fontana di commozione e scarico ormonale ritrovo la lucidità e lo scruto ben bene. È biondo."*

Ci sono anche situazioni che ci fanno scoprire un mondo ben diverso da quello che ci saremmo immaginati. Ci si stupisce piacevolmente in Paesi considerati meno all'avanguardia quando si trovano servizi a cinque stelle quasi inattesi *"Ad ogni visita mi recavo nel suo studio che era sempre gremito di mamme. La maggior parte di loro indiane benestanti. Il costo di ogni visita era di 1500 Rupie.[7] Gli esami che ti fanno fare sono molto meno che in Italia. Li paragono*

---

6. http://www.racconticavolo.com/
7. 20,50 euro

Salute e sicurezza in espatrio: qualcosa di cui preoccuparsi?

a quelli dell'Inghilterra. Ti fanno fare il giusto e sei comunque serena. Per gli esami del sangue non dovevo nemmeno muovermi da casa. Venivano con il kit prelievo sangue e in 10 minuti seduta sul divano avevo finito tutto. Un lusso e un grande servizio... Terrorizzata dal traffico per accettare il parto naturale ho preferito che anche il secondo figlio nascesse con il cesareo [ndr il traffivo è abbastanza allucinante in India]; mio marito ha potuto assistere standomi vicino e parlandomi per tenermi compagnia. "Taglio e cucito" sono stati un'opera d'arte e dopo 2 giorni ero già in piedi diritta come un palo della luce che camminavo per i corridoi."

Per esperienza non è tanto il Paese che fa la differenza, quanto la percezione che ne abbiamo: si può essere in un Paese sviluppato con le tecnologie più all'avanguardia e non sentirsi sicuri perché il rapporto con gli operatori sanitari è freddo o ci appare come tale. Si può invece essere in un posto poco sviluppato con strutture meno moderne, e sentirsi bene e al sicuro, perché circondati da persone che ci sanno parlare. C'è poi anche il nostro stesso atteggiamento nei confronti del posto che entra in gioco, se siamo positivi verso la realtà che ci circonda, relativizzeremo i piccoli intoppi. Se vediamo tutto negativamente, troveremo di sicuro un qualcosa che non va anche quando tutto è quasi perfetto.

Avere un problema quando si vive all'estero lontani dalla propria famiglia di origine, può di colpo prendere dimensioni esagerate, ci sentiamo sicuramente più fragili, abbiamo molti meno punti di riferimento e, ancora una volta, possiamo solo contare sul nostro piccolo nucleo familiare e le amicizie create in loco, per gestire i primi momenti di un'emergenza. La cosa importante da fare è non farsi prendere dalla paura del non riuscire a gestire le cose solo perché lontani, in un Paese semi sconosciuto. **Dobbiamo avere fiducia nelle strutture del Paese che ci ospita e non temerne approcci non noti, solo così affronteremo le emergenze senza aggiungere preoccupazioni a preoccupazioni.**

CAPITOLO 6

La **sicurezza** è un altro dei punti da chiarire quando si parte in espatrio. Non tutti i Paesi sono sicuri. Non in tutte le città si può circolare liberamente senza pericoli. Non ovunque si può guidare senza rischi.

"Vivere in un Paese dove la sicurezza è o può diventare un problema, richiede una consapevolezza particolare sulle proprie capacità di affrontare questo tipo di esperienza. Nel valutare l'assegnazione diventa essenziale rendersi conto degli elementi che possono impattare sulla propria vita quotidiana, sia quella nell'ambiente di lavoro sia quella nell'ambito familiare." Cristina B.

I vari aspetti sono da approfondire, per partire consci delle misure di prevenzione da adottare. Ci sono Paesi in cui non ci sono problemi particolari, altri assolutamente sicuri ma con problematiche legate a fenomeni naturali come tornadi e terremoti, altri ancora dove invece si deve fare attenzione, si vive in compound, a volte con delle guardie di sicurezza 24 ore su 24.[8]

"Esistono dei parametri, delle statistiche che attestano che un luogo è più pericoloso di un altro, ma voglio dire che spesso la percezione della situazione è influenzata da fattori diversi, primo fra tutti gli standard a cui si era abituati nel Paese precedente, e poi in parte anche al grado di influenzabilità della persona. Ci sono persone portate a vivere nel terrore, altre più baldanzose." Claudia L.

E sicuramente il nostro vissuto personale e il modo di approcciarci al nuovo Paese ci influenzerà in un modo o nell'altro nell'essere paurosi o rilassati.

---

quali sono i rischi?

Rischi sanitari:
- Malattie infettive
- Epidemie di vario tipo
- Bassa qualità delle strutture mediche

---

[8] Il sito www.viaggiaresicuri.it è un sito del Ministero degli Affari Esteri con una serie di informazioni importanti relative alla sicurezza nei vari Paesi del mondo.
Sul sito www.diplomatie.gouv.fr ci sono consigli utili Paese per Paese. Vi sono informazioni a carattere generale e anche allerte temporanee delle quali è bene essere informati. Si possono trovare anche consigli relativi alle diverse città e quali zone evitare. Sul sito http://travel.state.gov/ si trovano ulteriori informazioni per muoversi in tutta sicurezza, con continui aggiornamenti.

quali sono i rischi? *(continua)*

- Numero ridotto di strutture mediche adeguate
- Accesso difficile alle medicine
- Scarse condizioni igieniche

Rischi legati alla sicurezza
- Criminalità
- Rapimenti
- Terrorismo
- Rischi legati al contesto politico e sociale: colpo di stato, guerra civile.[9] Ci sono poi fattori che possono aumentare i rischi legati alla sicurezza, in relazione alla nazionalità, alla funzione che si occuperà, all'immagine della stessa azienda nel Paese. Oltre che comportamenti personali che possono scontrarsi con usi e costumi del Paese ospitante

Rischi naturali
- Terremoti
- Tsunami
- Tifoni e catastrofi naturali

Per fronteggiare **i rischi sanitari** la prevenzione è sicuramente l'arma migliore. Prima di partire in un Paese a rischio sanitario è importante stabilire con il proprio medico le misure preventive e le eventuali vaccinazioni necessarie. Una volta in loco è importante attenersi a certe regole di igiene e di vita.

---

9. *"Ad esempio il periodo che precede le elezioni politiche in alcuni Paesi africani può essere un momento pericoloso per eventuali disordini. Allo stesso modo, scioperi importanti o condizioni sociali particolari, laddove ci si trovi in un Paese che non è in grado di garantire l'ordine pubblico, si possono trasformare in situazioni a rischio per gli espatriati. Aziende che gestiscono grossi numeri di espatriati con o senza famiglie, spesso prevedono dei protocolli di sicurezza a cui è obbligatorio adeguarsi. Tra alcuni di questi protocolli è frequente l'obbligo di mantenere una scorta di viveri e beni di prima necessità sufficiente a garantire la sopravvivenza per un paio di settimane all'interno della propria abitazione. In caso di situazioni di allerta in città ad esempio, può arrivare il divieto ad uscire di casa fino a nuovo ordine. Significa anche mantenere quello che gli espatriati conoscono come il "low profile": cioè mantenersi il più possibile invisibili ed evitare accuratamente situazioni che attirino l'attenzione su di voi."* Cristina B.

CAPITOLO 6

In India facevamo molta attenzione all'acqua, all'inizio non è stato facile perdere certi automatismi, soprattutto arrivando da un Paese come il Giappone. Ci sono riflessi nuovi da acquisire che si andranno a sommare con le difficoltà dei primi tempi, poi il tutto diventerà parte del quotidiano e non dovremo neanche più riflettere su certi comportamenti.

I rischi legati alla sicurezza vera e propria sono da prendere in conto molto seriamente. In Paesi ad alto rischio, molto spesso le aziende si affidano ai servizi di società specializzate che si occuperanno di vegliare sulle norme di sicurezza da seguire per gli espatriati e le loro famiglie.

Da prevedere in questi casi:

Un audit della sicurezza dell'alloggio, del quartiere e del posto di lavoro.

Delle regole precise sugli spostamenti, l'utilizzo di certi mezzi di trasporto, ad esempio di certe compagnie di taxi piuttosto che altre, macchine blindate, scorta, servizio di sicurezza in casa.

Il divieto di spostarsi in certe zone e in certi orari, di frequentare certi posti, come ad esempio mercati o centri commerciali. *"Un espatrio in Paesi difficili non è impossibile e addirittura direi che è un'esperienza che a volte può essere molto istruttiva e gratificante, con aspetti positivi inaspettati. Le mie migliori amicizie nate in espatrio sono quelle cresciute nei Paesi più duri: la condivisione delle difficoltà avvicina le persone. Diventa istintivo darsi una mano a vicenda. Le limitazioni alla libertà di circolazione portano naturalmente le persone a creare maggiori occasioni per socializzare ed è più facile incontrare e creare relazioni. In particolare per le famiglie con bambini vivere in compound significa interi pomeriggi di giochi con i vicini di casa, significa continue visite tra famiglie e festicciole per ogni più piccola occasione. Le scuole internazionali in Paesi a rischio, proprio per la mancanza di attività alternative, organizzano ogni tipo di sport e attività ricreative extrascolastiche offrendo ai ragazzi l'occasione di vivere splendide esperienze in un ambiente protetto. I miei figli ricordano con maggior calore gli anni vissuti in Nigeria, nelle scuole-bunker, che non quelli vissuti in Paesi che per noi adulti sono più confortevoli."* Cristina B.

Una volta chiari i rischi ai quali si andrà incontro si deve analizzare il **modo per prevenirli** e rendere la vita in espatrio piacevole, anche nel caso di restrizioni. Questo è un lavoro da fare insieme all'azienda che ci manda all'estero o alla società che ci assume nel nuovo Paese.

"I datori di lavoro potrebbero richiedere la sottoscrizione e di conseguenza il rispetto di regolamenti atti a garantire la vostra sicurezza nel Paese e si tratta di regole che coinvolgeranno anche la vita della vostra famiglia: non vanno sottovalutate. Un espatrio

poco consapevole in un Paese a rischio ha infatti un tasso di fallimento più alto degli altri e una forte pressione sull'equilibrio familiare che rischia di incrinarsi più frequentemente rispetto ad altre realtà." Cristina B.

L'espatrio in Paesi a rischio e in zone di conflitto è da valutare molto più attentamente rispetto all'espatrio in zone tranquille senza particolari problemi di sicurezza. Vivere in allerta costante non è psicologicamente facile da gestire così come *"vivere in una casa o un appartamento che assomiglia ad un bunker, con una porta blindata che separa la zona notte da quella giorno e in cui barricarsi durante il riposo notturno per limitare i danni di eventuali intrusioni e rapine. Significa abituarsi ad avere il giardino con il filo spinato sul muro perimetrale e magari la guardia armata 24 ore su 24. Può significare muoversi costantemente con una radio appesa alla cintura per essere costantemente contattabili in caso di emergenza (non sempre le reti telefoniche sono affidabili in situazioni di pericolo)"* Cristina B., o diversamente **vivere in compound** dove c'è tutto e si può avere l'impressione di vivere in prigioni dorate senza contatti con la realtà circostante e protetti non solo dai pericoli ma anche dal vero e proprio contatto con la cultura locale, vera ricchezza dell'espatrio.

In alcuni casi ci si dovrà muovere solo con **la scorta**, *"si può essere obbligati a circolare anche con una scorta armata, non solo per se stessi nell'ambito delle mansioni del proprio lavoro, ma anche per la propria famiglia. Questo significa che si accompagnano i figli a scuola con la scorta, si va a fare la spesa con la scorta, si va dal parrucchiere e si esce al ristorante con la scorta che attende paziente all'uscita. Si tratta inoltre di frequentare solo ed esclusivamente locali e ambienti con un livello di protezione sufficiente a garantire la vostra sicurezza. Niente passeggiate nel quartiere, al parco, in spiaggia o in luoghi aperti al pubblico, spesso niente uscite serali o notturne. Per quanto possa sembrare limitante, questo tipo di vita non è impossibile o alienante, ma nella quotidianità richiede una forte dose di organizzazione, autocontrollo e pazienza."* Cristina B.[10]

"Ovviamente a nessuno piace vivere con una minaccia incombente sulla testa, sua o della propria famiglia. Non mi faceva certo piacere, a Brazzaville ad esempio, andare a letto sapendo che dall'altra parte del fiume si stavano massacrando, e che la stessa

---

10. Cristina vive attualmente in Olanda, ha vissuto con la sua famiglia in diversi Paesi tra i quali la Nigeria e l'Arabia Saudita, toccando con mano la vita sotto scorta e blindata.

CAPITOLO 6

città dove io vivevo, dove mio figlio andava a scuola e dove ci sviluppavamo ogni giorno come famiglia e come esseri umani, era pervasa da un sentimento di conti in sospeso, di acrimonia, di desiderio di vendetta. In Africa avevo talmente integrato la nozione del pericolo, dell'essere sempre vigile, dell'imparare a leggere i mille segnali nascosti nei volti e negli atteggiamenti delle persone e delle folle, da non rendermene quasi più conto. È stato quando ci siamo riconfrontati con un nuovo espatrio, questa volta appunto in America Latina, che ho capito quanto la tensione sociale e politica del luogo dove vivi ti entra in tutte le cellule e ti spinge ad attivare spontaneamente una serie di sensori in più, che altrettanto facilmente si disattivano quando cambia il contesto in cui si vive e viene a mancare la necessità di stare sempre sul chi va là." Claudia L.

Questo disattivare i sensori per rimetterci a vivere in un modo più rilassato è successo anche a me, nel mio piccolo, quando ci siamo trasferiti dal Giappone all'India, dove la minaccia dei terremoti era meno presente.

Vivere in contesti di conflitto necessita di una buona dose di controllo, per non andare nel panico ad ogni problema. *"La prima cosa sulla quale ci siamo concentrati è stata la ricerca di una casa che desse a nostro figlio (e a noi) un senso di sicurezza. Un luogo lontano dai quartieri "caldi", che potesse alla lunga costituire un'oasi dal continuo stillicidio di notizie, accadimenti e ingiustizie alle quali si assiste impotenti giorno dopo giorno da queste parti. Una casa che difficilmente si troverà mai coinvolta in scontri, lanci di pietre, spari e candelotti, perché è in un punto in cui la gente, se non la conosce, semplicemente non arriva. Una casa a cui facciamo ritorno ogni volta in cui ci viene segnalato che c'è tensione in città ed è meglio non stare in giro. L'altra cosa che non abbiamo mai tralasciato di fare è di parlare costantemente con nostro figlio, mantenendolo aggiornato su tutto quello che accade e assicurandoci che afferri appieno quelli che possono essere i rischi che lui – come ragazzino straniero ma dall'aspetto facilmente assimilabile a... tutti i gruppi culturali del luogo! – corre concretamente. Quando – per scelta o no – si impone ai propri figli di vivere in contesti nei quali la loro incolumità fisica e psichica viene messa a repentaglio, è necessario trovare delle giustificazioni forti dentro di sé, appellarsi a dei valori importanti, che aiutino la famiglia a superare il senso di disagio (e di colpa) che viene dal vedere i propri figli costretti a situazioni che non avrebbero certo dovuto affrontare se non li si fosse portati proprio in quel posto là. Personalmente mi sono sempre detta che se si vuole crescere (e crescere i propri figli/e) nel mondo, per forza di cose bisogna condividere almeno una parte di quelle che sono le tensioni tipiche o le problematiche del luogo. Il*

Salute e sicurezza in espatrio: qualcosa di cui preoccuparsi?

compito arduo che spetta alla famiglia espatriata in questi contesti è trovare l'equilibrio tra la propria serenità e incolumità, l'esposizione a realtà atipiche e che potrebbero spesso sforare in situazioni drammatiche o violente, e la conservazione delle proprie motivazioni in questo tortuoso percorso." [11]

Vi sono esperienze estreme in Paesi in cui si parte consci dei rischi, ma a volte anche in Paesi tranquilli ci possono essere situazioni che cambiano improvvisamente creando tensioni. Noi eravamo in India quando ci sono stati gli attentati di Mumbai nel 2009. Per qualche giorno, il tempo di capire se ci fossero dei rischi reali per gli stranieri, abbiamo avuto il divieto di circolare in città, di recarci in posti affollati, fondamentalmente l'ideale era rimanere nelle nostre case al sicuro. Per un po' di tempo ho evitato di passeggiare nei mall chiusi, più per un sentimento di insicurezza mio che per precise indicazioni, poi la paura è scemata e la vita ha ripreso il suo corso.

Rischi naturali: In Giappone come in California il rischio sismico è molto elevato. Non l'abbiamo mai sottovalutato. Arrivati a Tokyo devo dire che avevo molta paura, mi spaventava l'idea di trovarmi in pericolo e soprattutto di mettere le mie bambine in situazione di difficoltà. Non abbiamo mai sottovalutato i rischi e appena arrivati abbiamo cercato il maggior numero di informazioni per prepararci al meglio nel caso succedesse qualcosa di grave. In questo i Giapponesi sono maestri nell'organizzazione. I loro consigli possono essere applicati in qualsiasi Paese con gli stessi rischi naturali. Per prima cosa è importantissimo **iscriversi al registro dei residenti all'estero del consolato del proprio Paese** (questo in realtà anche se non ci sono rischi maggiori).

Vivendo in un Paese ad alto rischio sismico, si impara comunque a convivere con l'idea che da un momento all'altro possa succedere qualcosa. In Giappone il fatto di avere delle piccole scosse settimanali mi dava alla fine quasi sicurezza. Se la terra trema un po' ogni tanto, mi dicevo, è più difficile che arrivi una grossa scossa di colpo (falso ma per me sufficiente a rassicurarmi). Che il letto tremasse la sera era ormai diventato un modo rassicurante di addormentarmi. I giapponesi vivono la

---

11. Testimonianza tratta dall'articolo *Vivere in contesti di conflitto*, Gerusalemme, dicembre 2010, su Expatclic.com in cui Claudia Landini racconta la sua esperienza di vita in contesti difficili. Prima l'Africa poi Gerusalemme con un figlio adolescente.

CAPITOLO 6

loro vita tranquillamente, senza pensare in modo ossessivo al terremoto, ho imparato a fare lo stesso, anche se dopo ogni scossa ripassavo in fretta il cosa fare nel caso arrivasse il peggio.

IN CASO DI TERREMOTO ci sono una serie di misure preventive che possono renderci la vita più tranquilla. In casa i mobili alti, tipo le librerie andrebbero fissati al muro, i letti dovrebbero essere messi lontano dalle finestre e da oggetti che potrebbero caderci addosso durante la notte. Le porte dei mobili dovrebbero avere dei blocca-porte che ne impediscono l'apertura in caso di scossa sismica. Una delle cose più pericolose durante un terremoto sono gli oggetti che volano a destra e a sinistra per la casa. Tutta la famiglia deve avere ben chiaro **un piano di evacuazione**: una borsa con vestiti caldi, documenti, soldi in contanti e acqua, dovrebbe essere pronta e riposta in un posto accessibile. **Se si hanno dei bambini piccoli è importante decidere prima cosa fare**, se succede ad esempio qualcosa di notte chi prende Tizio nel lettino, chi Caio nella culla. Se succede di giorno e i bambini sono a scuola, immaginando che non si possa comunicare, si deve pianificare in anticipo chi va a prendere chi e dove ci si ritrova nel caso la casa non sia agibile. Per noi la decisione di chi fa cosa è stata subito facile, mio marito lavorava a circa 40 minuti di macchina da casa e scuola e il suo ufficio era su una faglia, da subito abbiamo immaginato che per lui, ne fosse uscito indenne, non sarebbe stato possibile rientrare a casa in tempi ragionevoli.

Qui in America ci siamo dati come punto di ritrovo casa, con il mio pensiero fisso di dover recuperare il gatto, casa agibile o no!

Le case vanno evacuate solo in caso di incendio o se ritenute inagibili, altrimenti ci sono più pericoli fuori che in casa. È importante avere una buona scorta di acqua e di cibo, tre giorni è quello che viene consigliato. Se si hanno animali domestici si deve pensare anche a loro ed avere sempre una piccola scorta di cibo per animali disponibile.

Non si deve parlarne tutti i giorni, basta definire le cose bene una volta e al limite fare un ripasso ogni tanto. A Tokyo ad esempio se veniva una baby sitter nuova le chiedevamo sempre se sapesse cosa fare in caso di terremoto, le spiegavamo dov'era la zona di ritrovo e le facevamo vedere la scala di sicurezza sul balcone. Ammetto che solo l'idea di immaginare il mio trio di bambine scendere per sette piani la scala antincendio, con la baby sitter nel panico e noi dall'altra parte della città, non era un'immagine divertente, ma ci ho convissuto. In caso di scossa di terremoto è importante spegnere il gas e rifugiarsi sotto un tavolo. Se si riesce è importante aprire la porta d'ingresso per evitare che, in caso di scossa forte, si blocchi in qualche modo. Ma fondamentale è stare tranquilli e non farsi prendere dal panico. Essere passati attraverso l'esperienza giapponese, mi ha aiutata ad affrontare in modo più calmo la nostra avventura in California e, forse per questo, qui, nonostante ci siano gli stessi rischi, siamo molto meno organizzati, anche se mi riprometto sempre di preparare la famosa borsa.

Difficoltà, restrizioni, problemi di vario tipo non devono in nessun modo rovinare l'avventura una volta che si è deciso di correre il rischio. Soltanto vivendo in un Paese potremo realmente renderci conto delle difficoltà e soltanto vivendole troveremo la chiave giusta per rendere il tutto meno complesso.

sanità e sicurezza

- **Preparare la partenza in ogni dettaglio** dal punto di vista medico: check-up, vaccinazioni, scorta di medicinali.
- **Avere le idee chiare sulle strutture locali:** localizzazione rispetto a casa, tipo di strutture, igiene, presenza o no di medici che parlano nella nostra lingua.
- **Assicurazione:** come siamo coperti, quanto costa. rischi di vario tipo ed eventuali cose da fare: come la società per cui lavoriamo o lavoreremo gestisce i rischi.
- **Preparare i bambini ad ipotetiche restrizioni nei movimenti o a rischi sanitari:** basta spiegare le cose e non ne saranno spaventati.
- **Iscriversi al consolato:** è un diritto ma anche un dovere, e in caso di problemi è sempre meglio averlo fatto perché la nostra esistenza sul territorio sia nota.
- **Partire con positività e convinti delle proprie scelte**, i problemi si affronteranno man mano, e saranno di sicuro meno grossi di quello che possa sembrare da lontano.

CAPITOLO 6

Federica, Parigi 10 ottobre 1997.

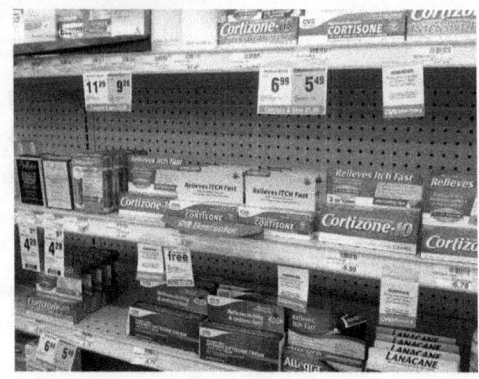

Medicinali come al supermercato con sconti e offerte - la farmacia americana dove si compera di tutto.

Città allagata, Chennai, India.

CAPITOLO 7

Reinventarsi si puó

Partire all'estero, accettare un'opportunità lavorativa in un nuovo Paese, cogliere la sfida professionale mettendo chilometri, montagne e oceani tra noi e il nostro mondo, implica delle scelte.
Se si parte da soli è semplice: si fanno i bagagli e si affronta una nuova esperienza, senza trascinarsi dietro compagni di vita. Scegliere solo per se stessi semplifica le cose, perché quando si decide di partire in coppia o in famiglia, la partenza e l'avventura prendono proporzioni diverse.

In una coppia quando si sceglie di partire, ci sarà sempre uno dei due che sarà messo di fronte ad una scelta, di lavoro, di carriera, e ad una rinuncia, come unica via per accettare una partenza.
Sono rari i casi in cui i due componenti della coppia si muovono spostando contemporaneamente le carriere di entrambi. Nella maggior parte dei casi uno dei due decide di mettere temporaneamente tra parentesi la propria vita professionale per assecondare quella del proprio compagno. Molto spesso è la donna, o almeno era la donna fino a qualche anno fa, adesso molti uomini si trovano a fare la stessa scelta, la coppia o la famiglia seguiranno quello che si trova ad avere l'opportunità più interessante.
Decidere di seguire il proprio compagno non è semplice quando si ha un lavoro ben avviato, la paura di ritrovarsi con le mani in mano e di perdere il proprio statuto sociale di persona che lavora è forte. Lo sguardo

CAPITOLO 7

degli altri spaventa, il chiedersi cosa penserà la gente anche. Dopo 20 anni all'estero queste paure mi fanno sorridere, ma mi rendo ben conto della realtà e del fatto che molte donne temono di perdere la propria autonomia, soprattutto economica, decidendo di essere mogli "al seguito".

C'è il sentimento forte che mollando tutto per partire all'avventura si buttino contemporaneamente alle ortiche anni di studi e di esperienze professionali. C'è il timore di perdere la propria posizione all'interno della società e della coppia stessa, di diventare semplicemente una "moglie di", senza più una vera e propria identità.

Non è facile liberarsi da tutte queste paure e vivere invece l'espatrio come l'opportunità di capire veramente cosa si vuole fare da grande. Ci si può certo accorgere che la strada che si è scelta all'inizio è l'unica valida e possibile, ma può anche succedere che nuove opportunità ci si aprano improvvisamente davanti e ci facciano capire che abbiamo voglia di nuovo o che è il momento giusto per recuperare un sogno nel cassetto e renderlo reale.

Ho incontrato nel mio itinerare molte donne che vivono nella paura di non essere capaci di fare qualcosa di diverso da quello per cui hanno studiato, o donne convinte che, se hanno fatto determinate scelte 15 anni prima, non possono tornare indietro senza necessariamente sprecare tutto quello che hanno fatto fino lì.

La cosa più importante, quando si decide di partire mollando il proprio lavoro, è farlo convinti che non sarà un dramma ma anzi una bella opportunità da prendere al volo. Lo spirito positivo aiuta ad affrontare passo dopo passo le difficoltà dei primi tempi, quelli in cui inevitabilmente ci si chiederà perché: perché ho lasciato tutto, perché ho privilegiato la sua alla mia carriera, perché mi ritrovo adesso, dopo due lauree e dieci anni di esperienza a parlare di nulla al parco con un gruppo di altre mamme, perché gli ho di nuovo detto di sì e per l'ennesima volta sto con le mani in mano a cercare una via d'uscita e qualcosa da fare per rimettere in moto il cervello.

Non nego che ogni tanto me lo sono chiesto anch'io, è normale. Ho trovato le risposte e le energie in me stessa e in tante altre donne incontrate sul mio cammino, che, come me, anziché stare a piangere sulla condizione di moglie al seguito si sono rimboccate le maniche e hanno sfoggiato il miglior sorriso, affrontando veramente la vita all'estero come la bella

grande avventura che deve essere.
Certo REINVENTARSI non è facile e può spaventare. L'espatrio è già di per sé una rivoluzione, aggiungere a tutto questo un cambiamento radicale nei propri obiettivi spaventa. Quando si parte all'estero non si ha molta visibilità sul futuro, soprattutto i primi tempi, e che si sia solo in due, in tre o in dieci in famiglia, le difficoltà sono le stesse, per prima cosa ristabilire un ritmo di vita normale, utile per chi è già al lavoro e anche per chi sta a casa.

Non si deve avere fretta, non si può pensare di avere tutto che funziona subito alla perfezione e in quattro e quattr'otto rimettersi a lavorare.

I primi mesi di vita in un nuovo Paese servono per rendersi conto di come quest'ultimo funziona, sono utili per ricostruire i punti di riferimento indispensabili e soprattutto sono fondamentali per farsi la fatidica domando: **ma io, cosa voglio fare della mia vita?**
Tutti prima o poi se la fanno. C'è chi ha bisogno di più tempo e chi invece scalpita già dopo qualche settimana. Muovere i primi passi su un terreno nuovo e scoprirne i funzionamenti, insieme a tutti gli sforzi che dobbiamo fare per rimetterci in gioco con lingue e culture diverse, aiuta a tirar fuori aspetti sconosciuti di noi stessi, desideri rimasti sospesi, capacità magari mai veramente prese in considerazione.

L'espatrio fa venir fuori un nuovo aspetto di noi stessi importantissimo per capire in quale direzione andare.
Lasciamo un lavoro, seguiamo un compagno o compagna in una bella avventura, ci occupiamo dei figli, del loro inserirsi in un mondo nuovo, cerchiamo di non voltarci indietro e di non rimpiangere quello che abbiamo chiuso dietro la porta dell'ultima casa, dimostriamo già così di avere la stoffa vincente per ricadere in piedi.

"Sono una moglie al seguito e ho lasciato un lavoro molto interessante e remunerativo per seguire quello che è poi diventato mio marito. L'ho fatto con consapevolezza e non ho mai avuto rimpianti. In cuor mio ho sempre saputo che quando avrei avuto una famiglia, mi sarei dedicata ai figli completamente, qualsiasi cosa la mia scelta avesse implicato. È successo prima del previsto e inaspettatamente perché sono rimasta incinta, senza averlo pianificato, ma questo non ha cambiato una decisione che comunque avevo già preso e di cui ero "felicemente" sicura." Alessandra G.

Ricadere in piedi in espatrio è possibile. Ci sono mille modi: ci si può investire in progetti incredibili, nel volontariato, riprendere gli studi,

CAPITOLO 7

fare due o tre figli, inventarsi una nuova carriera, recuperare la vecchia e adeguarla al nuovo posto, le vie sono molteplici, basta osare un po' e vedere nell'espatrio una grande opportunità. *"Quando viaggi ti si apre la mente e trovi più soluzioni facili per risolvere tutto, è la staticità che ti uccide."* Masha C.

"Quello che mi motiva in ogni nuovo posto dove vado e mi permette di rimettermi in gioco, è la voglia di conoscere una nuova cultura e appropriarmene. Capire la gente ed il loro modo di funzionare è un esercizio mentale entusiasmante. Che sia un lavoro, una passione, un interesse, l'essenziale penso sia di crearsi un proprio mondo di esperienze, non solo legato al coniuge oppure al mondo degli espatriati. Per me è stata la passione per la danza. Vivere in un Paese diverso mi ha portato a conoscere nuovi stili, diverse influenze artistiche, diversi metodi, coreografi e ballerini che prima non conoscevo, che hanno arricchito il mio bagaglio personale. I cambiamenti non sono mai facili, è inutile mentire a se stessi, a volte ti possono rendere fragile. Ti aprono però un mondo che altrimenti non avresti mai conosciuto. Mi hanno dato un'elasticità mentale che forse non avrei mai avuto restando nella mia città di provincia, per non parlare poi dell'apertura e della ricchezza culturale che abbiamo dato ai nostri figli." Francesca M.

Ma perché l'espatrio può essere visto come un buon punto di partenza per costruire qualcosa di nuovo?
L'espatrio in sé indica un forte cambiamento, allora tanto vale scombussolarci la vita una volta per tutte e darci dentro in progetti e idee che forse non avremmo osato tirar fuori chiusi in una vita "normale".
Aver lasciato tutto aiuta a farsi delle domande: stavo facendo veramente quello che mi piaceva?
Avevo fatto le scelte giuste? Non stavo accontentandomi di qualcosa, lasciando i miei sogni nel cassetto?
Forse non avviene per tutti, ma per molti una partenza può veramente essere sinonimo di un nuovo inizio. A questi nuovi inizi ci si può prendere gusto ed essere pronti addirittura a ricominciare, ogni volta che ci si sposta, qualcosa di nuovo.
Per me l'espatrio è stata l'occasione di fare un vero e proprio bilancio dei miei desideri e delle mie capacità. Dall'inizio ho capito che ciò per cui avevo studiato non mi avrebbe condizionata nelle mie scelte professionali, e allo stesso tempo ho realizzato come per me la mia famiglia in crescita, all'estero, sarebbe venuta prima di qualsiasi carriera. Premesso questo,

per natura sono una persona che difficilmente sa stare con le mani in mano e anche fare una cosa alla volta non va tanto d'accordo con la mia indole iperattiva. Fare la mamma l'ho sempre trovato entusiasmante, ma non sufficiente. Nello stesso tempo ho avuto il lusso di poter fare cose interessanti, senza necessariamente dover fare i conti con uno stipendio da portare a casa. Sono fortunata. A questo ho sommato la mia passione per la vita all'estero e gli stimoli che mi venivano dalla mia esperienza quotidiana immersa in una nuova cultura, così sono nati i miei progetti, *Mondailleurs*, *Raconte moi une histoire* fino all'ultimo in data *Eventi italiani*.[1]

Non sono l'unica ad aver colto al volo opportunità e ad aver avuto la fortuna di poter vivere a fondo una passione. Ho incrociato sul mio cammino donne e uomini che hanno saputo sviluppare progetti interessanti, scoprirsi cuochi provetti fino a farne un mestiere, buttando alle ortiche fior fiore di lauree. Ho visto ingegneri trasformarsi in scrittori, architetti in pasticceri, biologhe in insegnanti di yoga, donne in carriera in mamme a tempo pieno. Ho visto uscire dal forno i grissini di Clara, che fanno gioire i palati cinesi, benché fino ad allora il suo destino fosse l'insegnamento. Ho visto gli occhi luccicanti dei bambini indiani sotto la guida appassionata di Elisa[2], architetto imprestata alla scuola il tempo di un espatrio. Ho visto i quadri di Celine che ha scoperto in Giappone la sua passione creativa. La lista è lunga, i progetti sono uno più interessante

---

1. Nei miei primi anni francesi, la constatazione della facilità con la quale le mie piccoline integravano le lingue straniere, sommata all'incontro con un'altra mamma straniera come me, meravigliata anche lei dalla capacità dei nostri bambini a muoversi in contesti linguistici nuovi, ha dato vita a *Mondailleurs*, un ambizioso progetto di sensibilizzazione alle lingue e culture straniere. Il nostro cavallo di battaglia sono stati per anni degli Atelier di sensibilizzazione a suoni e culture per bambini dai 4 ai 7 anni. Ho portato avanti la mia associazione con entusiasmo per diversi anni, sviluppandone l'offerta, coprendo fasce di età ed esigenze diverse, inserendo corsi di cucina italiana per grandi e piccini. Ho chiuso il tutto qualche settimana prima della mia partenza in Giappone dove ho ripreso certi aspetti di Mondailleurs continuando a insegnare ad adulti e bambini e dando lezioni di cucina, immersa in un contesto culturale completamente nuovo. In India è stato di nuovo un incontro e uno "scontro" con una cultura profondamente interessante come quella indiana a far nascere in me l'idea di un nuovo progetto. Lavorando con un sarto indiano ho dato vita a *Raconte moi une histoire*, piccola società che produceva vestiti per bambini. Ho gestito per anni il mio piccolo atelier a Chennai, India del Sud, scoprendo un mondo di stoffe e colori che mi ha dato la carica per disegnare collezioni divertenti per bambini. Mi sono trovata a dover fare una scelta una volta arrivata negli Stati Uniti. La distanza con l'India mi ha spaventato, come forse anche la paura di non riuscire a muovermi in un nuovo contesto. Ho chiuso il mio progetto indiano e cercato di mettere insieme le mie diverse esperienze questa volta in un progetto rivolto più alla promozione attraverso eventi del nostro bel Paese e di quanto di bello (e buono) riusciamo a produrre e esportare nel mondo. Pian piano muovo i primi passi, stranamente sempre con le stesse energie, inesauribili fino ad ora.
2. Da questo progetto di Elisa Rosa è nato un libro *Made in India*. Elisa è anche la creatrice del progetto *Kids Arts Tourism*, che sta avendo un grande successo in Italia.

dell'altro e l'espatrio, una nuova partenza, un nuovo arrivo, sono stati l'elemento scatenante.

Certo ci vogliono idee ed energie, e anche una buona dose di incoscienza a volte. Ci sono mille progetti che fanno un buco nell'acqua, ma anche altrettanti che pian piano crescono e diventano qualcosa di serio.

Quello che ho notato e che accomuna tutte queste donne e anche questi uomini che si sono dati una seconda opportunità, è la **voglia di rimettersi in gioco, di cogliere un'occasione unica, di ripartire da capo e dimostrare di saper fare altro.**[3]

Come vivono le ruspanti expat il fatto di aver lasciato il loro lavoro?

"Diciamo che in maniera molto generale le donne expat sono sorrette da una forte motivazione familiare nell'espatrio, e quindi non hanno sofferto molto nel lasciare il lavoro a casa... diciamo che quanto meno in un primo momento il "progetto espatrio famiglia" le ha assorbite tanto, e quando si rivolgono a me è perché "cominciano a guardarsi intorno". Ma nella maggior parte dei casi la voglia di reinventarsi viene dallo stimolo esterno, non ho mai avuto l'impressione che fossero disperate nel far qualcosa per sentirsi a posto come identità, quando che sembrasse loro un'occasione un po' sprecata non mettere a frutto le idee nate dal contatto con la loro cultura ospitante. Spesso comunque il lavoro che faccio con queste donne alla fine non è proprio di costruire un progetto di carriera, quando di aiutarle a far luce sui loro veri desideri, e a "misurare" la qualità della loro vita in termini di vicinanza ai propri valori. Non ho mai avuto casi che manifestassero insofferenza estrema per il fatto di non avere un lavoro ben definito e retribuito... né troppo affanno nel costruirsene uno." Claudia Landini, coach.[4]

Storia di Anne, biologa e cuoca

Ho lavorato per diversi anni nel laboratorio di biologia di una grossa casa farmaceutica, ero appassionata del mio lavoro e non avevo mai pensato alla possibilità di fare altro. Ho studiato biologia per passione e, in modo del tutto naturale, dopo la laurea, ho incominciato a lavorare nel campo della ricerca, prima all'Università e poi nel privato. Con la nascita dei bambini sono riuscita sempre a ben equilibrare la mia vita familiare e quella professionale, senza rinunciare a nulla né da una parte né dall'altra. Certo ci

---

3. http://www.permitsfoundation.com/ si possono trovare interessanti informazioni se si cerca lavoro, è un sito creato ad hoc per i coniugi espatriati al seguito.
4. Claudia Landini, espatriata da 25 anni in diversi Paesi del mondo, è la fondatrice del sito expatclic.com. La sua esperienza di coaching la trovate sul sito http://www.crossculturescoaching.com/

sono stati momenti complicati, soprattutto dopo la nascita dei gemelli, gestire due neonati e una sorella maggiore di 18 mesi rientrando al lavoro dopo solo sei mesi dalla nascita, è stato faticoso, ma ritornare a fare quello che mi piaceva mi ha anche aiutata ad uscire da una routine casa-bambini.

Quando hanno offerto a mio marito il lavoro della sua vita ad Hong Kong non me la sono sentita di dirgli di no: per lui era l'occasione da non perdere! Alla fine pensavo che ne avrei approfittato anch'io, avrei potuto dedicarmi ai bambini e magari mettere in cantiere il numero 4 cosa assolutamente impensabile con i ritmi di lavoro.

Siamo partiti quindi per la nostra prima esperienza asiatica pieni d'entusiasmo, salutando amici e colleghi, con tre bambini di 6 e 4 anni e veramente la voglia di approfittare di questo cambiamento. I primi 18 mesi sono volati alla svelta, tutto era nuovo e entusiasmante e finalmente potevo dedicarmi ai miei piccoli al 100% con in più un nuovo arrivato che, a differenza dei suoi fratelli, avrebbe potuto godere della mia presenza senza la spada di Damocle del ritorno al lavoro. Due anni dopo il nostro arrivo in Asia ecco la proposta per continuare l'avventura questa volta in Giappone. Nuova partenza accolta anche questa con gioia, ma anche con un po' di apprensione da parte mia, incominciavo a chiedermi se avrei retto ancora a lungo senza riprendere un'attività. Arrivata a Tokyo mi sono ripromessa per prima cosa di installare la famiglia, i grandi a scuola, il piccolo in un nido, e pian piano ho incominciato a guardarmi intorno per capire se nel mio campo ci fossero possibilità. Senza affanno. Contemporaneamente la mia passione per la cucina stava prendendo sempre più piede. Da quando eravamo espatriati avevo indubbiamente molto più tempo da dedicare ai fornelli, casa nostra era sempre aperta ai nuovi amici di ogni nazionalità che sembravano veramente apprezzare i miei piatti e il mio modo di interpretare la cucina francese più tradizionale fondendola con elementi nuovi scoperti nei nostri anni asiatici e durante i nostri viaggi.

Un giorno una mia nuova amica mi ha chiesto se potevo aiutarla ad organizzare una festa d'ufficio per suo marito, un party privato che avrebbe fatto a casa. Mi sono divertita tantissimo e il successo è stato strepitoso. Qualche persona invitata ha voluto il mio numero di telefono per eventi successivi e così pian piano ho incominciato ad organizzare cene e feste da privati. Un evento dopo l'altro mi sono resa conto che stava diventando un vero e proprio lavoro, appassionante, proprio come all'epoca era stata appassionante il mio lavoro di biologa. Da 10 anni ormai cucino e organizzo eventi gastronomici, seguendo gli spostamenti professionali di mio marito che ci hanno portato successivamente a Singapore e in India, per poi da qualche mese farci atterrare a New York. I bambini sono cresciuti e ho l'impressione di aver veramente potuto approfittare di loro, pur costruendo un'attività tutta mia. Con molta forza di volontà (e fatica) ho

CAPITOLO 7

ricostruito il mio lavoro ad ogni tappa, aggiungendo sempre qualcosa di nuovo. Adesso l'idea è anche concentrarmi sull'importazione di prodotti dall'Europa, passando attraverso piccoli produttori. La strada sarà lunga e tortuosa per riuscire a districarmi nei meandri delle regole americane, ma non mi spaventa, ho capito che credere in un progetto è la parte più dura, poi si è a cavallo!

≈

Non tutti devono per forza percorrere strade non battute per sentirsi vivi in espatrio, a volte si ha la fortuna di non dover creare nulla di nuovo e di rifare esattamente ciò che si è sempre fatto. C'è anche chi decide di prendersi una pausa, di darsi al taglio e cucito, di rimettersi a studiare.

"Ho iniziato ad essere inglobata in questo mondo internazionale, a seguire corsi di computer, di inglese, di yoga, di spinning, di zumba... Ho iniziato a prendermi del tempo per il coffee time con altre mamme, ho iniziato a dedicarmi al volontariato, alla visita di un lebrosario gestito da suore italiane, ho iniziato a girare per scoprire Mumbai e le sue ricchezze." Masha C.

Sono tantissimi gli espatriati che timidamente si buttano nello studio, a volte solo per passare il tempo, altre per darsi una nuova opportunità, a volte ancora per fare quello che prima non si era potuto fare. *"Non sono mai riuscita a fare la mamma full-time senza ritagliarmi degli spazi miei, degli spazi di interazione con gli adulti. Nei primi anni di espatrio, un periodo di ambientamento, in cui ho cercato di capire in che direzione sarebbe andata la mia vita, ho fatto quello che ho sempre amato fare, studiare! Ho studiato olandese in Olanda, ho studiato inglese a Sharjah e nel frattempo ho cercato di mettere a frutto la mia esperienza di espatriata partecipando alla stesura di un libro sulle donne espatriate e incominciando la mia collaborazione con Expatclic.*

Quando sono giunta in Australia, ho iniziato a dedicarmi all'attività di volontaria in biblioteca presso la scuola dei miei figli, cosa che faccio tutt'ora, un giorno alla settimana (da sette anni). Mi sono accorta che quello che stavo facendo mi piaceva davvero ma mi mancavano le basi. Così sono tornata sui banchi di scuola, studiando part time per un diploma che mi farà diventare bibliotecaria. Nel frattempo il mio lavoro volontario è diventato un lavoro "casual" retribuito. Mi sto facendo un'esperienza e spero in un domani di lavorare in una grande biblioteca." Alessandra G.

Negli anni mi sono resa conto che un freno alla possibilità di reinventarsi per gli espatriati che decidono di seguire i propri compagni, è **lo sguardo della società sulla scelta di non lavorare o di fare qualcosa di diverso da quello per cui ci siamo formati.** La nostra società non è ancora completamente aperta ad accettare rotture brusche di carriera e scelte poco canoniche. Lo sguardo degli altri può essere un freno, la paura di deludere chi ci sta intorno, l'essere giudicati come incapaci, perché non si segue un sentiero tracciato. Per fortuna le mentalità evolvono, sempre meno ci si sente giudicati o sempre più si evita di soffermarsi su quel che pensa la gente. Fondamentalmente in questi 20 anni ho visto che, se da un lato la società è più pronta ad accettare carriere e realizzazioni al di fuori dagli schemi, dall'altro gli espatriati sono più emancipati dallo sguardo di chi in espatrio non c'è, hanno capito che è inutile cercare di far capire a chi non vive in questo meccanismo il perché di certe scelte.

E se è l'uomo a seguire la propria compagna? E se è lui a lasciare carriera e tutto per fare il 'mammo' e dedicarsi alla casa?

Se ne vedono sempre di più di uomini che scelgono di mettere tra parentesi la propria carriera e di seguire le proprie compagne. Negli anni il giudizio della società è cambiato anche su di loro, per fortuna.

I primi papà expat al seguito li ho incontrati a Tokyo. in un mondo praticamente tutto femminile, li si notava, ma parlo di oltre 10 anni fa. Fin dall'inizio ho apprezzato la scelta di questi uomini di assecondare un desiderio di carriera non loro, cosa forse meno facile che per noi donne. Li ho visti dedicarsi ai figli e alla casa, senza per questo abbandonare idee e progetti, anzi proprio loro mi hanno fatto vedere come **l'espatrio possa dare la carica per fare un salto nel vuoto e ricadere in piedi.** Mi ricordo la prima riunione di Tokyo Accueil[5] in cui uno di loro si è presentato sotto gli occhi interrogativi di tante donne. In quell'occasione sentendo i commenti poco gradevoli di alcune di loro, mi sono detta che essere un uomo al seguito non sarebbe stato semplice. Il mondo dell'espatrio inattivo è fatto per le donne, per loro sono organizzati corsi, gruppi di incontro, corsi di yoga, per gli uomini nulla di nulla, non sono previsti come le persone al seguito in questo quadretto gaudente della vita expat. Poi, con le loro energie e la loro voglia di fare, questi uomini

---

5. Gruppo di accoglienza delle nuove famiglie espatriate francofone a Tokyo, per un paio d'anni sono stata la responsabile del mio quartiere.

hanno dimostrato di saper cogliere al volo le mille opportunità offerte e sono ripartiti dopo tre, quattro anni, con un immenso bagaglio e pronti a rituffarsi in un ambiente lavorativo.

≈

Storia di Cyril

Cyril è un amico, ha fatto la scelta di seguire sua moglie in Silicon Valley. Ha lasciato il suo lavoro senza grandi rimpianti e si è tuffato con entusiasmo nelle mille opportunità che gli sono offerte qui. Difficilmente con il suo lavoro avrebbe potuto essere espatriato in un posto così e, forse, difficilmente sua moglie sarebbe stata pronta a mettere tra parentesi la sua carriera. Lui l'ha fatto e 18 mesi dopo non ha rimpianti. Certo ci sono nuovi equilibri che entrano in gioco, ma questo avviene in qualsiasi modo. I bambini stessi devono adeguarsi a nuove situazioni e presenze, benché nel loro caso, fosse già lui ad essere il più presente in casa. Essere uno dei pochi papà all'uscita di scuola non gli è pesato più di tanto, anche se, a volte, gli manca il rapporto con altri uomini, lo scambio con chi ha degli interessi analoghi. Ovviamente ritrovarsi a pranzo con un gruppetto di mamme non lo porterà a parlare delle stesse cose.
L'espatrio è per lui l'opportunità di dedicarsi ad un nuovo progetto professionale che pian piano si sviluppa, nato grazie a questa partenza e a questo nuovo inizio.

≈

Indubbiamente qui, in Silicon Valley, mondo delle opportunità, è molto più facile lanciarsi in qualcosa di nuovo, così come è molto più semplice non essere giudicati se si cambia sentiero, se si rimane a casa ad occuparsi dei figli, uomo o donna che sia, se si decide di tirare il fiato e fare il giro del mondo. Poi si può ripartire da dove ci si era interrotti o anche ripartire da un altro punto. Ma qui la mentalità è particolarmente evoluta e lo sguardo degli altri inesistente, tutti vanno per la loro strada con ritmi loro e senza pressioni sociali.

"Ho visto, soprattutto a Saint Germain en Laye, coppie in cui era la donna a lavorare ed il marito era al seguito; per me era fantastico, anche lì sono scelte, niente da ridire, ognuno si gestisce e trova un equilibrio familiare, i nostri amici italiani trovano già strana l'emigrazione e la transumanza triennale, la famiglia al contrario (donna lavoratrice e uomo casalingo) è inconcepibile!" Piera B.

Dal lato pratico se si vuole tentare di riprendere il proprio filo di carriera interrotto con una partenza, può essere utile, in primis, un **bilancio di competenze** da fare nel nuovo Paese, per mettere in luce veramente quello che potremmo fare, le nostre capacità e i punti di contatto con la nuova realtà. Un bilancio di competenze può aiutare un lavoratore ad inserirsi in un nuovo mondo professionale continuando a fare ciò che a sempre fatto, ma acquisendone le chiavi di lettura, e può essere utile per decidere un orientamento nuovo, capendo quali sono i propri punti di forza.[6] Parallelamente si può percorrere la strada del **riconoscimento dei propri titoli di studio**, più o meno complicata a seconda del Paese in cui si va a vivere e degli accordi esistenti con il Paese in cui abbiamo studiato.

Lo studente o il professionista che ha conseguito in Italia titoli accademici o professionali ha diritto, in linea di principio, a vederli riconosciuti nel Paese estero in cui si rechi per ragioni di studio o di lavoro. Le norme e le procedure che regolano il riconoscimento dei titoli accademici italiani all'estero sono diverse da Paese a Paese. Per facilitare la libera circolazione internazionale degli studenti sono stati istituiti centri di informazione sul riconoscimento dei titoli accademici conseguiti all'estero. Tali centri nazionali sono coordinati nelle reti europee denominate **NARIC**, promossa dalla Commissione Europea, ed **ENIC**, promossa dal Consiglio d'Europa e dall'Unesco.

Il cittadino italiano interessato a veder riconosciuti all'estero i propri titoli accademici può pertanto rivolgersi direttamente al centro nazionale (**NARIC o ENIC**) del Paese di interesse per acquisire informazioni sulle diverse forme e procedure di riconoscimento.[7]

Per il **riconoscimento dei titoli professionali**, in diversi settori, all'interno della Comunità Europea ci sono ormai accordi precisi tra i vari Paesi.

La libera circolazione dei professionisti è uno dei fulcri dell'integrazione europea. Le direttive relative ai sistemi generali di riconoscimento dei titoli professionali segnano una svolta radicale nella politica di attuazione della libera circolazione delle persone e del diritto di stabilimento. Il primo Sistema generale, la Direttiva 89/48/CEE, rappresenta il passaggio

---

6. L'utilizzo dei bilanci di competenze si è sviluppato in Canada agli inizi degli anni 90, diffondendosi poi in Europa.
7. Informazioni tratte dal sito del Ministero dell'Istruzione e della Ricerca.

CAPITOLO 7

dalle direttive di armonizzazione che imponevano standard minimi alle formazioni professionali, professione per professione, a una prospettiva generale fondata sul principio di mutuo riconoscimento.

In materia di accesso all'occupazione, il diritto europeo vieta espressamente ogni discriminazione tra i cittadini comunitari fondata sulla nazionalità, con l'eccezione di particolari attività connesse con l'esercizio di cariche pubbliche e con la tutela degli interessi generali dello Stato (Articolo 48, comma 4); ma in assenza di questo tipo di discriminazione legittimo, spesso l'accesso e l'esercizio di professioni dipendono dalla garanzia di conoscenze pratiche e teoriche sancite da diplomi, certificati o titoli di altra natura diversi da un Paese all'altro.

Fin dagli anni '60 la Comunità, consapevole del carattere strategico delle disposizioni per l'equipollenza dei diplomi e per la corrispondenza delle qualifiche, si è adoperata per mettere in atto il riconoscimento reciproco per molte professioni specifiche. Ha emanato a questo scopo circa 60 Direttive; è stato così liberalizzato l'accesso alla maggior parte delle attività industriali, artigianali e commerciali introducendo, ove necessario, misure atte ad agevolare tale accesso attraverso il riconoscimento, nel Paese ospitante, dell'esperienza professionale maturata nel Paese d'origine.

Per altre professioni, per le quali gli aspetti formativi e professionali hanno particolare rilevanza, si sono adottati meccanismi articolati in modo da armonizzare le condizioni per l'esercizio dell'attività anche sul piano della formazione; le norme comunitarie hanno cioè fissato criteri qualitativi e quantitativi che condizionano il riconoscimento reciproco dei relativi diplomi.[8]

Fuori dall'Unione Europea le cose possono complicarsi. Delle informazioni interessanti per gli Stati Uniti si trovano sul sito dell'**US Department of Education**, sia relative alla conversione dei titoli di studio che al riconoscimento di attestati professionali. In settori come quello medico non è semplice convertire il proprio titolo senza dover ripassare dai banchi di scuola e riprendere in mano i libri, ma non è impossibile se si è motivati. **Valerie è medico** ed esercita da qualche anno in California, ma il suo non è stato un percorso di tutto riposo, pur essendo arrivata qui

---

8. Fonte sito del Ministero dell'Istruzione e della Ricerca.

con la sua laurea e con anni di lavoro alle spalle in Francia. Una volta negli Stati Uniti ha dovuto sostenere, come gli studenti di medicina americani, lo USMLE, United States Medical Licensing Examination, step 1, 2 e 3.[9] La fase successiva è la richiesta di un internato, preparando dossier con lettere di raccomandazione, lettere di motivazione, ecc. Poi arriva la fase dei colloqui per essere pre selezionati e si entra in un sistema di associazione informatico che tiene conto dei candidati, delle scelte fatte da loro e delle scelte automatiche fatte dal programma. Seguono poi tre anni di internato (per medicina interna e family medicine) e alla fine dei tre anni ci si presenta davanti al Board of Medicine, ultimo esame per essere certificati e poter esercitare. Un ben lungo percorso, soprattutto in aggiunta agli anni fatti nel proprio Paese.

Sarah ha una laurea italiana in psicologia e vive negli Stati Uniti da diversi anni, per lei la conversione del suo titolo di studio italiano è stata la cosa più semplice. Dopo aver raccolto tutti i documenti, certificato di laurea, piano di studi, e aver fatto la traduzione in inglese, ha fatto domanda ad un'agenzia di accreditamento che dopo poco le ha mandato una lettera con il corrispondente titolo di studio americano. Le hanno riconosciuto il master in psicologia ma non la specializzazione. A questo punto si è resa conto che, ad esempio, per accedere ad un albo professionale come quello dei *counselor*[10] le richiedevano una pratica prima e una dopo il conseguimento del diploma, cosa che in Italia si fa solo dopo. La domanda per accedere all'esame le è quindi stata rifiutata. Alla fine ha deciso di riprendere una parte del suo programma di studi iscrivendosi all'Università a Palo Alto. Adesso, a due mesi dalla graduation, dopo due anni di studio vede quasi la fine di questo percorso per poter esercitare la professione che praticava in Italia. Ancora un anno di internship e poi finalmente l'esame.

Ovviamente si deve essere motivati e convinti che quello scelto è veramente il lavoro che si vuole fare. Gli esempi sono molteplici, i percorsi lunghi ma fattibili.

Sia che si segua il proprio cammino iniziale sia che ci si muova verso qualcosa di nuovo, sarà la nuova cultura nella quale siamo immersi a fare la differenza, dandoci stimoli che ci permetteranno di crescere

---

9. http://www.usmle.org/
Su questo sito le informazioni per medici laureati e specializzati in Paesi diversi da Canada e Stati Uniti.
10. I counselor sono dei consiglieri educativi presenti nelle scuole e nelle Università.

professionalmente e di trarre il meglio da questa bella avventura che è l'espatrio.

Seguire il proprio compagno o la propria compagna all'estero non deve essere visto come una rinuncia a un qualcosa, ma come una grande opportunità di scoprire nuove strade, di esplorare possibilità che solo la vita in un Paese nuovo può darci.

Importante:
Non avere fretta

Esplorare i propri desideri, tirar fuori i sogni da un cassetto

Cogliere al volo occasioni di ogni tipo, corsi, volontariato, attività

Prendere spunto dalla nuova cultura per scoprire il nuovo Paese

Non temere il giudizio degli altri e proseguire nelle proprie scelte

Essere positivi

"Accettando di muoverti, ti metti in gioco comunque, ed evolvi in continuazione. Secondo me aiuta anche a restare giovani dentro! Fuori, purtroppo, ci vuole il chirurgo." Piera B.

Reinventarsi si può

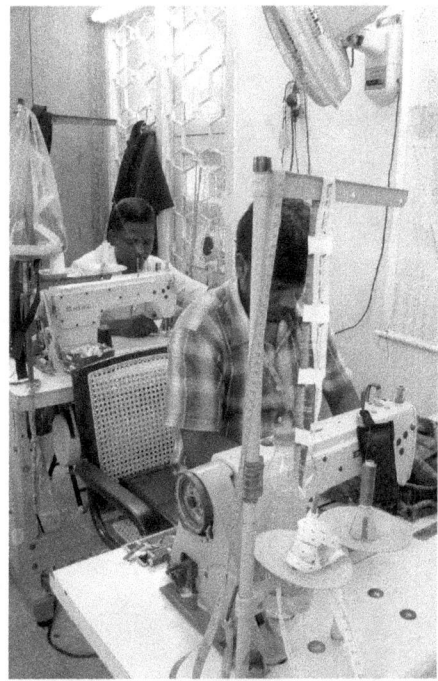

L'atelier di Raconte moi une histoire a Chennai.

Il mio primo salone internazionale di moda per bambini: Raconte moi une histoire in mostra a Tokyo.

CAPITOLO 7

Il "mio" mercato delle stoffe a Cheannai: tante ore passate a scegliere e contrattare sotto un sole cocente.

Il miei corsi di cucina per bambini in Giappone.

I bambini della scuola indiana in cui ho fatto volontariato: un modo per aiutare gli altri.

CAPITOLO 8

Famiglia e coppia: impatto e gestione delle difficoltà, come sopravvivere tutti insieme appassionatamente

Il distacco dalla propria famiglia d'origine è uno dei momenti più difficili ed emotivamente intensi della vita da espatriati, e questo anche quando si parte carichi di entusiasmo e convinti delle proprie scelte. **Lasciare i propri genitori, fratelli e sorelle non è una scelta semplice e molto spesso ci si trascina dietro sensi di colpa difficili da sradicare.**
Sono partita lasciando dietro di me genitori convinti della mia scelta e, soprattutto, ancora abbastanza giovani e in forma per potermi seguire nel mio itinerare. Non mi hanno mai fatto pesare la decisione di partire, incoraggiandomi a prendere il volo, e di questo mi ritengo fortunata.
Molto spesso i neo espatriati si trovano ad affrontare problemi legati alla **difficoltà dei genitori di accettare le proprie scelte di vita.** La distanza non viene gradita. Il nostro nuovo modo di vivere viene visto come una minaccia all'amore che ci lega. È normale sentire la mancanza di un figlio adulto partito lontano, anche se le grandi opportunità che la vita all'estero ci mette davanti dovrebbero rendere felici i nostri cari e far vedere il tutto in modo positivo.
Molti genitori faticano ad assimilare questo distacco e ancor di più quando nel nostro itinerare coinvolgiamo i nostri figli, i loro nipotini, con i quali temono di non poter più costruire rapporti, a volte, addirittura, di non

CAPITOLO 8

poter comunicare, tanto l'idea di vita all'estero in un Paese con una lingua diversa li spaventa.

"C'è il senso di colpa di aver lasciato la famiglia, soprattutto quando uno dei genitori è malato o vedovo, o che i due sono anziani, o ancora quando l'espatriato è figlio unico. C'è anche il senso di colpa che la famiglia fomenta a volte, soprattutto nelle famiglie all'antica, dove si ritiene che i giovani debbano occuparsi degli anziani."[1]

La prima cosa quando si parte è gestire questo distacco nel modo più indolore possibile e questo è possibile coinvolgendo la famiglia nelle nostre decisioni e anche nei nostri preparativi. Coinvolgere nell'organizzazione della nostra nuova vita, aiuterà ad assimilare meglio non solo la partenza, ma anche il nuovo mondo nel quale ci tufferemo. Che si parta a 500 chilometri o a 10.000, il coinvolgimento deve essere lo stesso: parlare del nuovo Paese, scoprirne insieme alcuni aspetti, interrogarsi sulle difficoltà che potremmo incontrare e sul come fare a superarle. In poche parole far vedere che se anche partiamo, avremo comunque bisogno di loro, del loro sostegno, dei loro consigli.

Una volta partiti continuare a fare lo stesso, coinvolgere e farsi coinvolgere nelle rispettive vite. Noi avremo molto da raccontare e loro forse ci racconteranno un mondo che conosciamo, magari scontato, ma non importa, ci saranno sempre cose nuove da scoprire.

"Dirsi arrivederci è dura, ma è anche intenso ed è l'occasione per dirsi cose importanti che rafforzano i rapporti e che non avremmo magari avuto il coraggio di esprimere senza una partenza." Aurelie T.

Appena arrivata in America la prima cosa che ho fatto è stata far visitare virtualmente a tutti la casa via Skype. Era importante per me che gli altri ci immaginassero nel nostro ambiente americano ancor prima di vederlo di persona. Ho persino fatto visitare il quartiere, gironzolando con la telecamera accesa e commentando quello che vedevo. Farci vedere e far vedere dove viviamo è fondamentale per assimilare veramente la partenza, ed accettarla. Facendoci vedere nel nostro nuovo mondo aiutiamo gli altri a capire i nostri stati d'animo, gli sguardi possono dire molto di più di tante parole, la gioia o la tristezza che da lontano possono leggere sui nostri visi, aiutano a integrare l'intensità di quello che stiamo vivendo. Far scoprire la nostra nuova casa, quartiere, parco giochi, attraverso video e immagini,

---

1. Magdalena Zilveti Chaland, psicologa e life coach in Silicon Valley. http://www.open-the-box.com/

mette immagini sulle parole, rendendo più facile la visualizzazione di ciò che ci sta intorno e la comprensione del perché della nostra scelta.

Non ci sono consigli da dare per far accettare una partenza e per ammorbidire gli animi, ma sicuramente il mostrarsi fermi nelle decisioni e spiegare il perché riteniamo che una parentesi di vita lontano, o anche una vita lontano, semplicemente siano la cosa giusta per noi e la nostra famiglia, sono fondamentali.

Non cedere a piccoli egoismi o a ricatti affettivi, ma mostrarsi sensibili e comprensivi. Mettiamoci nei panni di chi resta, di chi dovrà farci ciao ciao tutte le volte che ripartiremo, di chi dopo la partenza riprenderà una vita di tutti i giorni, ma senza di noi, che invece avremo solo novità davanti.

Ci sono molti sensi di colpa tra gli espatriati. Si vive sempre, un po', con il peso di avere fatto soffrire i propri genitori con le proprie scelte, anche quando i genitori stessi non si sono mai espressi in materia. L'inchiesta condotta nel febbraio 2011 per expat communications ha messo in evidenza dei punti interessanti e soprattutto come **il 41% delle donne espatriate "sono preoccupate di lasciare la famiglia** e questa preoccupazione è accentuata quando lasciano dietro di sé persone più fragili, come nel caso di genitori anziani, soli, malati, o anche figli grandi che non seguiranno nell'avventura all'estero. La situazione poi è particolarmente complessa nel caso di famiglie ricomposte, genitori separati che devono far fronte a problemi di affidamento dei figli, di non facile gestione in caso di partenza."[2]

"Ho visto persone arrovellarsi prima di decidere se partire o no, proprio perché i genitori, o la mamma o il papà (ancora più duro se uno dei due è vedovo/a) facevano ampiamente pesare la scelta dei figli di andare a vivere una vita lontani. Molto dipende anche dalla mentalità, ci sono persone aperte e curiose, che comprendono a fondo la molla che spinge a vivere situazioni anche al di fuori dai propri confini geografici/ familiari, mentre altre persone non concepiscono proprio l'idea in sé. Anche se le cose sono cambiate, in fondo non è ancora raro trovare persone che ti guardano stranamente perché vai a vivere in Paesi un po' esotici, o che ti fanno delle domande dalle quali puoi capire esattamente il tipo di persone che sono ("ma in Africa vanno in giro vestiti?" oppure "ma mangiano tre volte al giorno come noi?"). Spesso i genitori si fanno anche

---

2. Fonte *Étude panorama de l'expatriation au féminin: conjoints collaboratrices, les enjeux professionnels personnels et affectifs*. Studio condotto in collaborazione con Adelaïde Russell autrice anche del libro *Conjoint expatrié, réussissez votre séjour à l'étranger*, l'Harmattan, 2011.

CAPITOLO 8

influenzare dalle opinioni o dallo stupore dei vicini, parenti, conoscenti e via dicendo, e questo complica ulteriormente le cose." Claudia L.

L'influenza degli altri può essere forte e ci troviamo a dover lottare su diversi fronti per imporre senza troppe sofferenze le nostre scelte. *"Quando sono partita avevo appena recuperato con mia mamma un rapporto, in passato, assente e difficile. Inoltre io sono figlia unica. Ma capivo che quella era la mia strada ed anche lei l'ha sempre saputo. Anzi mi ha incoraggiato dicendomi che "non mi aveva mai visto davvero bene dietro una scrivania di un ufficio milanese!" Molte però sono state le persone attorno a lei a dirle di trattenermi, che era matta, chi si sarebbe preso cura di lei? Siamo entrambe felici delle scelte fatte. Io mi prendo cura di lei e viceversa per quello che posso a livello pratico, ma l'affetto che ci lega non ha barriere di oceani o continenti e quando possiamo ci ritroviamo. So che lei soffre la lontananza ed anche io, ma si cerca di sfruttare il meglio dei momenti che abbiamo. Le difficoltà ci sono con la malattia, affrontata e superata due volte insieme. Ci sono sempre stata, ahimè, in quei momenti non quanto avrei voluto forse. E per il futuro si vedrà, un passo dopo l'altro. Comunque non ho mai sentito mia madre così vicina come in questi anni di espatrio, standole lontana. Non sempre è la distanza che crea separazioni ed abbandoni alla fine."* Alessandra G.

A volte è proprio la mentalità all'interno della quale evolviamo che va cambiata: lo sguardo degli altri sulle nostre scelte, sguardo che indubbiamente potrà influenzare anche il pensiero della nostra famiglia d'origine, anche se ci appoggia nella nostra voglia di spiccare il volo. **Quello che è importante sottolineare è che la scelta di partire all'estero non è una scelta dettata dall'egoismo, ma da una serie di fattori che noi conosciamo e riteniamo validi. Esporre questi fattori a chi ci sta intorno è importante per chiarire dubbi e dissolvere ombre sulla nostra partenza.**

≈

Storia di Beatrice

Avevamo incominciato a parlare con i nostri rispettivi genitori di un possibile futuro trasferimento all'estero già da mesi, dicendoci che sarebbe stato più facile far loro accettare le nostre scelte se la notizia non fosse arrivata all'improvviso. Per i genitori di mio marito, almeno in apparenza, non ci sono stati problemi, per i miei genitori è stato diverso. Da subito mi hanno fatto pesare già solo il fatto di poterlo pensare, di poter prendere in considerazione di partire, lasciandoli, lasciando il mio lavoro, sono avvocato e avevo ormai uno studio abbastanza ben avviato, e ancora di più pensando di sradicare i bambini dalle loro abitudini e dal loro ambiente.

Finché le cose non si sono concretizzate, ho evitato il conflitto, ascoltando le loro lamentele e spiegando loro che tutto comunque era allo stadio dell'ipotesi e che quindi non era il caso di parlarne. Certo ho passato mesi sballottata tra la speranza di partire e quella che alla fine il tutto fosse un buco nell'acqua. Mi chiedevo se avrei avuto la forza di andare contro i miei genitori, di dar loro un dolore così grande andando a vivere lontano. A Milano vivevamo a pochi isolati di distanza, era mia mamma che andava a prendere i bambini a scuola e se ne occupava spesso nel pomeriggio, sapevo che per lei sarebbe stata dura perdere questa quotidianità.

Quando la proposta di partire a Seoul è arrivata ero felice, felicissima per noi, per mio marito, per le opportunità che ci si aprivano davanti. Un'esperienza di vita all'estero in famiglia, una nuova lingua, una nuova cultura, tutto mi eccitava. L'idea di mettere il mio lavoro tra parentesi non mi pesava, sapevo che avrei trovato cose interessanti da fare e che avrei comunque potuto occuparmi dei miei figli finalmente nel modo che avevo sempre sognato. Era chiaro per noi che avremmo accettato, tanti erano i pro, pochissimi i contro. Lo scoglio successivo, presa la decisione, era di parlarne con le nostre famiglie. Nuovamente i genitori di mio marito si sono dimostrati aperti e comprensivi, hanno capito che era un'offerta alla quale sarebbe stato folle dire di no, ci hanno detto che erano contenti per noi, che ne avrebbero approfittato per viaggiare e venirci a trovare spesso. Con i miei genitori, come immaginavamo, le cose non sono andate nello stesso modo. Per loro la nostra partenza era una tragedia, un tradimento. Un figlio non "abbandona" i propri genitori per egoismo, ecco nel loro discorso noi eravamo egoisti, pensavamo a noi stessi e al nostro piccolo benessere, senza pensare a loro e al dolore che avremmo loro inflitto. Scene da tragedia greca, tirando fuori storie incredibili su bambini destabilizzati a vita, con danni psicologici irreversibili per avere varcato i confini del proprio Paese... È stata dura, ma ci siamo mostrati convinti della nostra scelta e siamo stati chiari sul fatto che la decisione era presa. Non mi hanno parlato per mesi e mesi, continuavano a occuparsi dei bambini, limitando al minimo i rapporti con noi, che per loro eravamo mostri senza cuore!

Siamo partiti per la Corea a metà agosto, felici, accompagnati all'aeroporto dai miei suoceri e senza neanche un messaggio di buon viaggio da parte dei miei. Per mesi i contatti sono stati sporadici, cercavo di chiamarli e di coinvolgerli, ma avevano alzato un muro, non volevano saperne nulla della nostra vita, di quello che stavamo scoprendo, di cosa stavamo costruendo. Mandavo foto via email che non venivano considerate. Ad un certo punto mi sono rassegnata e ho capito che anche insistendo il loro atteggiamento

CAPITOLO 8

non sarebbe cambiato, non volevano e finché non avessero accettato la nostra scelta era inutile provarci.

Al nostro primo rientro mi hanno fatto pesare non poco la lontananza, rovinandosi il periodo passato insieme con continue recriminazioni e commenti su quello che si stavano perdendo della vita dei nipoti. I bambini stessi cercavano di raccontar loro quanto tutto fosse bello, la nuova scuola, i nuovi amici, i bei viaggi che avevamo fatto, ma anche con loro musi lunghi e nessuna voglia di sorridere.

Mi ci sono voluti diversi anni per dir loro chiaro in faccia quello che pensavo, che gli egoisti erano loro, che erano loro a perdersi tutto delle nostre vite, che erano chiusi e ottusi. Ho svuotato il sacco, aiutando soprattutto me stessa ad accettarli così come si erano dimostrati di essere. Le cose sono cambiate un pochino, mia madre ha deciso di andare da uno psicologo per farsi aiutare ad accettare quello che continua a considerare una cattiveria da parte mia. La strada è in salita, ma almeno adesso hanno smesso di rinfacciarmelo ogni volta che ci vediamo e ci sentiamo, per me è già un progresso. Intanto noi continuiamo la nostra vita all'estero, dopo 5 anni a Seoul, adesso siamo a Bombay, e siamo sempre convinti che questa sia la nostra scelta e sia la scelta migliore!

≈

Una volta che si è fatto il primo salto, può anche, per gli stessi motivi, essere difficile far accettare una nuova partenza, magari più lontano. A volte non si è preparati, convinti che se la pillola è andata giù una volta, ormai il lavoro da fare per convincere sarà quasi nullo. Purtroppo non è così, ogni espatrio ed ogni scelta di ripartire porta con sé un nuovo insieme di sentimenti contrastanti: rinascono sensi di colpa da una parte ed egoismi sopiti dall'altra. Ogni volta è un po' come ricominciare, senza dare per scontato che tutti accetteranno la nuova partenza, solo perché è l'ennesima. C'è anche da tener presente che gli anni passano, e se da un lato noi espatriati maturiamo nella nostra capacità di superare i distacchi, dall'altro lato la vecchiaia di chi ci sta intorno può rivelarsi con tutta la sua forza. Gli elementi da considerare variano di anno in anno a seconda di come evolve la situazione della nostra famiglia d'origine, vecchiaia, malattia, solitudine.

Tutti gli espatriati si fanno le stesse domande: fino a quando potrò rimanere lontano? fino a quando il mio dovere di figlio non mi richiamerà in patria? Come potrò gestire a distanza la perdita di autonomia dei genitori? Domande alle quali in realtà è difficile dare risposte concrete finché non ci si trova sprofondati nel bel mezzo del problema. Quando abbiamo deciso di cogliere al volo l'opportunità di partire per il Giappone e trasferirci a Tokyo da Parigi, mia mamma era vedova da qualche anno, e fin lì mi ero sempre detta che non me la sarei sentita di partire ancora più lontano e di lasciarla ancora più sola. Una volta che l'idea di questa nuova partenza si è concretizzata, ho incominciato ad analizzare le differenze tra l'essere lontana da Parigi e da Tokyo, senza in realtà trovare nulla di evidente, al di là del numero di ore di viaggio e dei costi di quest'ultimo. Avrei comunque continuato a vivere quotidianità diverse, e avrei continuato a cercare di rendere qualitativi i momenti passati insieme. A meno di trasferirmi a un'ora di macchina dalla mia città, le differenze tra una destinazione o l'altra non sarebbero state poi così grandi. Un modo egoistico per accettare la mia scelta senza sensi di colpa? Non credo. Mia mamma mi ha detto esattamente le stesse cose, sottolineando come fosse importante che noi scegliessimo il meglio per la nostra famiglia, senza condizionamenti.

Certo dalla mia prima partenza 20 anni fa ad oggi, sono passati appunto 20 anni e mi rendo conto di come prima o poi dovrò fare i conti con queste scelte che mi hanno portato lontano, come in espatrio sia molto duro vivere malattie e lutti e come purtroppo, in queste situazioni, si senta ancora più forte il peso della distanza.

La coppia che decide di partire, una volta passato lo scoglio del distacco dalla propria famiglia, si ritrova a fare i conti solo con se stessa. **L'espatrio per le coppie non è una prova semplice.** Gli equilibri che si creano in una vita più sedentaria, o che si ricreano dopo essersi stabiliti in un posto, sono stravolti alla partenza e ad ogni nuovo trasferimento. Molti gli elementi destabilizzanti che entrano in gioco. Per i primi tempi coppia e famiglia diventano gli unici punti di riferimento possibili, ci si appoggia gli uni agli altri in modo violento, proprio perché l'ambiente circostante è sconosciuto. I partner diventano l'oasi di pace reciproca e anche la valvola di sfogo. Si sta bene insieme perché non ci sono sorprese, niente di nuovo da scoprire rispetto alle battaglie quotidiane tra nuovi usi e costumi e lingue incomprensibili. Ci si può lamentare allegramente, sapendo di essere capiti. Ci si può abbandonare alla disperazione se necessario, senza dover mantenere la dignità di cui abbiamo bisogno per integrarci nel nuovo ambiente.

E qui possono sorgere i problemi. Possono venir fuori lati sconosciuti, ci si mette a nudo con più fragilità di quelle immaginate. Gli equilibri vanno a pallino e si devono tirar fuori energie per ritrovarne dei nuovi. Il nuovo contesto è destabilizzante. Per chi si trova ad affrontare un nuovo lavoro, in un nuovo ambiente, non sarà facile gestire da soli le tensioni legate al cambiamento, e, ovviamente, a fare le spese di questo carico di stress aggiuntivo sarà la coppia. Per chi è a casa, ci saranno le difficoltà legate ad un nuovo quotidiano ricco di incognite con l'aggiunta a volte di frustrazioni legate all'inattività. Tutto questo farà sentire il suo peso sul rapporto di coppia.

"Partire all'estero rimette in causa in modo abbastanza profondo l'equilibrio familiare. Proprio per questo ho deciso di mettere tra parentesi la mia carriera per un periodo, per occuparmi dell'installazione della famiglia, e questo è stato fondamentale per il nostro equilibrio familiare. Volevo essere disponibile in termini di tempo e di spirito per facilitare l'assimilazione di tutti i cambiamenti da parte dei bambini, ma anche per mio marito, con tutto lo stress supplementare legato ad un nuovo lavoro, in un nuovo Paese, con una nuova cultura. Il fatto di smettere di lavorare mi ha permesso di essere serena e di mantenere questo ruolo di garante dell'equilibrio familiare, per i bambini e per la coppia. Il fatto di installarci in un nuovo Paese è anche stata per noi l'occasione di cambiare certe delle nostre abitudini familiari, in meglio. L'espatrio è prima di tutto una bella avventura familiare, e quindi l'occasione per rinforzare i legami e diventare più solidi." Aurelie T.

La coppia e la famiglia devono ritrovare nuovi punti di riferimento, all'inizio ci sarà la ricerca di elementi noti, introvabili, e il cammino per ripristinare i vecchi nel nuovo contesto e accettare i nuovi sarà lungo.[3]

"Il nucleo familiare è il nocciolo duro dal quale parte tutta l'energia per poter vivere bene anche all'estero. Naturalmente se una coppia è già in crisi nel punto di partenza, l'espatrio rappresenterà uno stress test dal quale si esce solo in due modi: separandosi o unendosi ancora di più." Vincenzo F.

---

[3]. Interessante lettura sull'argomento: *A Moveable Marriage: Relocate your Relationship without Breaking it* di Robin Pascoe, Expatriate Press, 2003.

> **Diversi punti da prendere in considerazione:**
> La coppia si trova sola e isolata i primi tempi e può contare solo su se stessa.
>
> Ci si può ritrovare a passare lunghi periodi separati (partenza in espatrio anticipata per la persona che lavora, famiglia separata per lunghi periodi; orari di lavoro impossibili; business trip a ripetizione; lunghe vacanze nel proprio Paese per chi non lavora).
>
> **Cambiamento di status all'interno della famiglia,** uno prosegue la propria carriera, l'altro no.
>
> **"Rischi"** legati all'**ambiente nuovo.**

L'**isolamento iniziale** è abbastanza normale, soprattutto al primo espatrio. Difficile agli inizi conoscere subito qualcuno e trovare i contatti giusti. Successivamente è più semplice, il mondo degli espatriati è piccolo e si finisce sempre per conoscere qualcuno che ci darà un contatto nel nuovo Paese. I primi tempi poi non solo tutto è nuovo, ma lo stesso concetto di essere espatriato magari dall'altra parte del mondo, può suonarci strano. Tutto del prima ci manca e, passata l'eccitazione dei primi tempi, la realtà nella sua totalità ci si para di fronte e con essa il fatto di essere soli e rinchiusi nel nostro piccolo nucleo. Il nostro compagno diventerà una possibile valvola di sfogo di frustrazioni legate al cambiamento, e noi diventeremo la sua. Dovremo cercare di sopportare il peso dei suoi disagi, e saremo i soli a poter confortare i figli, che, come noi, si troveranno a dover affrontare tutte le nuove incognite. Ci vuole un po' di distacco e la capacità di riderne insieme per non drammatizzare. Ci vuole la forza di uscire subito e cercare altri punti di riferimento, in modo da alleggerire la coppia del peso di essere sola a doversi sostenere e supportare. Il confronto con gli altri è necessario per vedere che non siamo gli unici ad essere in difficoltà all'inizio e che la nostra coppia sta passando esattamente attraverso i problemi normali di adattamento di fronte all'espatrio.

Molto spesso il cambiamento di lavoro impone **nuovi ritmi, orari più lunghi, viaggi, cene professionali, a volte anche un lungo periodo di separazione per la famiglia.** Mio marito è arrivato negli Stati Uniti ai primi di marzo, le nostre ragazze ed io ad agosto. Sono stati mesi intensi, forse con il senno di poi non lo rifarei, anche se tutto sommato questo periodo separati ha permesso a lui di concentrarsi totalmente sul lavoro senza preoccuparsi del nostro adattarci nella nuova città, e a me di gestire le ansie da spostamento del resto della famiglia senza avere la tentazione di farle pesare anche su di lui. Ovviamente queste separazioni possono creare distanze, le vite scorrono parallele, il modo migliore è accettarle positivamente e avendo chiaro che il risultato finale sarà la bella avventura che incominceremo a vivere insieme.

I nuovi ritmi lavorativi possono portare allo stravolgimento dei ritmi familiari ai quali si era abituati. Se uno dei due rientra sempre molto tardi, è spesso fuori per cene o viaggi di lavoro, l'altro può sentirsi ancora più solo, o sentire il peso dei figli da gestire. Anche in questo caso l'importante è discuterne e venirsi incontro, tenendo presente che ci sono cose che si devono assolutamente fare per lavoro e non si può dire di no, ma in controparte si deve essere capaci di ritagliarsi momenti in famiglia e anche da soli senza figli, proprio per dare alla coppia lo spazio di cui ha bisogno. Quando abbiamo deciso di accettare l'offerta di lavoro in India, mio marito mi ha subito detto che avrebbe dovuto viaggiare molto e che dovevamo essere, sia io che le bambine, preparate a gestire la cosa. Effettivamente era sempre in viaggio, ma lo sapevamo. Ci siamo organizzate i nostri ritmi e abbiamo reso i momenti passati insieme piacevoli e il più possibile rilassanti. Il ritorno del papà dopo anche tre settimane di assenza era sempre accolto con gioia e veramente atteso. **Basta essere consapevoli degli stravolgimenti e prepararsi a vivere pochi intensi momenti insieme, senza rinfacciare all'altro assenze o stanchezze.** Non è stato semplice e forse ci sono stati molti più momenti di tensione rispetto ad altri periodi, ma mai e poi mai ho rinfacciato a mio marito di non esserci né tantomeno mi sono lamentata del peso di occuparmi da sola delle bambine in un Paese duro come l'India. Abbiamo bene o male cercato di adeguarci alla situazione, consci che comunque stavamo vivendo una bella esperienza. Anche in questo caso **guardare i lati positivi aiuta a** mantenere come risultato finale il benessere del nucleo familiare. È sempre meglio aver chiaro subito quale sarà il ritmo nel nuovo Paese, proprio per evitare sorprese. A volte **la coppia è destabilizzata dal cambiamento di status di uno dei due componenti.** Rimanere a casa e rinunciare al proprio lavoro non è facile. La scelta deve essere fatta insieme e accettata insieme. Questo può portare ad inevitabili squilibri, a sentimenti contrastanti. Il fatto di non avere una vita professionale o quanto meno attiva al di fuori delle quattro mura domestiche può rendere il partner meno attraente, soprattutto se chi sta a casa non riesce ad aprirsi all'esterno trovando cose da fare e di conseguenza avendo una vita da raccontare. Il dialogo va continuamente alimentato, mostrando interesse reciproco per ciò che si sta facendo, coinvolgendo l'altro nei propri piccoli piaceri quotidiani. L'ascolto reciproco diventa molto più importante quando si vive lontani. Sentirsi sulla stessa lunghezza d'onda è fondamentale.

L'analisi dello psicologo

"A livello professionale, le coppie così dette a doppia carriera, si trovano a dover gestire delle situazioni di ambizioni contrastanti, dei sacrifici, dei compromessi che possono portare a pressioni importanti sulla cellula familiare: psicologiche ed economiche. Una sfida è di rendere l'espatrio un progetto comune, desiderato da entrambi i partner e non subito, da uno dei due. Quando uno dei partner è rassegnato e parte per installarsi all'estero senza veramente averlo scelto e desiderato, il rischio è che si cada nel rinfacciare la scelta, soprattutto nei momenti difficili. Una coppia fragile, che vive già una situazione tesa e che vede nell'espatriazione la possibilità di un riavvicinamento, può trovarsi ancor più fragilizzata di fronte agli ostacoli che l'espatrio ci pone davanti: ricreare un ambiente familiare, una rete di amicizie, gestire la distanza con la famiglia di origine.

C'è il rischio che nella coppia si installi una certa distanza quando quello che lavora è particolarmente assorbito dall'ambiente professionale, con tutte le sfide nuove da cogliere, mentre quello che resta a casa è a sua volta assorbito dalla famiglia, finché si perde la complicità coniugale.

In certi casi la tentazione di rendere la sfera privata più eccitante possono portare ad avventure extraconiugali: i viaggi di lavoro, il senso di solitudine, la crisi di mezza età, i problemi dei figli ad adattarsi sono tutti fattori che possono portare alla destabilizzazione della coppia.

CAPITOLO 8

La coppia espatriata deve riuscire a trovare in se stessa la forza per crearsi intorno un ambiente sociale e affettivo nuovo, con nuove abitudini e attività piacevoli. Si trova di fronte a sfide come la lingua nuova, lo shock culturale, le difficoltà a capire i meccanismi di funzionamento del nuovo Paese." Magdalena Zilveti-Chaland, psicologa e life coach.

≈

Ci sono poi Paesi in cui non è un mistero che le tentazioni, soprattutto per gli uomini siano più forti. **Alcuni Paesi asiatici sono noti per mettere in pericolo i matrimoni più solidi.** Le donne asiatiche sono attratte dagli uomini occidentali e indubbiamente gli espatriati trovano terreno fertile, non solo sono occidentali, ma hanno spesso uno statuto sociale invidiabile e mogli in vacanza due mesi all'anno, il che può rendere più disponibili per nuovi incontri. Con questo non ho mai avuto paura di partire d'estate lasciando mio marito, pur sentendo i discorsi preoccupati di tante altre espatriate. Ho sempre pensato al matrimonio come ad un rapporto di fiducia reciproca, non mi sono lasciata spaventare pur sapendo di matrimoni andati a rotoli intorno a noi.

Rimanere attraenti e interessanti agli occhi del partner è spesso sufficiente per evitare questo genere di problemi, se si sente la necessità di andare a cercare altrove forse è perché nel proprio rapporto manca qualcosa, al di là delle tentazioni asiatiche.

Statisticamente il 54% delle coppie in espatrio divorzia. In realtà è difficile rendersene conto, o almeno quello che appare in superficie è ben diverso, forse perché chi divorzia rientra molto spesso nel proprio Paese, e l'immagine della comunità espatriata risulta così costituita solo da coppie felicemente sposate, almeno in apparenza. Molte coppie infatti decidono di non separarsi perché affrontare una separazione all'estero è molto difficile da gestire. La coppia rimane insieme per semplificare l'organizzazione dei figli e anche per motivi economici, soprattutto quando uno dei due ha scelto di lasciare il proprio lavoro per seguire l'altro in un Paese straniero.

"Il grosso del problema delle coppie in espatrio è che tutte le valvole di sfogo di cui normalmente usufruisce una coppia stanziale, sono sballate o inesistenti. Lo sfogo con le amiche, il costruirsi una routine solida al di fuori della coppia, il poter crescere e svilupparsi senza preoccuparci del contesto che intorno a noi cambia continuamente,

Famiglia e coppia: impatto e gestione delle difficoltà, come sopravvivere tutti insieme appassionatamente

sono cose sulle quali noi espatriate non possiamo contare. In più c'è la fatica e la tensione dei momenti di cambiamento, e credo che quella sia la vera prova della coppia in espatrio. Secondo me non è questione di dover coccolare la coppia, ma proprio del fatto che spesso i cambiamenti sono violenti, forti, stressanti, richiedono tantissima energia. Anzi è proprio in questi momenti, credo, in cui si farebbe veramente a meno della crisi di coppia. Se già sono stressata dal cambio Paese, dai figli che non si adattano, da mille incognite e dall'incertezza del futuro, non ho certo bisogno di un rapporto che in quel momento lì mi entra in crisi. Ho bisogno semmai che entrambi mettiamo in stand-by i nostri nervosismi, i nostri bronci e le nostre inquietudini, per dedicarci a ricostruire una routine generale. Nella maggior parte dei casi, poi, una volta che questa operazione è fatta, se la coppia è solida, la crisi passa da sé." Claudia L. Tutti i fattori vanno messi in conto e questi rendono *"delicato l'equilibrio sul quale spesso si cammina in espatrio. Temi come l'aver rinunciato a una propria carriera, l'essersi dedicate anima e corpo a figli e famiglia, l'essere dipendenti economicamente e dover sempre e comunque sottostare ai ritmi del lavoro imposto dall'altro, nei momenti di transizione, assumono dimensioni giganti."* Claudia L.

Marie fa parte del 54% di donne espatriate per cui il divorzio è stata l'unica via possibile, benché sofferta proprio perché lontano da casa. Dieci anni dopo ne parla molto serenamente, convinta che parlarne sia importante per aiutare altre donne che si trovano in situazioni difficili e che esitano proprio perché sono all'estero. *"La nostra non era una coppia solida già in partenza, non volevo la separazione e ho fatto di tutto per tenere in piedi il nostro matrimonio, incominciando anche una terapia di coppia, molto diffusa negli Stati Uniti, ma dopo due sedute il mio ex marito non ne ha più voluto sapere. Mi sono sentita abbandonata, nonostante lavorassi e fossi circondata da amici. Ho anche pensato di rientrare in Francia, ci ho provato, ma poi non me la sono sentita di portare mia figlia lontano dal padre, e anche di affrontare un nuovo inserimento in un Paese che ormai avevo lasciato da tanti anni. Finanziariamente non è stato facile, per me e anche per lui. Il divorzio fragilizza sotto tutti i punti di vista."*

Al di là di tutto però, **la coppia espatriata può costruirsi una base molto solida che è data proprio dal passaggio attraverso queste fasi non semplici, dal doversi continuamente confrontare con la novità, dal dover anche contare solo su se stessa.** Il cambiamento costante del quadro di vita poi, anche se stravolge, di sicuro non annoia, non permette il ripiegarsi in una routine dalla quale è difficile uscire. Non esiste routine quando si cambia spesso Paese, città, amici, e se da un lato questo fragilizza, dall'altro può unire in modo profondo.

"L'espatrio è difficile per la coppia, come quando si hanno dei figli, si rimettono in discussione le abitudini. Ci sono fonti supplementari di stress. Abbiamo cercato di parlare il più possibile, di fare squadra di fronte alle difficoltà, di provare rapidamente a ricrearci degli spazi di coppia e dei momenti per noi due, non è facile, ma come per la famiglia, vissuta in due un'avventura così rinforza tantissimo il rapporto." Aurelie T.

L'importante quando si parte in espatrio è essere convinti della propria scelta e questa deve essere una decisione di coppia, l'unica base possibile sulla quale costruire qualcosa di inossidabile e andare verso un espatrio riuscito. Si deve essere entrambi convinti della scelta. Si devono tirare fuori i dubbi e trovare le soluzioni prima della partenza se è possibile, o appena i problemi di adattamento di presentano. *"La scelta di un espatrio deve essere soprattutto un progetto comune, altrimenti non può funzionare. Poi ognuno ci mette le proprie aspettative e le proprie ambizioni."* Francesca M.

Storia di Julie

Julie abita negli Stati Uniti ormai da parecchi anni. arrivata qui al seguito del marito espatriato, è stata dall'inizio molto entusiasta all'idea di vivere un'esperienza in un nuovo Paese. Da alcuni mesi è separata. La sua coppia non ha retto all'espatrio. Abbastanza rapidamente, sono venute fuori le differenze di aspettative. Lei si è tuffata a capofitto nella nuova vita, cercando di cogliere tutti i nuovi aspetti con entusiasmo. Lui ha rifiutato l'integrazione, e tutto ciò che il nuovo mondo gli metteva davanti, adottando uno spirito esageratamente critico nei confronti della nuova realtà, senza fare nulla per uscire dalla spirale negativa in cui si stava tuffando.
Pian piano sono venuti fuori problemi latenti e la mancanza di comunicazione si è installata. Il fatto di aver affrontato l'esperienza all'estero in modo completamente diverso, è stato l'elemento scatenante di mille incomprensioni, la separazione l'unica soluzione possibile.

≈

Affrontare l'avventura espatrio sulla stessa lunghezza d'onda è indispensabile. Essere chiari e pronti ad aprirsi e nello stesso tempo essere disponibili all'ascolto: non è una passeggiata, ma tutto sommato quale rapporto di coppia lo è?[4]

---

la coppia

Per proteggere la coppia che siamo e di conseguenza la nostra cellula familiare
- Fare dell'espatrio una scelta voluta da entrambi (ancor meglio da tutti in famiglia).[5]

- Chiarire fin dall'inizio le difficoltà alle quali si andrà incontro (orari intensi, viaggi professionali, isolamento iniziale, shock culturale, barriere linguistiche).

- Cercare di ritagliarsi dei momenti senza figli, può essere difficile ma è fondamentale per ritrovarsi e superare gli stress legati all'espatrio.

- Crearsi una rete di amicizie per non trovarsi isolati facendo pesare tutte le difficoltà sulla coppia.

Una volta partiti, lasciandoci dietro le nostre famiglie serene per la nostra scelta e superando i primi momenti difficili per la coppia e la famiglia che siamo, eccoci procedere con un andatura piacevole sulla rotta del nuovo espatrio. A questo punto dobbiamo occuparci del **come mantenere le strette relazioni con la nostra famiglia d'origine**, quella che magari faticosamente si è adeguata alla situazione, ma che adesso ci aspetta al varco per vedere se veramente i rapporti a distanza funzioneranno e se veramente noi riusciremo ad essere abbastanza presenti in caso di necessità.

---

4. Una lettura sull'argomento *Moving Families: Expatriation, Stress and Coping* di Mary Haour-Knipe, Routledge.

5. *"Quando si viaggia bisogna essere almeno in due a volerlo (se i figli sono molto piccoli, cioè meno di 6-8 anni) o in 3/4/5 (a seconda di quanti figli avete) e TUTTI devono avere lo stesso piacere a partire e a scoprire nuovi luoghi, nuove abitudini, nuove cucine. Se uno dei viaggiatori non vuole o si ostina a non voler partire, beh in questi casi ci sono o ci saranno nuovi problemi. Nel nostro caso tutti erano contenti di partire."* Vincenzo F.

CAPITOLO 8

Che si viva a due ore di treno, 5 di macchina o 10 di aereo, la situazione non cambia. Non c'è più la quotidianità ma si passa a rapporti qualitativi, sia tra noi e i nostri genitori, che tra i nostri figli e i loro nonni lontani. Non è impossibile, anzi, è facile e i legami che si creano sono belli e intensi. Io ho avuto la grande fortuna di avere nonni vicini e presenti, stessa città, stesso quartiere. Le mie figlie, come tutti i bambini espatriati, hanno avuto ed hanno nonni su Skype, nonni da aspettare all'aeroporto, nonni che le attendono con il cuore che batte forte dopo sei mesi di separazione. I rapporti direi che sono gli stessi che avevo io con i miei nonni, senza la quotidianità. Certo i miei genitori sono sempre stati pronti a partire e a venirci a trovare, e da parte mia le vacanze in Italia non sono mai state messe in dubbio, considerate sempre come una tappa necessaria per mantenere vivi questi bei legami. **Cercare di ritagliarsi dei momenti da passare insieme è veramente fondamentale.** I genitori vanno spronati a salire su un aereo e venire a scoprire dove viviamo, noi dobbiamo essere pronti a fare lo stesso con gioia. Questo è l'unico modo possibile per creare i giusti rapporti, altrimenti la distanza si installa e il tempo che scorre non lo si recupera più.[6]

L'essere lontani può quasi permettere di vivere insieme per periodi più intensi, lunghe vacanze dai nonni se i genitori lavorano. Tanti bambini viaggiano da soli nel periodo estivo per raggiungere i nonni dall'altra parte del mondo e trascorrere insieme momenti di complicità. Molti nonni passano lunghi periodi di vacanza nel nuovo Paese di figli e nipoti, tuffandosi anch'essi per un periodo in questa vita d'expat! Dico sempre a mia mamma che se fossimo sempre rimasti a Torino non avrebbe avuto il piacere di girare per le strade di Parigi con le sue nipotine, di assistere allo spettacolo a scuola in Giappone, di far volare l'aquilone con loro sulle spiagge dell'India, né tantomeno di veleggiare con noi nella baia di San Francisco. Abbiamo trovato il nostro ritmo, come figli, nipoti, genitori e nonni, ci siamo adeguati alla situazione e non abbiamo mai perso di vista il perché delle nostre scelte, abbiamo sorriso e guardato avanti senza rinfacciarci nulla.

Anche con gli altri membri della famiglia, fratelli, sorelle, nipoti,

---

6. Ulrich Beck, Elisabeth Beck-Gernsheim, *L'amore a distanza*, Laterza.
Storia di rapporti a distanza tra nonni e nipoti.

ecc..., il lavoro da fare è lo stesso: coinvolgerli nelle nostre vite, creare occasioni per stare insieme. Le mie ragazze hanno degli ottimi rapporti con i figli di mia sorella. Nonostante la distanza, abbiamo sempre fatto in modo che i nostri bambini passassero dei momenti insieme, costruendo quella complicità bella che esiste tra cugini. Certo anche in questo caso le mie figlie non hanno quel rapporto quotidiano che avevo io con i miei cugini, che vivevano nello stesso isolato, ma negli anni hanno comunque costruito dei ricordi comuni importanti.

Non vorrei farla semplice, **ma la gestione dei rapporti familiari non è poi più complicata rispetto a quella che si ha quando si vive vicini, è solo e sempre questione di organizzazione e di volontà.** Le cose si complicano invece in caso di problemi, quando a turbare la nostra vita lontana, subentrano **la malattia e la scomparsa di uno dei nostri cari.** Tutti gli espatriati vivono con il pensiero fisso del "se succede qualcosa". Tutti gli espatriati vivono con angoscia l'invecchiamento dei genitori da gestire a distanza.

A meno che si rientri a vivere nel proprio Paese ad un certo punto della propria vita da espatriati, tutti prima o poi si trovano confrontati ad una perdita. Gestire questa fase a distanza è psicologicamente complesso. Essere lontani durante la malattia è faticoso da sopportare, ma a volte non si ha scelta, la nostra vita è altrove ed è difficile metterla tra parentesi per ritornare a casa per un periodo di tempo. Vivere questi momenti a distanza è angosciante, anche per la paura, che essendo lontani, gli altri non ci raccontino veramente ciò che sta succedendo. Agli inizi della malattia di mio padre, mia mamma tendeva a non raccontarmi tutto, per lei era un modo di proteggere la mia tranquillità, tanto da lontano non avrei potuto fare nulla. Per me era difficile capire come andassero veramente le cose, ogni volta cercavo di interpretare le sue parole e ad ogni telefonata di carpire più informazioni possibile.

Avevo comunque un sesto senso che mi diceva che le cose non stavano andando come mi venivano raccontate e vivevo ogni giorno nell'angoscia di una notizia peggiore.

Successivamente sono stata molto chiara sul fatto che anche se lontana, volevo essere informata senza veli su quello che succedeva. *"È importante, nel momento in cui espatriamo, dire molto chiaramente come e cosa vogliamo che ci venga*

CAPITOLO 8

comunicato: le persone che restano in Italia devono capire chiaramente e fino in fondo che vivere lontani non è una passeggiata quando capitano situazioni di questo tipo, e che se lo richiediamo, abbiamo tutti i diritti di essere informate tanto e quanto come se fossimo presenti lì... " Claudia L.

Il lutto in espatrio ha una dimensione particolare, si è in un certo senso protetti dalla distanza, che non ci farà sentire l'assenza quotidiana di una persona cara, ma nello stesso tempo dilata l'assimilazione del lutto e la sua accettazione. Non ci sei, non ti vedo, ma non realizzo che tu sia partito per sempre: questo è quello che ho provato io. Fondamentalmente dopo il funerale di mio padre e la settimana da incubo che ho passato prima della sua morte, sono rientrata a casa mia a Parigi, nella mia routine: bambine e lavoro. Certo mi mancava quella sua telefonata dell'ora di pranzo, quando dall'ufficio chiamava per avere notizie, mi mancavano quei pochi minuti a raccontargli la mia vita e le piccole cose quotidiane. Però trovavo delle scuse all'assenza di quello squillo e vivevo come sospesa in una specie di limbo. Solo il primo rientro in Italia mi ha permesso di realizzare veramente che mio papà era morto, ho incominciato ad elaborare il lutto molto più tardi rispetto al normale.

"Io ho trovato molto difficile elaborare i lutti in espatrio... C'è voluto del tempo tra l'incidente ed il giorno in cui ho preso il volo per poter partecipare al funerale. Un tempo strano in cui all'angoscia del credere che tutto ciò fosse possibile, c'era sempre la speranza che una volta atterrata mi dicessero "suvvia, è tutto uno scherzo!!!" Alessandra G.

"Un adulto che perde un genitore è prima di tutto un figlio che diventa orfano. Quando se ne sono andati entrambi i genitori, diventa il nuovo « capo famiglia », rappresentante patriarcale della cellula familiare. La reazione di fronte all'annuncio della morte può prendere la forma di una specie di pragmatismo protettivo. Ad esempio, è l'espatriato, assente durante la malattia del genitore che sosterrà gli altri membri della famiglia, o che si farà carico della logistica del funerale. Per supplire all'impotenza causata dalla distanza, cerca di ritrovare un posto nelle azioni concrete, come il fatto di prendere il primo aereo per sostenere la famiglia. È spesso in un secondo tempo, quando è di ritorno al suo spazio di vita, che può manifestarsi un contraccolpo. A volte si presenta il bisogno di effettuare una sorta di bilancio di vita, che può anche rimettere in causa alcune scelte. A partire da ciò, alcuni si trovano a dover prendere una decisione: continuare con l'esperienza dell'espatrio, o rientrare ed occuparsi del genitore rimasto..." [7] Anch'io

---

7. *Quando l'arrivederci è un addio* articolo di Magdalena Zilveti-Chaland apparso su Expatclic.com aprile 2012.

mi sono fatta molte domande dopo la scomparsa di mio padre, mi sono chiesta se sarei stata capace di continuare a vivere lontano, sapendo che mia madre si sarebbe trovata da sola, ho messo in discussione la stessa decisione presa anni prima di partire all'estero, dicendomi che in questo modo avevo rinunciato a vivere vicino ai miei genitori, impedendo una quotidianità tra loro e le mie figlie, tra loro e me, perdendo del tempo prezioso, che non avrei più recuperato. È normale, è un passaggio obbligato per accettare la perdita. Ho vissuto mesi altalenanti tra sensi di colpa e non accettazione, quasi negazione. Pian piano ho accettato e alla fine ho anche capito che non serviva a niente mettere in discussione certe decisioni, mio papà non sarebbe vissuto più a lungo avessi abitato a 100 metri da casa.

L'annuncio di una malattia, del suo aggravarsi, della scomparsa improvvisa di un membro della famiglia, mettono in moto, quando si vive all'estero, una serie di meccanismi, che vanno dal proteggersi visto che si è lontani, rifiutando magari di accettare la malattia stessa, non precipitandosi al capezzale di chi sta male nei tempi giusti. Difficile valutare essendo lontani quando è veramente il momento di partire, possibile sbagliare i tempi e arrivare troppo tardi. **Non riuscire a dire addio è una delle grandi paure, perdere l'ultimo aereo, l'ultimo treno e non esser lì per l'ultimo saluto è angosciante.** Ho viaggiato per cinque ore e mezza convinta che all'arrivo a Torino mi avrebbero annunciato che ero arrivata troppo tardi, pur essendo partita rapidamente all'annuncio che mio padre ne avrebbe avuto per pochissimo tempo, qualche giorno, forse ore, il tempo di organizzare le mie bambine e spiegar loro cosa stava succedendo. Ho fatto un viaggio che non dimenticherò mai, un viaggio che tanti espatriati fanno, con il groppo in gola e le lacrime agli occhi. Io ho avuto la fortuna di farcela, sono arrivata in tempo per vederlo, parlargli e dirgli addio, almeno per quello non ho avuto il rimorso di non avercela fatta.

"La scomparsa di mia mamma è stata difficile da gestire. Sensi di colpa, di impotenza, mille dubbi e la notizia della sua morte che è stata un vero shock. Mi sono messa tranquilla facendo un gran lavoro su di me e pensando a cosa ho potuto fare e a che cosa non avrei mai potuto oggettivamente fare, ma ancora ora, pensandoci, mi assale un groppo alla gola. Quando ero lontana, negli ultimi mesi della sua malattia, ero sempre tormentata; quando ero con lei (cercavo di stare almeno una settimana ogni due mesi, e

CAPITOLO 8

due giorni al mese minimo) pensavo ai ragazzi e a Stefano soli." Piera B.

"Vivere il decesso di un membro della propria famiglia è una prova dolorosa, modulata dalla situazione dell'espatrio. La lontananza amplifica la realtà dell'assenza, ma a volte permette anche di prendere una distanza di protezione. Tra stress e sofferenza, tra il ripercorrere i ricordi, il rimpianto, la nostalgia, attingendo alle propria capacità di andare avanti, di proseguire nei propri progetti, nell'essere reattivi in un ambiente sconosciuto, chi ha perso una persona cara in espatrio potrà seguire il proprio cammino, nonostante il dolore e la perdita." [8]

Nella difficoltà dell'accettare la perdita e nell'attivazione di un processo di assimilazione del lutto sono fondamentali le profonde relazioni che abbiamo creato nel nostro nuovo Paese. Gli espatriati come noi capiscono perfettamente cosa stiamo vivendo, perché ci sono passati o perché sanno che inesorabilmente ci passeranno. Essersi costruiti una solida rete d'appoggio è importatissimo in questi casi. Rientrare nella nostra nuova casa, nel nostro nuovo Paese sentendo il calore e il sostegno degli amici, è fondamentale.[9] Sentire la solidarietà intorno a me è stato molto importante i primi tempi dopo la perdita di mio padre, sapere che avevo relazioni abbastanza forti sulle quali poter appoggiarmi, con le quali parlare e aprirmi, senza sentirmi giudicata nella mia scelta di vivere lontano, senza essere vista come la figlia senza cuore che è partita e poi piange e si lamenta quando è troppo tardi. *"Aiuta anche tanto la presenza di una comunità di amici/connazionali sul luogo di arrivo per la gestione dei momenti duri, per la gestione delle emergenze: la possibilità di poter lasciare i figli a casa di un amico in caso di partenza improvvisa per il rientro in Italia."* Vincenzo F.

---

8. *Quando l'arrivederci è un addio* articolo di Magdalena Zilveti-Chaland apparso su Expatclic.com aprile 2012.
9. "A l'étranger, le réseau relationnel est un support essentiel lorsque le décès provoque une profonde confusion et la perte de tous les repères. Une sévère dépression peut altérer tout discernement jusqu'à toucher les besoins les plus basiques. Heureusement, une solidarité entre expatriés mais également avec les locaux permet à la famille en deuil de trouver un support nécessaire pour réussir à rebondir. Que ce soit matériellement par la prise en charge temporaire des repas, logistiquement par une aide financière et administrative, affectivement par une présence empathique faite d'écoute, de patience et de compréhension, l'endeuillé retrouve peu à peu une force en soi pour sortir de cette phase de régression naturelle et se reprendre en main." *Et soudain tout s'arrête. Vivre un deuil en expatriation* di Magdalena Zilveti-Challand.
All'estero la rete di relazioni è un sostegno essenziale quando si affronta un decesso che porta con sé una profonda confusione e la perdita dei punti di riferimento. Una grossa depressione può alterare la nostra capacità di giudizio, fino a toccare i bisogni più di base. Fortunatamente la solidarietà tra espatriati e anche quella con i locali, può aiutare la famiglia in lutto a trovare il sostegno necessario per rimettersi in piedi. Che sia un aiuto a livello logistico con la presa a carico dei pasti, a livello economico o nella gestione amministrativa, o un sostegno emotivo, fatto di ascolto, presenza, comprensione, con esso la persona in lutto ritroverà pian piano la forza per uscire da questa fase di regressione e rimettersi in piedi.

> Superare un lutto non sarà più difficile che se
> fossimo rimasti nel nostro Paese, la cosa più dura
> da superare sarà il senso di colpa per essere partiti.
> Partire consci di tutto ciò potrà aiutarci a non farci
> sommergere dalla sofferenza.

Storia di Sarah

Quando i miei genitori mi hanno annunciato la malattia di mia madre è stato un shock immenso, mi sono sentita impotente e spaventata. Sapevo che vivevo troppo lontano per poter dare una mano concreta ed ero terrorizzata dal non poter essere lì con lei nei mesi difficili che le si prospettavano davanti. La diagnosi dall'inizio era stata priva di speranza, sapevamo che il tempo sarebbe stato poco. Vivevo a Sidney da poco più di un anno ed ero incinta della mia seconda bambina. I programmi erano di non rientrare fino a dopo la sua nascita, il viaggio era troppo lungo con un bambino piccolo e una in pancia. Avevamo deciso che i miei sarebbero venuti loro per la nascita, approfittando poi del periodo estivo per farsi una vacanza australiana. Purtroppo con la malattia tutto era da mettere in discussione. I programmi andavano cambiati. Per me era impensabile non rientrare e rischiare di non vedere più mia madre viva. Nel giro di poco ho deciso che sarei rientrata io, con pancia e piccoletto, avrei sacrificato mio marito per stare insieme ai miei genitori nel momento in cui avevano bisogno di noi.

Sono partita con un biglietto aperto per il ritorno, ero al quinto mese di gravidanza, e non potevo prevedere quando sarei potuta rientrare a casa. Mio marito mi ha supportata in questa decisione, cosa fondamentale ma non facile per lui, sarebbe stato lontano da noi e avrebbe anche rischiato di perdersi la nascita di sua figlia. Sono partita dicendo che avremmo deciso giorno dopo giorno il da farsi, per il momento era importante essere con loro e far sentire la mia presenza. Sono arrivata in Italia a metà marzo, poco meno di un mese dopo l'annuncio della malattia. Mia figlia è nata a Milano a fine giugno, con un po' di anticipo sulla tabella di marcia, mio marito era arrivato qualche giorno prima anche lui, la salute di mia mamma stava peggiorando rapidamente e voleva essermi vicino. Nostra figlia è nata e mia mamma le ha dedicato le ultime forze, è stata una gioia immensa per lei poter incontrare questa nipotina e tirar fuori le ultime energie per tenerla in braccio, così come era stata una grande gioia condividere con me la gravidanza nei mesi passati insieme, un modo per vincere il dolore per la malattia con

CAPITOLO 8

la forza della vita. Anna, mia figlia aveva 15 giorni quando mia mamma ha chiuso gli occhi per sempre. A metà agosto sono rientrata in Australia, mio padre mi ha accompagnata in questo viaggio di ritorno ed è rimasto con noi per un mesetto. Non ho alcun rimpianto e ho smesso di rimproverarmi il fatto di essere partita a vivere lontano, mio marito è australiano e nel momento in cui mi sono innamorata di lui ho capito che la mia vita sarebbe stata lontano dalla mia città. So che mia mamma era felice della mia scelta e non me l'ha mai fatta pesare, so anche di averle regalato qualche mese di felicità, nonostante tutto, con la mia scelta di rientrare, ho messo tra parentesi la mia vita familiare e se non l'avessi fatto forse sarebbe stato più duro superare la perdita.

≈

L'espatrio ci pone davanti molte sfide e mette a nudo le nostre fragilità, nella maggior parte dei casi riusciamo ad uscirne a testa alta, a vincere la notalgia per la distanza e a superare il dolore per una perdita.

L'espatrio ci mette anche di fronte a piccole sfide quotidiane per rimanere uniti non solo noi umani bipedi della famiglia ma anche imbarcando nell'avventura i nostri amici a quattro zampe.

E cosa succede se si espatria con un animale domestico? Non sono pochi gli espatriati che decidono di portarsi dietro il loro animale di compagnia, noi l'abbiamo fatto. Avevamo Macaron, il nostro gatto da 5 mesi, quando all'orizzonte ha incominciato a ventilarsi una nuova partenza. Subito è stato chiaro che il gattino di famiglia ci avrebbe seguiti nel nuovo Paese. Ammetto che essendo la prima volta che mi spostavo con un animale, subito ho incominciato a preoccuparmi un po'. Le mie figlie le avevo spostate tante volte, e sapevo esattamente come muovermi per garantir loro un atterraggio morbido nel nuovo Paese, per il gatto era invece la prima volta e mi chiedevo se sarebbe stato complicato o no. Appena definita la meta del nostro espatrio (ne avevamo in ballo due completamente diverse l'una dall'altra) ho contattato i servizi veterinari per capire quali vaccini e certificati avrei dovuto avere. Ammetto poi che le mie preoccupazioni andavano anche al di là dei documenti vari, mi chiedevo come il gatto avrebbe reagito allo spostamento, al viaggio e all'arrivo in una nuova casa. Nel mio immaginario mi vedevo il povero animale darsela a gambe per cercare di rientrare a casa sua, nel suo giardino, tra le sue sicurezze. In realtà tutto è stato semplice sia a livello burocratico che a livello di adattamento. Il gatto ha potuto viaggiare in cabina con noi, dormicchiando per quasi tutto il volo, complice anche una leggera pastiglia tranquillante. All'aeroporto di San Francisco non mi fossi diretta io verso i servizi veterinari, nessuno ci avrebbe fermati, o almeno così sembrava. Hanno guardato i suoi documenti alla svelta, più preoccupati del pacchetto di crocchette aperto che dello stato di salute dell'animale, e ci hanno fatto passare. Il resto è stato indolore, come per i bambini, ritrovare i nostri mobili e il suo amato divano, partito dalla Francia un mese e mezzo prima, l'ha subito fatta sentire a casa. Nel giro di qualche giorno le abbiamo aperto le porte del giardino e gradatamente è partita alla scoperta del suo nuovo mondo senza trauma alcuno.

gli animali

Quando si parte con un animale, per viaggiare da un Paese all'altro l'animale

- Deve avere un **microchip** che contiene il suo codice di identificazione.
- Deve essere **vaccinato contro la rabbia** (il vaccino dura un anno).
- Possedere il suo **passaporto** che contiene tutte le informazioni di salute e vaccinazioni.

Queste tre cose sono sufficienti per viaggiare all'interno della Comunità Europea. Regno Unito, Svezia e i Paesi extracomunitari hanno norme diverse, è importante contattare i servizi veterinari o l'Ambasciata per sapere esattamente cosa è richiesto. Ci sono società che offrono un servizio di trasporto animali "chiavi in mano", occupandosi di tutte le pratiche burocratiche.[10] Gli stessi traslocatori a volte hanno al loro interno una cellula specializzata nella relocation degli animali domestici.

---

10. http://www.petrelocation.com/; http://www.airanimal.com/ http://pet-express.com/about/pet-relocation-specialist/

CAPITOLO 8

Per il viaggio è importante sapere che non tutte le compagnie accettano gli animali domestici. Le low cost non li accettano e alcune compagnie li imbarcano solo in certi periodi dell'anno, al di fuori delle vacanze estive. Il cane o il gatto possono viaggiare in cabina, ovviamente se di piccole dimensioni. Quando ho viaggiato con il mio gatto il peso di animale e trasportino non doveva superare i sei chili (viaggiavamo con Air France). Noi abbiamo messo la bestiola a stecchetto per qualche settimana, adesso viste le dimensioni raggiunte sarebbe obbligata a viaggiare in stiva. Comunque sui siti delle compagnie aeree si trovano tutte le informazioni necessarie. Se il nostro amico a quattro zampe viaggia in stiva è assolutamente sconsigliato sedarlo, in stiva fa freddo, e l'animale deve essere vigile per poter termoregolarsi. Se viaggia in cabina un piccolo sedativo, tipo antistaminico, può aiutare a tranquillizzarlo, soprattutto se è la prima volta. Durante il volo in cabina non può uscire dal trasportino, ma si può dargli da mangiare e da bere. Il mio ha rifiutato di ingurgitare qualsiasi cosa fino all'arrivo a San Francisco, la paura l'aveva annientata. Se si ha la scelta è sempre meglio farli viaggiare sul nostro stesso volo, cosa impossibile se ci si rivolge ad un'agenzia specializzata in questo caso spesso gli animali sono imbarcati sui cargo. Con noi invece, anche se in stiva, potremo andare a recuperarli all'arrivo, sempre che non sia prevista la quarantena.

Alla fine anche viaggiare con i propri animali domestici è meno complicato di quel che si possa pensare, e sicuramente saranno felici di rimanere con noi anziché ritrovarsi in una nuova famiglia per paura di farli viaggiare. Si adatteranno anche loro in un nuovo Paese e molto più in fretta a volte del resto della famiglia!

Famiglia e coppia: impatto e gestione delle difficoltà, come sopravvivere tutti insieme appassionatamente

Piccole italiane in Kimono.

Come una squadra.

Cincin con la nonna.

CAPITOLO 8

Avventure indimenticabili in famiglia, Australia 2006.

Il nostro gatto.

CAPITOLO 9

La gestione del lavoro[1]

Quando si parte per un'avventura all'estero il 99% delle volte ci si muove per il lavoro. Che si sia espatriati per la stessa azienda per cui lavoriamo o che si cambi società, il lavoro è il motore della nostra avventura in terra straniera.
Un nuovo progetto, un nuovo ambiente lavorativo, un nuovo modo di lavorare, una cultura diversa, sono le grandi sfide che ci troveremo a dover fronteggiare. Unite a tutte le altre sfide: linguistiche, personali e familiari, il gioco diventa duro, soprattutto all'inizio.

Come ogni cambiamento, l'espatriazione professionale è una scelta da valutare con grande attenzione in quanto ci porterà, noi e quelli che ci accompagneranno, ad oltrepassare i limiti della nostra "zona di conforto", ci metterà di fronte a situazioni che possono essere vissute come esperienze uniche o veri calvari.[2]

L'arricchimento è enorme, ma si deve partire consci che non sarà semplice e ci vorrà tenacia e anche una buona dose di umiltà per muovere

---

1. Questo capitolo è stato scritto a quattro mani con mio marito Paolo, che è stato per questi 20 anni il motore di ogni nostra partenza. È stato lui ad essere in prima linea dal punto di vista professionale e non sempre è stato semplice. I suoi interventi sono riportati in corsivo.
2. Cambiare società, lavoro, Paese tutti e tre nello stesso tempo è in realtà una sfida che in pochi consiglierebbero. Gli esperti infatti consigliano di non cambiare tutti e tre insieme: due è una buona sfida, tre è troppo.

CAPITOLO 9

i primi passi.
Con gli anni e gli spostamenti ho capito che mandare chi lavora in avanscoperta non è poi male. Trovarsi ad affrontare da soli il primo periodo della nuova sfida professionale può essere un vantaggio, si è scaricati dal peso di tutto il resto, dalle angosce legate alla famiglia che si installa e al benessere degli altri componenti. Ci si può buttare a capofitto nel lavoro senza preoccuparsi di chi aspetta a casa, desideroso di condividere i problemi dei primi giorni.
Non sempre è possibile e non per tutte le famiglie è una formula vincente. Noi l'abbiamo adottata un paio di volte, la prima in Giappone e la seconda per gli Stati Uniti. Nel primo caso io e le bambine siamo arrivate un buon mesetto dopo, permettendo a Paolo di muovere i primi passi da solo in un nuovo ambiente lavorativo, immerso in una lingua completamente nuova, il giapponese, e in una cultura tutta da scoprire.
Nel secondo caso la scelta di arrivare dopo è stata più legata al far finire l'anno scolastico alle ragazze in una scuola senza aggiungere, alla difficoltà dello spostamento, un'integrazione complicata nel nuovo contesto scolastico arrivando a marzo in classi ormai costituite. Alla fine si è rivelata una scelta vincente anche per il lavoro. L'ambiente lavorativo di una start up è molto diverso da quello di una grande azienda, tutti i meccanismi erano da ricostruire, Paolo aveva bisogno di concentrarsi da solo in questa prima fase e di dedicarsi al suo lavoro al 100%. Sarebbe stato difficile rientrare a casa la sera e dover anche condividere con me le difficoltà delle settimane di adattamento. Arrivando 5 mesi dopo abbiamo permesso a lui di evitare di trasmettere le tensioni dei primi mesi lavorativi sulla cellula familiare e a noi di arrivare in California in un momento in cui avrebbe potuto anche prendere in conto le nostre difficoltà e sostenerci con la sua presenza.
Bisogna mediare, avere pazienza, essere aperti, ottimisti, ricettivi
"La famiglia deve essere un porto sicuro in cui arrivare dopo giornate di tempeste o di fatica e trovare rifugio, attenzioni, calore. Vero calore, vere attenzioni, vero affetto però: barare non vale, altrimenti tutto crolla." Piera B.
Gli equilibri personali e familiari sono veramente messi a dura prova i primi tempi, esserne consci è importante per non trovarsi sorpresi a dover gestire crisi su crisi.
"È importante ricostruire rapidamente un equilibrio globale (vita familiare, attività

sportive, tempo da dedicare a se stessi) per gestire lo stress supplementare di un nuovo challenge. È importante anche sapere che affrontare tutti questi challenge in due nello stesso tempo rende le cose più complicate. Non è male se uno dei due riesce a ritagliarsi del tempo per scaricare quello che lavora dal peso di tutto il resto e di tutte le preoccupazioni legate all'installarsi. Il dialogo e la comunicazione sono la chiave per la gestione del tutto. Spiegare ai bambini perché papà/mamma lavorano molto. Chiedere loro del sostegno. Far capire loro che siamo tutti sulla stessa barca e rassicurarli dicendo loro che li amiamo sempre allo stesso modo anche se lavoriamo molto di più." Aurelie T.

Quando si parte ogni situazione è unica e comporta una buona parte di intuizione che deve guidare le nostre scelte ma vi sono alcuni punti fondamentali che è importante analizzare prima di prendere una decisione. La giustificazione professionale, l'adesione della famiglia al progetto, le condizioni di espatrio.

La giustificazione professionale è ovvia, ma sovente trascurata. Si tratta di rispondere nel modo più oggettivo possibile alla seguente domanda: Ha senso, professionalmente, partire all'estero adesso e là dove mi viene offerto di andare? La risposta non è mai scontata. Cominciamo a prendere il punto di vista di un'azienda: espatriare un dipendente costa, ed anche abbastanza caro. Se l'azienda decide di farlo, deve esserci un ritorno sull'investimento e se siete l'oggetto di una proposta di espatrio ci sono in generale 3 categorie di ragioni:
1- Siete un esperto nel vostro campo e c'è bisogno di trasferire know-how
2- Siete una persona di fiducia con un ruolo manageriale o di controllo
3- Fate parte di un programma con finalità a medio lungo termine per integrare la cultura aziendale in nuove filiali o per creare un vivaio di potenziali manager che abbiano vissuto un'esperienza fuori dalla loro sede principale.

Benché possano esistere altre ragioni perché l'azienda pensi a voi per espatriare, queste tre categorie coprono una grande maggioranza dei casi. Vale la pena dunque chiedersi: perché proprio voi, qual è la finalità dell'azienda? È fondamentale valutare se la proposta è il frutto di una riflessione strategica e quindi potrete contare su un supporto continuo della vostra base di partenza in termini materiali e manageriali. Se avete l'impressione che la decisione non sia scaturita da un processo strutturato e in cui potete contare sul consenso ed il supporto di una buona base manageriale, statene alla larga, in quanto rischiate di essere dimenticati nel migliore dei casi o diventare l'oggetto di guerre di potere nel peggiore. È chiaro che molte di queste riflessioni sono applicabili a qualsiasi mutazione interna, non necessariamente solo all'espatrio, ma in espatrio tutto è più complesso: la comunicazione più difficile, l'accesso all'informazione

CAPITOLO 9

interna non è fluido, il vostro management diretto può non essere locale ecc... Prendere dei rischi calcolati in generale ripaga, ma vi sono situazioni in cui è bene valutare le proprie capacità di adattamento prima di partire e se il gioco ne vale la candela.

Un altro aspetto importante da valutare prima di prendere una decisione è come questa esperienza si inserisce in un percorso professionale o di carriera ed anticipare quali opportunità possano venirvi offerte al termine dell'espatrio. Anche in questo caso è impossibile generalizzare ma più vi è chiarezza sulla questione, più facile sarà la transizione. Non esitate ad abbordare la questione in termini chiari con il vostro management.

Una volta stabilito che il progetto professionale ha senso, è assolutamente indispensabile assicurarsi del supporto del proprio compagno o compagna e coinvolgere i propri figli nella decisione. Piccoli o grandi che siano. Quando le prime difficoltà sorgeranno, la famiglia dovrà restare unita, solidale e consapevole che le scelte di cambiamento sono state fatte insieme. Partire lontano è una decisione importante, che ci arricchisce professionalmente e come individui ma può rivelarsi nociva per l'equilibrio di una famiglia se la preparazione è trascurata. Forzare una decisione o, ancor peggio, mettere di fronte al fatto compiuto le persone che ci stanno vicine presenta un rischio forte di rigetto, che può avere conseguenze anche serie sull'equilibrio familiare.

Vi sono infine le condizioni materiali di espatrio che sono una pietra angolare del progetto. Anche qui documentarsi è fondamentale e non esistono standard: ci sono package aziendali estremamente vantaggiosi e ce ne sono di molto meno invidiabili. Sta a voi informarvi e fare domande. In generale è universalmente ammesso che l'espatriato abbia una remunerazione rivista in funzione: della distanza culturale del Paese di destinazione (partire per la Mongolia Occidentale non ha lo stesso valore che partire per la Spagna per esempio), del costo della vita (riferirsi al COLA, Cost of Living Allowance di Mercer Consulting già trattato nel capitolo 2) e della distanza dal Paese di origine. È normale che le aziende provvedano alle spese di alloggio e di scuola per i figli ed almeno un viaggio pagato all'anno per tutta la famiglia per tornare a casa. In aziende medio grandi, con un numero di espatriati importante, non è facile trattare la parte salariale che è spesso governata da tabelle e protocolli interni. È invece più facile trattare un'agevolazione sui benefit: per esempio avere le tasse locali pagate dall'azienda, avere un appartamento pagato direttamente dall'azienda, trattare un biglietto di A/R supplementare all'anno. Insomma, se io sconsiglio vivamente un espatrio con la sola finalità di mettere da parte un po' di soldi (in generale se questa è la motivazione che ci spinge, l'esperienza risulta penosa e triste) è assolutamente fondamentale assicurarsi che si possa affrontare il quotidiano con serenità e con condizioni materiali superiori a quelle che si avrebbero avute in patria.

Fatte tutte le valutazioni, a livello professionale e familiare, e presa la decisione di partire, il momento di incominciare a lavorare nel nuovo ambiente ci metterà davanti nuove sfide e all'inizio non sarà semplice, i meccanismi saranno diversi, i contatti interpersonali anche, ci vorrà un tempo di adattamento più o meno lungo.

"All'estero c'è un livello di complessità ulteriore da gestire nelle relazioni di lavoro. Il mondo del lavoro ha regole di funzionamento completamente diverse da quelle del posto di lavoro in Italia. Ad esempio, a Parigi c'è una forma di "distacco" sul posto di lavoro che rende difficili le relazioni umane tra colleghi. Molto spesso non si condividono emozioni o relazioni diverse da quelle professionali ed il collega francese non capisce le tue difficoltà d'espatrio. La conoscenza approfondita della lingua è molto importante. Puoi essere un eccellente conferenziere o scrivere eccellenti relazioni in Italia se scrivi in italiano. Lo sarai allo stesso modo quando ti dovrai esprimere in una lingua straniera? Chi ti ascolta all'estero se non capisce bene come parli o scrivi può pensare che non sei bravo..." Vincenzo F. *Questo è soprattutto vero in ambienti professionali non anglosassoni, in cui c'è meno elasticità ad integrare lavoratori provenienti da universi culturali e linguistici diversi.*

Anche quando si rimane all'interno della stessa azienda ci possono essere delle difficoltà. La struttura è la stessa ma i meccanismi di funzionamento saranno per forza diversi perché legati alla cultura del nuovo Paese. *"C'è sempre uno shock culturale, anche quando si conosce bene l'azienda. All'inizio è importante ascoltare molto e osservare per integrarsi. Oltre all'aspetto culturale, le dimensioni e l'organizzazione possono rendere radicalmente diversa l'esperienza all'estero. Si deve anche prendere consapevolezza che stiamo accettando una sfida con dei rischi, siamo più fragili e vulnerabili rispetto al nostro Paese, fa parte dell'avventura. Si deve essere consci delle conseguenze possibili e essere pronti ad accettarle."* Aurelie T.

In America sono i ritmi che cambiano, poche vacanze e soprattutto una tutela del lavoratore assolutamente lontana anni luce da quella che conosciamo in Europa. Si può essere licenziati dall'oggi al domani senza

CAPITOLO 9

tanti giri di parole, e se il nostro visto è legato alla società che ci ha licenziati, il biglietto di ritorno a casa dovrà essere pronto in pochi giorni, con tutto ciò che ne consegue.

Una volta presa la decisione di espatriare, viene il momento di incominciare a lavorare. Ci sarà molto da scoprire, si dovrà valutare la situazione, tessere un necessario network di conoscenze per accedere all'informazione nella maniera più diretta possibile. Tutto questo, a seconda della vostra occupazione e taglia della società, può prendere qualche settimana come qualche mese. Raramente meno. È inquietante se non avete ancora una buona visione della situazione dopo 6 mesi. Ovviamente questo è un primo passaggio che metterà alla prova le vostre capacità di adattamento e richiederà uno sforzo in termini di tempo che dedicherete al lavoro. Allo stesso tempo anche la vostra famiglia dovrà attraversare un periodo di adattamento: nuove conoscenze, una nuova casa, abitudini e costumi da scoprire, una lingua in cui non si è magari tutti perfettamente fluenti, l'inserimento in una nuova scuola... Questa fase è delicata e richiede molta presenza, supporto (materiale come morale) e flessibilità per gestire gli imprevisti. Può quindi essere opportuno riflettere se separare le due fasi, quella professionale e quella personale. Qualora sia possibile io raccomando di organizzare l'arrivo della famiglia dopo uno, due o tre mesi dopo l'inizio della nuova assegnazione in espatrio (come già sottolineato all'inizio del capitolo). Questo vi permetterà di dedicarvi a tempo pieno al lavoro senza dover arbitrare tra priorità professionali e personali. Un mese vi permetterà di avere un buon primo contatto con il nuovo Paese, identificare quale quartiere è il migliore per cercare casa, cosa fare il primo week-end quando tutta la famiglia si sarà riunita, trovare i migliori negozi di prime necessità. È in effetti importante che i primi momenti passati insieme siano un successo, che siano legati a dei ricordi positivi: trovare i propri giocattoli montati, una buona cena, un regalo, degli oggetti che sono familiari, che fanno subito "casa". In fondo, non abbiamo che una opportunità per crearci una prima impressione e partire con il piede sbagliato non è consigliato. Dovrete poi ritagliare, almeno per le prime settimane, più tempo del solito alla vostra vita familiare. Contate che è importante passare del tempo insieme, ascoltare il feedback di tutti quanti e cercare di decifrare se tutto va bene o se ci sono dei problemi o delle angosce che covano. In tal caso il dialogo e l'ascolto sono da incoraggiare. Tali situazioni consumano non solo tempo ma anche energie mentali e non avere da far fronte a tali situazioni mentre siete in piena fase di scoperta del vostro universo professionale è decisamente consigliabile.

All'inizio della nostra avventura americana, una delle cose che mi spaventava di più era la precarietà assoluta dal punto di vista professionale.

La gestione del lavoro

Qui mancano le tutele dei lavoratori che conoscevamo noi in Europa. Puoi fare bene il tuo lavoro ma il tuo modo di farlo può non conformarsi con i metodi della tua azienda, sei fuori, senza tanti problemi. Con il tempo abbiamo imparato a conviverci e, a distanza di più di quattro anni dal nostro arrivo negli States, non ci penso più, avendolo integrato come un elemento della vita lavorativa qui. Direi che la nostra mentalità è radicalmente cambiata e si è conformata a questo modus vivendi all'americana.

Una volta incominciata la vostra nuova esperienza professionale, ho osservato un'evoluzione del comportamento di molti espatriati in 3 fasi:

1- L'euforia: è il periodo in cui tutto vi pare positivo, quelli che vi circondano sono cortesi, disponibili. L'accesso all'informazione vi pare relativamente facile, non siete confrontati od esposti a situazioni complesse o di conflitto (eccetto, ovviamente, quando siete stato inviato per risolvere un problema manageriale). Questo è il periodo in cui l'organizzazione vi osserva, valuta le vostre forze e debolezze. Siete influenzabili – naturale, state scoprendo tutto – e dovete fare affidamento sulle persone che vi circondano e che, di solito, non conoscete. Questa è una fase delicata in cui consciamente – ma più spesso inconsciamente – l'organizzazione vi testerà e dovete averne coscienza e sovente la vostra relativa ignoranza della cultura locale vi può far commettere dei passi falsi che saranno poi laboriosi da recuperare.

2- Blues: progressivamente, nel giro di qualche settimana, vi renderete conto che tutto non è così semplice e facile come vi è parso nei primi giorni. Certi colleghi non hanno fatto prova di zelo nei vostri confronti, avete difficoltà ad accedere ad informazioni di buona qualità, realizzate che il vostro corporate office sembra pensare che non esistono fusi orari e vi ritrovate a fare il turno di notte per assistere a riunioni in cui i partecipanti non hanno disciplina. Cominciate ad averne abbastanza dell'odore del cibo esotico della mensa. Il vostro compatriota, che è arrivato qualche mese prima di voi, non smette di fare un quadro patetico del popolo che vi ospita. Un solo consiglio: tenete duro, non lasciatevi influenzare, pensate con la vostra testa e restate focalizzati sul perché siete lì e quello che questa esperienza vi ha già offerto. Non è raro vedere che il periodo di blues dura per alcuni mesi.

3- L'accettazione della realtà: è importante lottare per ciò che possiamo influenzare e cambiare ed accettare situazioni che non ci soddisfano completamente ma su cui abbiamo relativamente poco controllo. Accettando che non tutto è perfetto e che dovrete fare dei compromessi, sarete più concentrati sull'esecuzione dei vostri progetti importanti

CAPITOLO 9

ed imparerete a non prestare molta attenzione al resto. Le definirei strategie di mimesi: sappiate fondervi nella cultura locale ma non passivamente. Questa fase è quella che vi accompagnerà con alti e bassi, per un tempo indefinito.

L'accettazione della realtà è una fase necessaria nel vostro percorso verso una stabilità psicologica di lavoro, ma tale accettazione non può essere confusa con rassegnazione: se la vostra missione è quella di ristrutturare l'organizzazione di uno stabilimento dove regna il caos e l'anarchia ovviamente non potete permettervi di ammettere che lo status quo è accettabile sulla base del fatto che i vostri collaboratori sono refrattari al cambiamento, ma è fondamentale realizzare che la grande adesione al vostro progetto, come l'avreste sperata, non si è invece verificata. È importante invece identificare cosa si vuole cambiare, avere un programma ben definito – ambizioso ma realista – ed eseguirlo avendo cura di definire degli obiettivi precisi.

Nel lavoro, come nella vita di tutti i giorni è importante avere ben chiaro che ci troveremo a lavorare con persone che hanno alle spalle una cultura diversa, che ragionano secondo parametri spesso lontanissimi dai nostri, che hanno priorità di altro tipo. L'importante è esserne coscienti ogni momento, al supermercato, a scuola o in ufficio.

Lavorare con persone che provengono da culture diverse è un vero e proprio challenge quotidiano.

Quando lavoravo in India e successivamente quando gestivo il mio atelier a Chennai, vivendo a Parigi, le cose contro le quali mi sono scontrata erano l'approccio al lavoro e il rigore nell'esecuzione. Valori volatili nella cultura dei miei collaboratori. Ho lottato per anni per stabilire regole precise nei nostri processi di lavorazione, regole che venivano applicate soltanto durante le mie due, tre settimane di permanenza annuale in India. Per il resto del tempo loro procedevano nel loro caos abituale, applicando i loro metodi di approccio al lavoro. È stato difficile trovare una via di mezzo che ci permettesse di lavorare comunque in armonia e di proporre al cliente un prodotto di ottima qualità: abbiamo dovuto imparare a gestire gli influssi della nostra cultura sul nostro modo di lavorare, scendendo a compromessi da entrambe le parti.

Esistono estesi trattati di inter cultural management e tra tutti i princìpi messi in luce quello fondamentale da ricordare è che non possiamo giudicare un popolo diverso dal nostro sulla base dei valori con cui siamo stati educati. Violare questo

La gestione del lavoro

principio ci porterà ad essere arroganti, maleducati e perdere tutto il rispetto che ci aspettiamo dai nostri collaboratori. Prendete l'esempio del direttore giapponese che pare assopirsi in una riunione: cafone, direte voi. Perfettamente accettabile in Giappone. Ma perché? Perché in Giappone la riunione di solito è la ripetizione di una messa in scena perfettamente rodata che si è preparata all'esterno, in un processo di ricerca di consenso tra tutte le persone che sono necessarie a prendere la decisione. La riunione è quasi una cerimonia in cui si ufficializza qualcosa che si è già deciso all'esterno. Se pensate che sia una perdita di tempo, osservate la velocità e la disciplina nell'esecuzione di una decisione presa con tale procedimento. Con questo non voglio dire che il metodo giapponese sia più o meno valido di quello americano o europeo ma è radicato nel loro bagaglio di valori e se siete mandati a lavorare nel Paese del Sol Levante è meglio esserne consci e violare questo processo rischia di avere dei risultati poco brillanti.

- **Valutazione di tutti gli aspetti professionali legati all'espatrio: prospettive di carriera, evoluzione futura.**

- **Impatto sugli equilibri della famiglia.**

- **Accettazione di una realtà nuova con meccanismi e modi di pensare e agire diversi.**

- **Umiltà nel muovere i primi passi.**

- **Non valutare con il nostro metro culturale.**

Lavorare all'estero in un nuovo contesto con nuovi meccanismi è una sfida estremamente gratificante, l'importante è esserne consci dall'inizio, come per tutte le altre tappe chiave di un espatrio. L'avventura all'estero è un'esperienza individuale e familiare eccezionale, un'avventura umana e professionale estremamente positiva, un percorso che ci mette a nudo ma che ci rende anche più solidi facendoci scoprire come siamo veramente.

CAPITOLO 9

Prima visita di Tesla con papá.

Model S in costruzione.

CONCLUSIONE

Ogni tanto mi stupisco ancora a guardare dove la vita mi ha portata. Non avrei mai pensato che quella prima partenza per Londra dell'allora mio fidanzato, fosse invece l'inizio di tante belle avventure che ci avrebbero portato a scoprire il mondo insieme alle nostre splendide ragazze. Vivere all'estero non è come viaggiare, non è cosa da turisti. Vivere all'estero vuol dire scoprire Paesi e culture dall'interno, farne veramente parte, far propri modi di pensare e meccanismi che non appartengono alla nostra cultura. Vivere all'estero ci cambia, ci rende diversi dal cittadino italiano, francese, tedesco, inglese che eravamo prima di partire.

Proprio in questo confronto continuo con altre culture, con altre lingue e modi di vivere, noi, individualmente e come famiglia, abbiamo trovato la spinta per continuare a rimetterci in gioco.

Ognuno di noi, a suo modo, ha tirato fuori le unghie per costruire giorno dopo giorno qualcosa di migliore, per rendere positivo ogni momento, per veramente uscirne vincenti.

Non tutto è stato semplice e abbiamo anche noi avuto dei momenti in cui ci siamo fatti delle domande: è giusto partire? È giusto restare? Cosa stiamo veramente regalando alle nostre figlie?

Non abbiamo sempre trovato delle risposte, e ancora adesso ne cerchiamo, ma questo non ci ha impedito di avanzare positivi e di credere in quello che stavamo facendo.

Dopo 20 anni di vita fuori dall'Italia ho voglia di trasmettere a chi decide di fare il grande salto, un po' della nostra esperienza.

Questo libro è il frutto di un sogno che da anni mi frulla in testa, è il risultato di tutti gli sforzi che mese dopo mese, anno dopo anno, ho fatto per arrivare qui dove siamo, per restare uniti sempre e soprattutto per mantenere l'entusiasmo che, nonostante il tempo passato e le energie investite, mi fa avere ancora la voglia di ricominciare, la curiosità di scoprire, il piacere di mettermi alla prova.

Non so quali sorprese questa vita d'expat saprà ancora riservarci, spero tante. Nell'attesa mi auguro che per voi futuri e neo expat la nostra esperienza possa essere di aiuto per partire con il sorriso e continuare con entusiasmo il vostro percorso.

Good luck!

RINGRAZIAMENTI

Ringrazio i miei genitori per avermi dato la capacità di guardare oltre e non aver cercato di trattenermi nel momento in cui ho preso il volo.
Ringrazio tutte le persone che con le loro parole e testimonianze sono state fenomenali e fondamentali: il libro è anche il vostro. Non vi cito per nome (mai ne dimenticassi uno) ma ci siete tutti pagina dopo pagina.
Un grazie particolare ad Erika e Francesca che oltre ad essere due stupende amiche hanno letto e riletto ogni riga di questo libro fino alla nausea e a Cristina per la sua amicizia da sempre e la rilettura finale.
Grazie ad Alice preziosa grafica che ha curato l'impaginazione del libro e i cui consigli sono stati preziosissimi.
Ringrazio le mie figlie che in certi momenti credo ci abbiano odiato, di sicuro ad ogni cambiamento, ma che, diventando grandi, si stanno rendendo conto di quanto sia speciale essere third culture kids.
Ringrazio Paolo che ha insistito e insistito perché lo raggiungessi nella campagna normanna, ho avuto bisogno di una spinta per salire su quel primo aereo, ma poi è stato tutto in discesa.
Ringrazio gli amici che abbiamo sparsi ovunque per il mondo, so che ci siete e ci sarete sempre, ci avete sempre seguiti e incoraggiati nelle nostre scelte, ed è importantissimo per noi.

INDICE

PREFAZIONE	*di Paolo*	7
CAPITOLO 1	Prepararsi alla partenza: primi passi verso un nuovo Paese	11
CAPITOLO 2	Arrivati a destinazione	37
CAPITOLO 3	Espatriare in famiglia: non più una semplice avventura, ma un progetto di vita	55
CAPITOLO 4	L'amicizia	93
CAPITOLO 5	Cultural shock o Paese che vai usanza che trovi	111
CAPITOLO 6	Salute e sicurezza in espatrio: qualcosa di cui preoccuparsi?	127
CAPITOLO 7	Reinventarsi si puó	147
CAPITOLO 8	Famiglia e coppia: impatto e gestione delle difficoltà, come sopravvivere tutti insieme appassionatamente	163
CAPITOLO 9	La gestione del lavoro	189
CONCLUSIONE		199
RINGRAZIAMENTI		201

www.ingramcontent.com/pod-product-compliance
Lightning Source LLC
Chambersburg PA
CBHW070146100426
42743CB00013B/2834